──INTRODUCTION──

Aim of this book

The aim of this book is to offer you the opportunity to improve your command of German by focusing on one aspect of language learning that invariably causes difficulties – verbs and the way they behave. Whether you are a complete beginner or a relatively advanced learner, you can consult this book when you need to know the form of a certain verb, or you can increase your command of German by browsing through. Whatever your approach, you should find *Teach Yourself German Verbs* a valuable support to your language learning.

How to use this book

Read the section on verbs and how they work. This starts on page 2.

Look up the verb you want to use in the verb list at the back of the book. You will need what is known as the *infinitive*, the equivalent to the *to . . .* form in English (e.g. **kommen** *to come*).

The verbs have been allocated a number or numbers between 1 and 201. If the number is in **bold print**, the verb is one of the 201 presented in the verb tables; if it is not among the 201, the reference numbers (in ordinary print) will direct you to verbs that behave in the same way as the verb you want to use.

Turn to the verb(s) referred to for details of your verb. If you are not sure which verb form to use in a given context, turn to the relevant section of 'What are verbs and how do they work?'

The examples of verbs in use are divided into three categories:

The 'nuts and bolts' of the verb in use. This section deals with basic uses of the verb and gives full-sentence examples of the verb in various tenses.

The second category contains well-known phrases and idiomatic expressions based on the verb in question.

The third category contains important words sharing the same origin as the verb.

WHAT ARE VERBS AND HOW DO THEY WORK?

1 What is a verb?

It is difficult to define precisely what a verb *is*. Definitions usually include the concepts of actions, states and sensations. For instance, *to play* expresses an action, *to exist* expresses a state and *to see* expresses a sensation. A verb may also be defined by its role in the sentence or clause. It is in general the key to the meaning of the sentence and the element that can least afford to be omitted. Examine the sentence:

My neighbour works excessively hard every day of the week.

The elements *excessively hard* and/or *every day of the week* can be omitted with no problem whatsoever. In an informal conversation even *My neighbour* could, with a nod in the direction of the neighbour in question, be omitted. It would, however, not be possible to omit the verb *work*. The same is true of the verb in German sentences – you could not take **arbeitet** out of the following sentence, for instance:

Mein Nachbar arbeitet jeden Tag furchtbar schwer.
My neighbour works terribly hard every day.

2 I, you, he, she, it . . : person

You will recall that the form of the verb given in dictionaries, the *to . . .* form in English, or the **-en** form in German, is called the infinitive. However, the verb is normally used in connection with a given person or persons, known as personal pronouns (e.g. *I work, she works*). Traditionally, these persons are numbered as follows:

First person singular	**ich**	*I*
Second person singular	**du, Sie**	*you*
Third person singular	**er, sie, es**	*he, she, it*
First person plural	**wir**	*we*
Second person plural	**ihr, Sie**	*you*
Third person plural	**sie**	*they*

German has two pronouns for both *you* singular and *you* plural. **Sie** is the polite form for *you*, whether you are addressing one person or more than one. The familiar **du** is reserved for members of the family, friends, people in your own peer group (such as fellow students), children, animals and God. But you only use **du** to individual persons. As soon as more than one person is being addressed you use **ihr**. Notice that although the plural **Sie** appears as a second person plural pronoun, the verb it is being used with will be in the third person plural form.

You must also remember that **er**, **sie** and **es** are not used in exactly the same way as *he*, *she* and *it* in English. **Er** is used when you want to refer to a male (**der**) noun as well as for male persons. For example: **Der Tisch – er ist neu**. (*The table – it is new.*) Similarly, **sie** is used for feminine (**die**) nouns and **es** for all neuter (**das**) nouns: **Die Tür – sie ist offen**. (*The door – it is open.*); **Das Haus – es ist klein.** (*The house – it is small.*)

3 Past, present, future . . : tense

(a) What is tense?

Most languages use changes in the verb form to indicate an aspect of time. These changes in the verb are traditionally referred to as *tense*, and the tenses may be *present*, *past* or *future*. It is, of course, perfectly possible to convey a sense of time without applying the concept of tense to the verb. Nobody would, for instance, have any trouble understanding the following:

Yesterday I work all day.

Here the sense of time is indicated by the word *yesterday* rather than by a change to the verb *work*. But on the whole, we prefer to make changes to the verb (and thereby make use of *tense*) to convey a sense of time:

He works hard as a rule.	= Present tense
I worked for eight hours non-stop.	= Past tense

With most verbs, in most languages, including English, this involves adding different endings to what is called the *stem* of the verb. In the examples above, the stem is *work*. You add *-s* to make the third person singular present form of the verb; *-ed* is added to make the past tense, whatever the person. In German, the same principle applies. To form the stem, you take the **-en** off the infinitive, and add the appropriate endings. For example, the stem of **fahren** is **fahr-**, the stem of **kommen** is **komm-**.

(b) Auxiliary verbs

A verb used to support the main verb, for example, *I **am** working, you **are** working*..., is called an *auxiliary* verb. *Working* tells us what activity is going on; *am*/*are* tell us that it is continuous.

The most important auxiliary verbs in English are *to be*, *to have* and *to do*. You use *do*, for example, to ask questions and to negate statements:

> ***Do*** *you work on Saturdays?*
> *Yes, but I **do** not work on Sundays.*

German does not use **tun** (*to do*) as an auxiliary for asking questions or for negating statements, except in certain dialects, but **sein** (*to be*) and **haben** (*to have*) are used to form compound tenses, as you shall see below.

(c) Simple and compound tenses

Tenses formed by adding endings to the verb stem are called *simple* tenses, for example, in the sentence:

> *I worked in a factory last summer.*

the ending *-ed* has been added to the stem *work* to form the simple past tense.

English and German also have *compound* tenses where an auxiliary verb is used as well as the main verb, for example:

> *I have worked in a factory every summer for five years.*

The auxiliary verb *to have* has been introduced to form what is usually known as the *perfect tense*.

(d) Participles

In the above examples of compound tenses, the auxiliary verbs *to have* or *to be* are used with a form of the main verb known as a *participle*. The *past participle* is used to form the perfect tense in both German and English:

ich habe **gearbeitet**	*I have **worked***
ich habe **gegessen**	*I have **eaten***

In English, the *present participle* is used to form the continuous tenses:

*I am **working, eating** and **sleeping***

The present participle in German is not used to form continuous tenses but is often used as an adjective.

4 Regular and irregular verbs

Unfortunately, all European languages have verbs which do not behave according to a set pattern and which are therefore commonly referred to as *irregular* verbs.

In English, the verb *to work* is regular because it conforms to a set pattern. The verb *to be*, however, does not.

(a) Weak verbs

Fortunately, most German verbs are regular. They are often referred to as *weak* (wk.) verbs. The weak verbs always behave in the same way with no changes to their stems and with their past participles formed **ge-** + stem + **-t** (see p. 9). In the verb list they are cross-referred to **10** of the verb tables, **bauen**.

There are some weak verbs, those with their stems ending in **-d** or **-t**, which require an additional **-e-** between the stem and endings of **-st** or **-t**, simply to make them pronounceable. For example, in the present tense, you have **du arbeitest, er arbeitet, ihr arbeitet**, and the past participle **gearbeitet**. In the verb list these verbs are cross-referred to the verb **arbeiten, 9** in the tables.

Some weak verbs do not have the typical **-en** ending of the infinitive but **-rn** instead, which again requires a slight variation for the first and third person plural, where the **-e-** is omitted. (e.g. **wir klettern, Sie/**

sie klettern). In the verb list they are cross-referred to **28, dauern**.

Rather a large number of verbs ending in **-ieren**, which are in fact derived from foreign verbs, and are almost identical to their English equivalent, differ in their past participle form, which does not have the **ge-** (e.g. **ich habe reserviert**). In the verb list they are referred to **130, reservieren**.

(b) Strong verbs

In both English and German, there are some verbs which do behave according to a set pattern but are not entirely straightforward, since they tend to incorporate vowel changes for the past tense and past participle. Examples of such verbs are:

Infinitive	Present	Past	Perfect
to sing	I sing	I sang	I have sung
to swim	I swim	I swam	I have swum

These verbs are often referred to as *strong* verbs. The majority of strong (str.) verbs in English are also strong verbs in German. For example in German there is:

Infinitive	Present	Past	Perfect
singen	ich singe	ich sang	ich habe gesungen
schwimmen	ich schwimme	ich schwamm	ich bin geschwommen

Since the infinitive gives no indication whether a verb is weak or strong it is a good idea to learn strong verbs not just in their infinitive form but with their third person singular form of the present and the past, as well as their past participle, e.g. **fahren: fährt, fuhr, gefahren**; **singen: singt, sang, gesungen**. In the verb list these vowel changes are indicated in brackets, e.g. **fahren** (str. ä, u, a); **singen** (str. i, a, u)

(c) Mixed verbs

There is a small group of nine verbs in German which also have vowel changes in the past tense and for the past participle, though their past participle has the **-t** ending of weak verbs. They are called *irregular weak* or *mixed* verbs. The nine mixed verbs are:

brennen, brennt, brannte, gebrannt	*to burn*
bringen, bringt, brachte, gebracht	*to bring*
denken, denkt, dachte, gedacht	*to think*
kennen, kennt, kannte, gekannt	*to know*
nennen, nennt, nannte, genannt	*to name*
rennen, rennt, rannte, gerannt	*to run*
senden, sendet, sandte, gesandt	*to send*
wenden, wendet, wandte, gewandt	*to turn*
wissen, weiß, wußte, gewußt	*to know*

5 Formation and use of tenses in German

(a) The present

This is formed the same way whether the verb is weak or strong. Simply take off the **-en** part of the infinitive to get the stem and add the endings:

ich hole	wir hol**en**
du hol**st**	ihr holt
er/sie/es/holt	Sie/sie hol**en**

The present tense is used:

● to express an action that is regularly carried out.

Ich arbeite.   *I work.*

Just as in English, this action, though in the present tense, refers to past, present and future time.

● to express a continuous action which would require the continuous form in English.

Ich arbeite im Moment.   *I am working at the moment.*

There are other little expressions, such as **gerade** (*just*), **im Augenblick** (*at the moment*), **zur Zeit** (*at present*), which combine with this simple form of the present tense to give a continuous meaning.

● to express the future. The appropriate future expression is simply added to the verb.

Ich arbeite morgen.	*I'm going to work tomorrow.*
In einer Woche arbeite ich.	*In one week I'll be working.*

Note that, in the second example, the verb and the pronoun have swapped places. This is because the verb always has to be the second concept in the sentence.

- to express an action that started in the past but is still going on. This issue is often indicated by expressions of time such as **seit** (*since*) and **schon** (*already*).

Ich arbeite seit gestern.	*I have been working since yesterday.*

(b) The imperfect or simple past

The formation of the imperfect tense is different for weak and strong verbs. For weak verbs, you add the set of endings to the stem; for strong verbs, you add a different set of endings to the past tense stem. Note the vowel change from the **-i-** of the infinitive to the **-a-** of the past tense (*singen* inf.)

Weak verb	Strong Verb
ich hol**te**	ich sang
du hol**test**	du sang**st**
er/sie/es hol**te**	er/sie/es sang
wir hol**ten**	wir sang**en**
ihr hol**tet**	ihr sang**t**
Sie/sie hol**ten**	Sie/sie sang**en**

The imperfect or simple past is rarely used in spoken German. Here are the three ways in which it is most commonly used.

- to convey purely factual messages in formal written and scientific language.

- in sentences where two actions in the past are united, particularly in clauses beginning with **als** (*when*) and **wie** (*as, when*).

Als ich die Tür öffnete, habe ich ihn gesehen.	*When I opened the door I saw him.*

- with verbs of saying, hearing, feeling and many common verbs, such as **sein, haben, bleiben, gehen, kommen, stehen**.

Ich war in Berlin.	*I was in Berlin.*
Er ging zur Schule.	*He went to school.*
Der Bus kam nicht.	*The bus did not come.*

The past tense is also used in the passive voice (see pp. 15–17) and with modal verbs (see pp. 19–20).

(c) The perfect

The perfect is a compound tense formed by the relevant form of the present tense of the auxiliary verb with the past participle. The auxiliary verb is usually **haben** (*to have*) but some verbs, especially those expressing a change of position or condition, are formed using **sein** (*to be*). All the verbs in the verb list and verb tables that take **sein** rather than **haben** are marked with an *. Those that take both **sein** and **haben** are marked with a †.

Past participles: To form the past participle of weak verbs you add the prefix **ge-** and the ending **-t** to the stem. For example:

Infinitive	Past Participle
holen	**ge**holt
sagen	**ge**sagt

Weak verbs whose stem ends in **-t** or **-d**, for example **antwort-en** and **kost-en**, have an extra **-e-** added before the **-t** ending.

antworten	geantwort**et**
kosten	gekost**et**

Verbs ending in **-ieren** do not take the prefix **ge-** in the past participle.

organisieren	organis**iert**
reservieren	reserv**iert**

Remember that the past participles of strong verbs end in **-en** and incorporate a vowel change, e.g. **ich habe gesungen.**

ich **habe geholt**	ich **bin geflogen**
du **hast geholt**	du **bist geflogen**
er/sie/es **hat geholt**	er/sie/es **ist geflogen**
wir **haben geholt**	wir **sind geflogen**
ihr **habt geholt**	ihr **seid geflogen**
Sie/sie **haben geholt**	Sie/sie **sind geflogen**

The perfect tense has three main uses:

- to express an action in the past (especially in spoken German) that would have to be translated by the English past.

> Mein Sohn ist gestern nach Berlin gefahren, wo er seinen Freund besucht hat.
> *My son went to Berlin yesterday where he visited his friend.*

- to express an action that has only just been completed.

> Ich habe den Film gesehen.   *I have seen the film.*

- to express a continuous action.

> Ich habe gearbeitet.   *I have been working.*

(d) The pluperfect

This tense is formed by the relevant form of the imperfect, or past, tense of the auxiliary verb, with the past participle.

ich **hatte geholt**	ich **war geflogen**
du **hattest geholt**	du **warst geflogen**
er/sie/es **hatte geholt**	er/sie/es **war geflogen**
wir **hatten geholt**	wir **waren geflogen**
ihr **hattet geholt**	ihr **wart geflogen**
Sie/sie **hatten geholt**	Sie/sie **waren geflogen**

It is used as in English to express an action in the past that was completed before another one was started.

> Ich hatte schon zwölf Stunden   *I had already worked for twelve*
> gearbeitet, als . . .   *hours when . . .*

(e) The future

This tense is formed in the same way, whether the verb is weak or strong. Use the relevant form of the present tense of **werden** (*to become*) with the infinitive of the verb.

ich **werde holen**	wir **werden holen**
du **wirst holen**	ihr **werdet holen**
er/sie/es **wird holen**	Sie/sie **werden holen**

The future tense is used as in English to express an action that is to be or that is planned or intended.

Ich werde morgen arbeiten.   *I'll work / I'll be working / I am going to work tomorrow.*

(f) The future perfect

This tense is formed with the relevant form of the present tense of **werden**, followed by the past participle and the infinitive of the auxiliary verb.

ich **werde geholt haben**	ich **werde geflogen sein**
du **wirst geholt haben**	du **wirst geflogen sein**
er/sie/es **wird geholt haben**	er/sie/es **wird geflogen sein**
wir **werden geholt haben**	wir **werden geflogen sein**
ihr **werdet geholt haben**	ihr **werdet geflogen sein**
Sie/sie **werden geholt haben**	Sie/sie **werden geflogen sein**

This tense is used exactly as in English to express an action that will have been completed by a certain time in the future.

Ich werde gearbeitet haben.   *I shall have worked / I shall have been working.*

6 Indicative, subjunctive, imperative . . : mood

The term *mood* is used to group verb phrases into broad categories according to the general kind of meaning they convey.

(a) The indicative mood

This is used for making statements or asking questions of a factual kind.

We are not going today.
Does he work here?
Crime does not pay.

All the tenses we have just been looking at are in the indicative mood.

(b) The conditional

This is sometimes regarded as a tense and sometimes as a mood in its own right. It is often closely linked with the subjunctive and is used to express conditions or possibilities:

I would accept her offer if . . .

In German, the conditional is formed with the relevant form of the imperfect subjunctive (see below) of **werden**, with the infinitive of the verb. It is formed in the same way whether the verb is weak or strong.

ich **würde holen**	wir **würden holen**
du **würdest holen**	ihr **würdet holen**
er/sie/es **würde holen**	Sie/sie **würden holen**

The conditional is used, as in English, to express an action that might be realised under certain conditions:

Ich würde arbeiten, wenn ich   *I would work if I had to.*
müßte.

Note that in German, unlike English, both verbs are in the conditional.

There is also a past conditional tense. This does not appear in the verb tables as it is most commonly formed in exactly the same way as the pluperfect subjunctive, i.e. with the relevant form of the imperfect subjunctive of **haben** or **sein** and the past participle. However, it can also be formed with the relevant form of the present tense of **werden** with the past participle and the infinitive of the auxiliary verb.

Formed with **haben/sein**	
ich **hätte geholt**	ich **wäre geflogen**
du **hättest geholt**	du **wärest geflogen**
er/sie/es **hätte geholt**	er/sie/es **wäre geflogen**
wir **hätten geholt**	wir **wären geflogen**
ihr **hättet geholt**	ihr **wäret geflogen**
Sie/sie **hätten geholt**	Sie/sie **wären geflogen**
Formed with **werden**	
ich **würde geholt haben**	ich **würde geflogen sein**
du **würdest geholt haben**	du **würdest geflogen sein**
er/sie/es **würde geholt haben**	er/sie/es **würde geflogen sein**
wir **würden geholt haben**	wir **würden geflogen sein**
ihr **würdet geholt haben**	ihr **würdet geflogen sein**
Sie/sie **würden geholt haben**	Sie/sie **würden geflogen sein**

This tense is used as in English to express an action that might have been realised in the past but was not.

Ich würde gearbeitet haben, wenn ich gekonnt hätte.	*I would have worked if I had been able to.*

or

Ich hätte gearbeitet, wenn ich gekonnt hätte.

Note that, again, German uses the past conditional in both clauses.

(c) The subjunctive mood

This is used for expressing wishes, conditions and non-factual matters:

*It is my wish that John **be** allowed to come.*
*If I **were** you . . .*

The use of the subjunctive in English is nowadays rather rare, but it is still frequently used in German. It has two main uses:

● to report a conversation by turning direct speech into indirect speech.

Er sagte: 'Sie arbeitet nicht'.	*He said: 'She doesn't work'.*

would be reported as:

Er sagte, sie arbeite nicht.	*He said that she did not work.*

The indirect speech is in the same tense as the direct speech, but in the subjunctive form. If the German direct speech is in the perfect, the indirect version is also in the perfect, but in the subjunctive form:

Er sagte: 'Sie hat nicht gearbeitet'.	*He said: 'She has not worked'.*
Er sagte, sie habe nicht gearbeitet.	*He said she had not worked.*

● as in English, to express actions which are unreal, imagined or desired.

Wenn ich du wäre . . .	*If I were you . . .*
Ich wünschte, er käme.	*I wish he would come.*

There is a subjunctive form for all the tenses (see below) but in practice, only the present, perfect and past tenses are used regularly. The subjunctive is often avoided by using the conditional forms with **würde** or **hätte**.

| An deiner Stelle täte ich das nicht./An deiner Stelle würde ich das nicht tun. | *In your place, I would not do that.* |

Present	Imperfect	
	Weak verb	Strong verb
ich hole	ich holte	ich sänge
du holest	du holtest	du sängest
er/sie/es hole	er/sie/es holte	er/sie/es sänge
wir holen	wir holten	wir sängen
ihr holet	ihr holtet	ihr sänget
Sie/sie holen	Sie/sie holten	Sie/sie sängen

Perfect	
ich **habe geholt**	ich sei **geflogen**
du **habest geholt**	du **seiest geflogen**
er/sie/es **habe geholt**	er/sie/es **sei geflogen**
wir **haben geholt**	wir **seien geflogen**
ihr **habet geholt**	ihr **seiet geflogen**
Sie/sie **haben geholt**	Sie/sie **seien geflogen**

Pluperfect	
ich **hätte geholt**	ich **wäre geflogen**
du **hättest geholt**	du **wärest geflogen**
er/sie/es **hätte geholt**	er/sie/es **wäre geflogen**
wir **hätten geholt**	wir **wären geflogen**
ihr **hättet geholt**	ihr **wäret geflogen**
Sie/sie **hätten geholt**	Sie/sie **wären geflogen**

Future
ich **werde holen**
du **werdest holen**
er/sie/es **werde holen**
wir **werden holen**
ihr **werdet holen**
Sie/sie **werden holen**

(d) The imperative mood

This is used to give directions or commands:

Give *me a hand!*
Help *Sharon with her homework!*

In English, there is only one version of the second person (*you*) and so there is only one form of the second person imperative. Because German has polite and informal forms of the second person, the imperative is slightly more complicated.

Before you give a command in German you first have to think whether you are on familiar or polite terms and then whether you are addressing one or more persons. The easiest form is the polite form since it is the same for both singular and plural, and the form of the verb is the same as the infinitive:

Arbeiten Sie!	*Work!*
Gehen Sie!	*Go!*

If you are on familiar terms with whoever you are addressing, the form of the verb depends on whether you are addressing one person or several. For one person, the familiar imperative form is the verb stem, except for verbs which have a -**t** at the end of the stem, which need an additional -**e**.

Arbeite!	*Work!*
Geh!	*Go!*

An extra -**e** can be added to verbs that do not strictly need it to give the order more weight.

For more than one person, the familiar form of the imperative adds a -**t** to the verb stem; -**et** to verbs which have a -**t** at the end of the stem.

Arbeitet!	*Work!*
Geht!	*Go!*

In the verb tables, all three imperative forms are given: the 'single' familiar form, followed by the 'plural' familiar form, followed by the polite form, e.g. **Fahr ab! Fahrt ab! Fahren Sie ab!**

The verb tables also give the first person form of the imperative.

Gehen wir nach Hause!	*Let's go home!*

7   The active and passive voice

Most actions can be viewed in one of two ways:

The dog bit the postman.
The postman was bitten by the dog.

In the first example, the dog is clearly the initiator of the action (the *subject* or *agent*) and the postman receives or suffers the action; he is the *object*. This type of sentence is referred to as the *active voice*.

In the second example, the postman occupies first position in the sentence even though he is the object of the action. The agent, the dog, has been relegated to third position (after the verb) and could even be omitted. This type of sentence is referred to as the *passive voice*.

Not every active sentence can be made passive. Needless to say the passive voice can be found in various tenses and even in the imperative:

I am being attacked. (present continuous)
Don't be frightened! (present imperative)

In German, the passive voice is used less than in English. An active form with **man** (*one*) is preferred where you would use the passive in English:

Man sagt.	*It is said.* (Lit. one says)
Man gab mir ...	*I was given ...* (Lit. one gave me)

However, the passive voice is widely used in written German, or whenever a precise, factual message has to be conveyed.

Another reason for using the passive voice in written language is in order to get the emphasis where you want it in the sentence. In German, the emphasis lies at the beginning and end of the sentence, so if you want to stress *the milk* (rather than anything else) in the sentence *The milk is delivered at 7 o'clock*, you have to use the passive:

Die Milch wird um 7 Uhr gebracht.

The passive is formed by using the relevant tense of the verb **werden** together with the past participle of the verb in question. Note that in the perfect tenses, the past participle of **werden** is **worden** in the passive voice without the usual **ge-** in front. With some verbs **worden** is omitted when the state of the subject is described as a result of some previous action:

Der Brief ist geschrieben (worden).	*The letter has been written* (i.e. it is done).

A model of a verb in the passive is given below.

geholt werden *to be fetched*

INDICATIVE

Present	**Imperfect**	**Perfect**
ich werde geholt	ich wurde geholt	ich bin geholt worden
du wirst geholt	du wurdest geholt	du bist geholt worden
er/sie/es wird geholt	er/sie/es wurde geholt	er/sie/es ist geholt worden
wir werden geholt	wir wurden geholt	wir sind geholt worden
ihr werdet geholt	ihr wurdet geholt	ihr seid geholt worden
Sie/sie werden geholt	Sie/sie wurden geholt	Sie/sie sind geholt worden

Pluperfect	**Future**	**Future Perfect**
ich war geholt worden	ich werde geholt werden	ich werde geholt worden sein
du warst geholt worden	du wirst geholt werden	du wirst geholt worden sein
er/sie/es war geholt worden	er/sie/es wird geholt werden	er/sie/es wird geholt worden sein
wir waren geholt worden	wir werden geholt werden	wir werden geholt worden sein
ihr wart geholt worden	ihr werdet geholt werden	ihr werdet geholt worden sein
Sie/sie waren geholt worden	Sie/sie werden geholt werden	Sie/sie werden geholt worden sein

CONDITIONAL   SUBJUNCTIVE

Imperfect	**Present**	**Perfect**
ich würde geholt werden	ich werde geholt	ich sei geholt worden
du würdest geholt werden	du werdest geholt	du sei(e)st geholt worden
er/sie/es würde geholt werden	er/sie werde geholt	er/sie/es sei geholt worden
wir würden geholt werden	wir werden geholt	wir seien geholt worden
ihr würdet geholt werden	ihr werdet geholt	ihr seiet geholt worden
Sie/sie würden geholt werden	Sie/sie werden geholt	Sie/sie seien geholt worden

Pluperfect	**Future**	
ich wäre geholt worden	ich werde geholt werden	
du wärest geholt worden	du werdest geholt werden	
er/sie/es wäre geholt worden	er/sie/es werde geholt werden	
wir wären geholt worden	wir werden geholt werden	
ihr wäret geholt worden	ihr werdet geholt werden	
Sie/sie wären geholt worden	Sie/sie werden geholt werden	

8   Transitive and intransitive verbs

To a large extent the verb you choose determines what other elements can or must be used with it. With the verb *to occur*, for instance, you have to say what occurred:

The accident occurred ...

But you do not have to provide any further information. With a verb like *to give*, on the other hand, you have to state *who* or *what* did the giving and, this time, *who* or *what* was given. It would also be very common to state the recipient of the giving:

Darren gave a compact disc to Tracey.

or even better:

Darren gave Tracey a compact disc.

In the above examples *a compact disc* is said to be the *direct object* of the verb *to give* because it is what is actually given. *To Tracey* or *Tracey* are said to be the *indirect object*, since this element indicates who the compact disc was given to.

Verbs which do not require a direct object are said to be *intransitive*, e.g.:

to die	The old man died.
to wait	I waited.

Verbs which do require a direct object are said to be *transitive*, e.g.:

to enjoy	Noel enjoys a swim.
to need	Gary needs some help.

Many verbs can be used either with or without a direct object, depending on the precise meaning of the verb, and therefore it is safer to talk of transitive and intransitive uses of verbs:

Intransitive	**Transitive**
He's sleeping.	He's sleeping a deep sleep.
I'm eating.	I'm eating my dinner.
She's writing.	She's writing an essay.

Like English, the German language has verbs with transitive or intransitive uses or both. A great help is the fact that all the German verbs conjugated with **sein** are intransitive. Verbs in the verb list have tr. beside them if they are used transitively, and/or intr. if they are used intransitively.

9 Reflexive verbs

The term *reflexive* is used when the initiator of an action (or *subject*) and the sufferer of the action (or *object*) are one and the same:

She washed herself.

In German, the reflexive pronoun is required whenever the subject of the sentence is also either the direct or indirect object. It is placed directly after the verb in simple tenses, after the form of **haben** in compound tenses. Note that all German reflexive verbs are conjugated with **haben**.

Ich fühle mich wohl.	*I feel well.*
Sie fürchtete sich vor mir.	*She was afraid of me.*

In questions, the reflexive pronoun appears directly after the subject:

Fühlst du dich wohl.	*Do you feel well?*

The reflexive pronouns for the indirect object (the dative) differ only for the first and second person singular.

Ich putze mir die Zähne.	*I brush my teeth.*
Du bildest es dir ein.	*You are imagining it.*

Note that the position of the dative reflexive pronoun can be after a direct object. All the verbs in the verb list that are reflexives, or can be used like reflexives, are marked refl.

10 Modal verbs

Verbs which are used to express concepts such as permission, obligation, possibility and so on (*can, must, may*) are called *modal verbs*. Verbs in this category cannot in general stand on their own and therefore also fall under the general heading of auxiliary verbs.

There are six verbs in German which can be used as modal verbs:

können	*can, able to*	**müssen**	*must, have to*
wollen	*will, want to*	**mögen**	*like*
sollen	*shall, to be to*	**dürfen**	*may, allowed to*

As modal verbs, they are accompanied by an infinitive placed at the end of the sentence.

Ich kann/konnte dieses Auto fahren.	*I can / could drive this car.*
Ihr möchtet/mochtet essen.	*You like / liked to eat.*

The perfect tense of modal verbs is formed with **haben**. In combination with another verb, their past participle is identical to their infinitive:

Er hat uns besuchen sollen.	*He was to visit us.*
Wir haben arbeiten müssen.	*We have had to work.*

In a subordinate (secondary) clause, the form of **haben** is positioned in front of the infinitive and the past participle:

Er weiß, daß ich dieses Auto habe fahren konnen.	*He knows that I have been able to drive this car.*

Modal verbs cannot form the imperative or the passive voice. If these verbs are used on their own, without the additional infinitive, their past participle is formed: **ge** + stem + **t**

Das habe ich nicht gewollt.	*I didn't want this / This was not my intention.*

11 Separable and inseparable verbs

There are many verbs in German which have their particle (*up, down,* etc.) fixed to them. This does not occur in English. In English, you would say: *to open up, to close down* with the preposition following the verb. In German, this would be expressed in one verb: **aufmachen** and **zumachen**, with the preposition joined to the front of the verb.

In main clauses separable verbs separate in the two simple tenses and the preposition is placed at the very end of the sentence.

Er machte gestern mit seinem Freund ein Geschäft in London auf.	*Yesterday he opened up a shop in London with his friend.*

In a subordinate clause, the separable verb joins up again at the end of the sentence:

Ich weiß, daß er gestern mit seinem Freund ein Geschäft in London aufmachte.	*I know that he opened up a shop in London yesterday with his friend.*

Another characteristic of separable verbs is the position of the **ge-** in the past participle. It is placed between the prefix and the past participle form of the verb:

| Er hat ein Geschäft aufgemacht. | *He has opened up a shop.* |

In the imperative, when giving an order, the prefix is again separated from the verb: Machen Sie auf! (*Get up! / Open (the door) up!*)

Inseparable verbs behave like normal verbs except that they do not have a **ge-** in the past participle:

| Er hat eröffnet. | *He has opened up.* |
| Er hat empfangen. | *He has received.* |

Variable prefixes can be either separable or inseparable, often with a difference in meaning:

umfahren (= *to drive over, knock down by driving*)
Er fährt den Baum um. (sep.)
umfahren (= *to round, drive round*)
Er umfährt die Insel. (insep.)

Note that, depending on the main verb, separable, inseparable, and variable verbs can be weak or strong.

In the verb list, there is a I separating the main part of a separable verb from its prefix.

12   The position of the German verb in the sentence

The verb must always be in second position in the sentence. To achieve this the subject (**wir** in the examples below) may have to move:

1st element	2nd element	Final element	Meaning
Wir	**kauften**	**gestern ein neues Auto.**	*We bought a new car yesterday.*
Gestern	**kauften**	**wir ein neues Auto.**	*Yesterday we bought a new car.*
Ein neues Auto	**kauften**	**wir gestern.**	*A new car we bought yesterday.*

In compound tenses, it is the auxiliary verb that takes second position while the past participle is placed at the end of the sentence:

1st element	2nd element		Final element
Wir	**haben**	**gestern ein neues Auto**	**gekauft.**
Gestern	**haben**	**wir ein neues Auto**	**gekauft.**
Ein neues Auto	**haben**	**wir gestern**	**gekauft.**

In a subordinate clause, the verb is always placed at the end of the sentence in simple tenses, while in compound tenses the auxiliary verb takes that position:

Er brauchte Geld, weil er ein neues Auto kaufte.
He needed money because he bought a new car.

Er hat kein Geld, weil er ein neues Auto gekauft hat.
He has no money because he has bought a new car.

13   German verbs and their prepositions

Many verbs in German are used with a particular preposition, and different prepositions can drastically change the meaning of the verb. Many of the verbs in the verb list are given with the preposition(s) which follow them and the case which that must take. Always try and learn the verb and preposition together.

sich freuen auf
to look forward to

sich freuen über
to be pleased about

Abbreviations used in this book			
acc.	accusative	mx.	mixed
dat.	dative	refl.	reflexive
gen.	genitive	sep.	separable
imp.	impersonal	str.	strong
inf.	infinitive	tr.	transitive
insep.	inseparable	wk.	weak
intr.	intransitive	*	conjugated with **sein**
Lit.	literally	†	conjugated with **haben** or **sein**

——VERB TABLES——

On the following pages you will find the various tenses of 201 German verbs presented in full, with examples of how to use them.

Sometimes only the first person singular and plural forms are given. These tenses are given in full in the section on verbs and how they work (pp. 2–22). You should also check back to this section if you are not sure when to use the different tenses.

If there is a * next to the verb, it goes with **sein** in compound tenses; if there is a †, it can take **sein** or **haben**.

1 *abfahren *to leave, depart* intr. (tr.)

INDICATIVE

Present	Imperfect	Perfect
ich fahre ab	ich fuhr ab	ich bin abgefahren
du fährst ab	du fuhrst ab	du bist abgefahren
er/sie/es fährt ab	er/sie/es fuhr ab	er/sie/es ist abgefahren
wir fahren ab	wir fuhren ab	wir sind abgefahren
ihr fahrt ab	ihr fuhrt ab	ihr seid abgefahren
Sie/sie fahren ab	Sie/sie fuhren ab	Sie/sie sind abgefahren

Pluperfect	Future	Future Perfect
ich war abgefahren	ich werde abfahren	ich werde abgefahren sein
du warst abgefahren	du wirst abfahren	du wirst abgefahren sein
er/sie/es war abgefahren	er/sie/es wird abfahren	er/sie/es wird abgefahren sein
wir waren abgefahren	wir werden abfahren	wir werden abgefahren sein
ihr wart abgefahren	ihr werdet abfahren	ihr werdet abgefahren sein
Sie/sie waren abgefahren	Sie/sie werden abfahren	Sie/sie werden abgefahren sein

CONDITIONAL

SUBJUNCTIVE

Present	Present	Imperfect
ich würde abfahren	ich fahre ab	ich führe ab
du würdest abfahren	wir fahren ab	wir führen ab
er/sie/es würde abfahren		
wir würden abfahren	**Perfect**	**Pluperfect**
ihr würdet abfahren	ich sei abgefahren	ich wäre abgefahren
Sie/sie würden abfahren	wir seien abgefahren	wir wären abgefahren

PARTICIPLES

IMPERATIVE

abfahrend
abgefahren

fahr ab! fahrt ab!
fahren Sie ab! fahren wir ab!

Ich fahre morgen um 7 Uhr ab. *I'm leaving at 7 o'clock tomorrow.*
Von welchem Bahnsteig fährt der Zug ab? *Which platform does the train leave from?*
Der Bus ist vor 5 Minuten abgefahren. *The bus left 5 minutes ago.*
Als der Zug abfuhr, war es 7 Uhr. *When the train left it was 7 o'clock.*

Meine Reifen sind ganz abgefahren. *My tyres are worn smooth.*
Ich bin die ganze Strecke abgefahren. *I have driven along that whole stretch (of road).*
Der Müll wird jeden Montag abgefahren. *Refuse is collected on Mondays.*
Sie hat ihn kühl abfahren lassen. *She rejected him.*

die Abfahrt *departure*
der Abfahrtsort *departure point*
der Abfahrtslauf *downhill skiing*
die Autobahnabfahrt *motorway exit*

die Abfahrtszeit *time of departure*
das Abfahrtszeichen *starting signal*
die Skiabfahrt *skiing descent*
die Müllabfuhr *rubbish collection*

anbieten *to offer, tender* tr. (refl.) **2**

INDICATIVE

Present	**Imperfect**	**Perfect**
ich biete an	ich bot an	ich habe angeboten
du bietest an	du botest an	du hast angeboten
er/sie/es bietet an	er/sie/es bot an	er/sie/es hat angeboten
wir bieten an	wir boten an	wir haben angeboten
ihr bietet an	ihr botet an	ihr habt angeboten
Sie/sie bieten an	Sie/sie boten an	Sie/sie haben angeboten

Pluperfect	**Future**	**Future Perfect**
ich hatte angeboten	ich werde anbieten	ich werde angeboten haben
du hattest angeboten	du wirst anbieten	du wirst angeboten haben
er/sie/es hatte angeboten	er/sie/es wird anbieten	er/sie/es wird angeboten haben
wir hatten angeboten	wir werden anbieten	wir werden angeboten haben
ihr hattet angeboten	ihr werdet anbieten	ihr werdet angeboten haben
Sie/sie hatten angeboten	Sie/sie werden anbieten	Sie/sie werden angeboten haben

CONDITIONAL | SUBJUNCTIVE

Present	**Present**	**Imperfect**
ich würde anbieten	ich biete an	ich böte an
du würdest anbieten	wir bieten an	wir böten an
er/sie/es würde anbieten		
wir würden anbieten	**Perfect**	**Pluperfect**
ihr würdet anbieten	ich habe angeboten	ich hätte angeboten
Sie/sie würden anbieten	wir haben angeboten	wir hätten angeboten

PARTICIPLES | IMPERATIVE

anbietend	biete an! bietet an!
angeboten	bieten Sie an! bieten wir an!

Was kann ich Ihnen anbieten? *What can I offer you?*
Die Firma hat ihm eine gute Stelle angeboten. *The firm offered him a good position.*
Man bot uns keinen Stuhl an. *We were not offered a chair.*
Würden Sie ihm Ihre Hilfe anbieten? *Would you offer him your help?*

Diese Lösung bietet sich förmlich an. *This solution is really obvious.*
Diese Ware ist im Angebot. *This item is on special offer.*
Er bot ihnen harte Strafen an. *He threatened them with severe punishment.*
Diese Ware wird nicht mehr angeboten. *This item is no longer available.*

das Angebot *offer*
das Anerbieten *proposition*
der Gebieter *master, ruler*
sich anbieten etwas zu tun *to volunteer to do something*

das Sonderangebot *special offer*
der Meistbietende *highest bidder*
gebieten *to command*
sich bieten lassen *to put up with*

3 anfangen *to begin, start* tr. (intr.)

INDICATIVE

Present	**Imperfect**	**Perfect**
ich fange an	ich fing an	ich habe angefangen
du fängst an	du fingst an	du hast angefangen
er/sie/es fängt an	er/sie/es fing an	er/sie/es hat angefangen
wir fangen an	wir fingen an	wir haben angefangen
ihr fangt an	ihr fingt an	ihr habt angefangen
Sie/sie fangen an	Sie/sie fingen an	Sie/sie haben angefangen

Pluperfect	**Future**	**Future Perfect**
ich hatte angefangen	ich werde anfangen	ich werde angefangen haben
du hattest angefangen	du wirst anfangen	du wirst angefangen haben
er/sie/es hatte angefangen	er/sie/es wird anfangen	er/sie/es wird angefangen haben
wir hatten angefangen	wir werden anfangen	wir werden angefangen haben
ihr hattet angefangen	ihr werdet anfangen	ihr werdet angefangen haben
Sie/sie hatten angefangen	Sie/sie werden anfangen	Sie/sie werden angefangen haben

CONDITIONAL

SUBJUNCTIVE

Present	**Present**	**Imperfect**
ich würde anfangen	ich fange an	ich finge an
du würdest anfangen	wir fangen an	wir fingen an
er/sie/es würde anfangen		
wir würden anfangen	**Perfect**	**Pluperfect**
ihr würdet anfangen	ich habe angefangen	ich hätte angefangen
Sie/sie würden anfangen	wir haben angefangen	wir hätten angefangen

PARTICIPLES

IMPERATIVE

anfangend
angefangen

fang an! fangt an!
fangen Sie an! fangen wir an!

Wann fangen Sie an zu arbeiten? *When do you start work?*
Die Unterrichtsstunde hat schon angefangen. *The lesson has already started.*
Es fing an zu regnen. *It started to rain.*
Als wir anfingen zu essen, war es schon spät. *When we started to eat it was already late.*

Was sollen wir heute anfangen? *What shall we do today?*
Mit ihm kann ich nichts anfangen. *He is not at all on my wavelength.*
Er fing als Tellerwäscher an. *He started his career washing dishes.*
Das fängt ja gut an! *What a great start!*

der Anfang *start, beginning*
von Anfang an *from the start*
anfangs *at first*
gleich anfangs *at the very beginning*

der Anfänger *learner, beginner*
der Anfangsbuchstabe *initial letter*
aller Anfang ist schwer *the beginning is always hard*
der Monatsanfang *the beginning of the month*

*ankommen *to arrive* intr. 4

INDICATIVE

Present	Imperfect	Perfect
ich komme an	ich kam an	ich bin angekommen
du kommst an	du kamst an	du bist angekommen
er/sie/es kommt an	er/sie/es kam an	er/sie/es ist angekommen
wir kommen an	wir kamen an	wir sind angekommen
ihr kommt an	ihr kamt an	ihr seid angekommen
Sie/sie kommen an	Sie/sie kamen an	Sie/sie sind angekommen

Pluperfect	Future	Future Perfect
ich war angekommen	ich werde ankommen	ich werde angekommen sein
du warst angekommen	du wirst ankommen	du wirst angekommen sein
er/sie/es war angekommen	er/sie/es wird ankommen	er/sie/es wird angekommen sein
wir waren angekommen	wir werden ankommen	wir werden angekommen sein
ihr wart angekommen	ihr werdet ankommen	ihr werdet angekommen sein
Sie/sie waren angekommen	Sie/sie werden ankommen	Sie/sie werden angekommen sein

CONDITIONAL · SUBJUNCTIVE

Present	Present	Imperfect
ich würde ankommen	ich komme an	ich käme an
du würdest ankommen	wir kommen an	wir kämen an
er/sie/es würde ankommen		
wir würden ankommen	**Perfect**	**Pluperfect**
ihr würdet ankommen	ich sei angekommen	ich wäre angekommen
Sie/sie würden ankommen	wir seien angekommen	wir wären angekommen

PARTICIPLES · IMPERATIVE

ankommend
angekommen

komm an! kommt an!
kommen Sie an! kommen wir an!

Wann kommen Sie morgen an? *When will you arrive tomorrow?*
Ist die Post schon angekommen? *Has the post already arrived?*
Er kam mit viel Verspätung an. *He arrived very late.* (Lit. with a lot of delay)
Als wir ankamen, waren wir müde. *We were tired when we arrived.*

Das neue Buch kommt nicht an. *The new book is not a success.*
Darauf kommt es an. *That is what matters.*
Es kam auf jeden von uns an. *It depended on each of us.*
Bei mir kommt man damit nicht an. *That cuts no ice with me.*
Wir lassen es darauf ankommen. *We'll chance it.*
Es kommt mir auf eine Kleinigkeit nicht an. *I won't mind paying a little.*

die Ankunft *arrival*
der Ankömmling *newcomer*
die Ankunftszeiten *times of arrival*
das Vorankommen *progress*

5 annehmen *to accept, assume* tr. (refl.)

INDICATIVE

Present	Imperfect	Perfect
ich nehme an	ich nahm an	ich habe angenommen
du nimmst an	du nahmst an	du hast angenommen
er/sie/es nimmt an	er/sie/es nahm an	er/sie/es hat angenommen
wir nehmen an	wir nahmen an	wir haben angenommen
ihr nehmt an	ihr nahmt an	ihr habt angenommen
Sie/sie nehmen an	Sie/sie nahmen an	Sie/sie haben angenommen

Pluperfect	Future	Future Perfect
ich hatte angenommen	ich werde annehmen	ich werde angenommen haben
du hattest angenommen	du wirst annehmen	du wirst angenommen haben
er/sie/es hatte angenommen	er/sie/es wird annehmen	er/sie/es wird angenommen haben
wir hatten angenommen	wir werden annehmen	wir werden angenommen haben
ihr hattet angenommen	ihr werdet annehmen	ihr werdet angenommen haben
Sie/sie hatten angenommen	Sie/sie werden annehmen	Sie/sie werden angenommen haben

CONDITIONAL

SUBJUNCTIVE

Present	Present	Imperfect
ich würde annehmen	ich nehme an	ich nähme an
du würdest annehmen	wir nehmen an	wir nähmen an
er/sie/es würde annehmen		
wir würden annehmen	**Perfect**	**Pluperfect**
ihr würdet annehmen	ich habe angenommen	ich hätte angenommen
Sie/sie würden annehmen	wir haben angenommen	wir hätten angenommen

PARTICIPLES

IMPERATIVE

annehmend
angenommen

nimm an! nehmt an!
nehmen Sie an! nehmen wir an!

Nehmen Sie unsere Einladung an? *Will you accept our invitation?*
Mein Freund hat sie schon angenommen. *My friend has accepted it already.*
Er nahm die neue Stellung sofort an. *He accepted the new job at once.*
Wir nahmen an, er würde kommen. *We assumed he would come.*

Das Ehepaar nahm zwei Kinder an. *The couple adopted two children.*
Er nimmt sich der Verletzten an. *He is taking care of the injured.*
Seine Frechheit hat Formen angenommen. *His boldness has gone beyond the limit.*
Nimm doch Vernunft an! *Be reasonable!*
Angenommen er ist krank ... *Supposing he were ill ...*

die Annahme *acceptance, assumption*   **die Annahmestelle** *reception*
annehmbar *acceptable*   **annehmlich** *comfortable*
unannehmbar *unacceptable*   **die Annehmlichkeit** *comfort*

anrufen *to ring, telephone* tr. (intr.) **6**

INDICATIVE

Present	**Imperfect**	**Perfect**
ich rufe an	ich rief an	ich habe angerufen
du rufst an	du riefst an	du hast angerufen
er/sie/es ruft an	er/sie/es rief an	er/sie/es hat angerufen
wir rufen an	wir riefen an	wir haben angerufen
ihr ruft an	ihr rieft an	ihr habt angerufen
Sie/sie rufen an	Sie/sie riefen an	Sie/sie haben angerufen

Pluperfect	**Future**	**Future Perfect**
ich hatte angerufen	ich werde anrufen	ich werde angerufen haben
du hattest angerufen	du wirst anrufen	du wirst angerufen haben
er/sie/es hatte angerufen	er/sie/es wird anrufen	er/sie/es wird angerufen haben
wir hatten angerufen	wir werden anrufen	wir werden angerufen haben
ihr hattet angerufen	ihr werdet anrufen	ihr werdet angerufen haben
Sie/sie hatten angerufen	Sie/sie werden anrufen	Sie/sie werden angerufen haben

CONDITIONAL   SUBJUNCTIVE

Present	**Present**	**Imperfect**
ich würde anrufen	ich rufe an	ich riefe an
du würdest anrufen	wir rufen an	wir riefen an
er/sie/es würde anrufen		
wir würden anrufen	**Perfect**	**Pluperfect**
ihr würdet anrufen	ich habe angerufen	ich hätte angerufen
Sie/sie würden anrufen	wir haben angerufen	wir hätten angerufen

PARTICIPLES   IMPERATIVE

anrufend	ruf an! ruft an!
angerufen	rufen Sie an! rufen wir an!

Bitte, rufen Sie mich an. *Please telephone me.*
Ich rufe Sie morgen an. *I'll ring you tomorrow.*
Sie hat mich jeden Tag angerufen. *She has been ringing me every day.*
Als er anrief, war er am Bahnhof. *He was at the station when he rang.*

Auf der Straße rief mich jemand an. *Someone addressed me in the street.*
Die UN wurde um Hilfe angerufen. *The UN was asked for help.*
Man hat ihn zum Zeugen angerufen. *He was called as a witness.*
Er rief die Leute um Unterstützung an. *He appealed to the people for support.*

der Anruf *call*	**der Anrufer** *caller*
der Telefonanruf *telephone call*	**der Notruf** *emergency call*
das Rufzeichen *ringing tone*	**die Anrufstelle** *call box*
die Rufnummer *phone number*	**die Anrufung** *appeal*

7 antworten *to answer, reply* intr. (tr.)

INDICATIVE

Present	**Imperfect**	**Perfect**
ich antworte	ich antwortete	ich habe geantwortet
du antwortest	du antwortetest	du hast geantwortet
er/sie/es antwortet	er/sie/es antwortete	er/sie/es hat geantwortet
wir antworten	wir antworteten	wir haben geantwortet
ihr antwortet	ihr antwortetet	ihr habt geantwortet
Sie/sie antworten	Sie/sie antworteten	Sie/sie haben geantwortet

Pluperfect	**Future**	**Future Perfect**
ich hatte geantwortet	ich werde antworten	ich werde geantwortet haben
du hattest geantwortet	du wirst antworten	du wirst geantwortet haben
er/sie/es hatte geantwortet	er/sie/es wird antworten	er/sie/es wird geantwortet haben
wir hatten geantwortet	wir werden antworten	wir werden geantwortet haben
ihr hattet geantwortet	ihr werdet antworten	ihr werdet geantwortet haben
Sie/sie hatten geantwortet	Sie/sie werden antworten	Sie/sie werden geantwortet haben

CONDITIONAL

SUBJUNCTIVE

Present	**Present**	**Imperfect**
ich würde antworten	ich antworte	ich antwortete
du würdest antworten	wir antworten	wir antworteten
er/sie/es würde antworten		
wir würden antworten	**Perfect**	**Pluperfect**
ihr würdet antworten	ich habe geantwortet	ich hätte geantwortet
Sie/sie würden antworten	wir haben geantwortet	wir hätten geantwortet

PARTICIPLES

IMPERATIVE

antwortend	antworte! antwortet!
geantwortet	antworten Sie! antworten wir!

Warum antworten Sie nicht? *Why don't you answer?*
Ich habe sofort geantwortet. *I answered at once.*
Er antwortete auf jede Frage. *He answered every question.*
Wir hätten nicht antworten sollen. *We should not have answered.*

Sie antwortete darauf mit einem vielsagenden Blick. *She responded with a meaningful glance.*
Ich blieb ihm keine Antwort schuldig. *I had an answer to everything.*
Keine Antwort ist auch eine Antwort. *Silence speaks for itself.*
Er ist immer mit einer Antwort da. *He is never at a loss for an answer.*
U.A.w.g./Um Antwort wird gebeten. *R.S.V.P./An answer is requested.*

die Antwort *answer, reply*
der Antworter *respondent*
verantworten *to be responsible for*

das Antwortschreiben *written reply*
die Beantwortung *answer(ing) to something*
die Verantwortung *responsibility*

anziehen *to put on, dress* tr. (refl., intr.) **8**

INDICATIVE

Present	**Imperfect**	**Perfect**
ich ziehe an	ich zog an	ich habe angezogen
du ziehst an	du zogst an	du hast angezogen
er/sie/es zieht an	er/sie/es zog an	er/sie/es hat angezogen
wir ziehen an	wir zogen an	wir haben angezogen
ihr zieht an	ihr zogt an	ihr habt angezogen
Sie/sie ziehen an	Sie/sie zogen an	Sie/sie haben angezogen

Pluperfect	**Future**	**Future Perfect**
ich hatte angezogen	ich werde anziehen	ich werde angezogen haben
du hattest angezogen	du wirst anziehen	du wirst angezogen haben
er/sie/es hatte angezogen	er/sie/es wird anziehen	er/sie/es wird angezogen haben
wir hatten angezogen	wir werden anziehen	wir werden angezogen haben
ihr hattet angezogen	ihr werdet anziehen	ihr werdet angezogen haben
Sie/sie hatten angezogen	Sie/sie werden anziehen	Sie/sie werden angezogen haben

CONDITIONAL | SUBJUNCTIVE

Present	**Present**	**Imperfect**
ich würde anziehen	ich ziehe an	ich zöge an
du würdest anziehen	wir ziehen an	wir zögen an
er/sie/es würde anziehen		
wir würden anziehen	**Perfect**	**Pluperfect**
ihr würdet anziehen	ich habe angezogen	ich hätte angezogen
Sie/sie würden anziehen	wir haben angezogen	wir hätten angezogen

PARTICIPLES | IMPERATIVE

anziehend

angezogen

zieh an! zieht an!

ziehen Sie an! ziehen wir an!

Was soll ich anziehen? *What shall I wear?*
Ziehst du deinen Smoking an? *Are you going to wear your dinner jacket?*
Sie hat ihren warmen Mantel angezogen. *She put on her warm coat.*
Ihre Kinder zog sie immer gut an. *She always dressed her children well.*

Bitte, ziehen Sie die Schraube an. *Please tighten the screw.*
Auf der Party zog sie alle Männer an. *She attracted all the men at the party.*
Die Preise ziehen stark an. *Prices are rising steeply.*
Das Salz zieht die Feuchtigkeit an. *Salt absorbs moisture.*

der Anzug *suit*
im Anzug sein *to approach*
die Erdanziehung *gravity*
anzüglich *offensive*

die Anziehung *attraction*
anziehend *attractive*
anziehungslos *unattractive*

9 arbeiten *to work* intr. (tr., refl.)

INDICATIVE

Present	**Imperfect**	**Perfect**
ich arbeite	ich arbeitete	ich habe gearbeitet
du arbeitest	du arbeitetest	du hast gearbeitet
er/sie/es arbeitet	er/sie/es arbeitete	er/sie/es hat gearbeitet
wir arbeiten	wir arbeiteten	wir haben gearbeitet
ihr arbeitet	ihr arbeitetet	ihr habt gearbeitet
Sie/sie arbeiten	Sie/sie arbeiteten	Sie/sie haben gearbeitet

Pluperfect	**Future**	**Future Perfect**
ich hatte gearbeitet	ich werde arbeiten	ich werde gearbeitet haben
du hattest gearbeitet	du wirst arbeiten	du wirst gearbeitet haben
er/sie/es hatte gearbeitet	er/sie/es wird arbeiten	er/sie/es wird gearbeitet haben
wir hatten gearbeitet	wir werden arbeiten	wir werden gearbeitet haben
ihr hattet gearbeitet	ihr werdet arbeiten	ihr werdet gearbeitet haben
Sie/sie hatten gearbeitet	Sie/sie werden arbeiten	Sie/sie werden gearbeitet haben

CONDITIONAL — SUBJUNCTIVE

Present	**Present**	**Imperfect**
ich würde arbeiten	ich arbeite	ich arbeitete
du würdest arbeiten	wir arbeiten	wir arbeiteten
er/sie/es würde arbeiten		
wir würden arbeiten	**Perfect**	**Pluperfect**
ihr würdet arbeiten	ich habe gearbeitet	ich hätte gearbeitet
Sie/sie würden arbeiten	wir haben gearbeitet	wir hätten gearbeitet

PARTICIPLES — IMPERATIVE

arbeitend · arbeite! arbeitet!
gearbeitet · arbeiten Sie! arbeiten wir!

Wie lange arbeiten Sie hier schon? *How long have you been working here?*
Ich arbeite hier seit drei Jahren. *I have been working here for three years.*
Er würde gern in Deutschland arbeiten. *He would like to work in Germany.*
Morgen arbeite ich im Garten. *Tomorrow I'll work in the garden.*

Er arbeitet wie ein Pferd. *He is working like a Trojan.* (Lit. horse)
Sie muß noch viel an sich arbeiten. *She must improve her performance.*
Er hat sich schnell nach oben gearbeitet. *He has quickly worked his way up.*
Wir arbeiten Hand in Hand. *We are working as a team.*

die Arbeit *work, employment*
der Arbeiter *worker*
der Arbeitgeber *employer*
der Arbeitnehmer *employee*
die Handarbeit *handicraft*

arbeitsam *industrious*
arbeitsfähig *fit to work*
arbeitslos *unemployed*
arbeitsscheu *workshy*
abgearbeitet *worn out with work*

bauen *to build, construct* tr. (intr.) **10**

INDICATIVE

Present	**Imperfect**	**Perfect**
ich baue	ich baute	ich habe gebaut
du baust	du bautest	du hast gebaut
er/sie/es baut	er/sie/es baute	er/sie/es hat gebaut
wir bauen	wir bauten	wir haben gebaut
ihr baut	ihr bautet	ihr habt gebaut
Sie/sie bauen	Sie/sie bauten	Sie/sie haben gebaut

Pluperfect	**Future**	**Future Perfect**
ich hatte gebaut	ich werde bauen	ich werde gebaut haben
du hattest gebaut	du wirst bauen	du wirst gebaut haben
er/sie/es hatte gebaut	er/sie/es wird bauen	er/sie/es wird gebaut haben
wir hatten gebaut	wir werden bauen	wir werden gebaut haben
ihr hattet gebaut	ihr werdet bauen	ihr werdet gebaut haben
Sie/sie hatten gebaut	Sie/sie werden bauen	Sie/sie werden gebaut haben

CONDITIONAL / SUBJUNCTIVE

Present	**Present**	**Imperfect**
ich würde bauen	ich baue	ich baute
du würdest bauen	wir bauen	wir bauten
er/sie/es würde bauen		
wir würden bauen	**Perfect**	**Pluperfect**
ihr würdet bauen	ich habe gebaut	ich hätte gebaut
Sie/sie würden bauen	wir haben gebaut	wir hätten gebaut

PARTICIPLES / IMPERATIVE

bauend	baue! baut!
gebaut	bauen Sie! bauen wir!

Wo bauen Sie Ihr Haus? *Where are you building your house?*
Er baut es eigenhändig. *He is building it himself.*
Mein Haus wird gerade gebaut. *My house is being built.*
Die Stadt baute das Rathaus um 1600. *The city built the town hall in about 1600.*

Er hat sein Geschäft auf Sand gebaut. *His business is not very secure. (Lit. built on sand)*
Gestern habe ich einen Unfall gebaut. *Yesterday I had an accident.*
Wir bauen an einem modernen Staat. *We are creating a modern state.*
Auf diesen Mann können wir bauen. *We can rely on this man.*

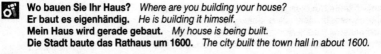

der Bau *building*
der Anbau *extension*
der Bauer *farmer*
baufällig *dilapidated*

das Gebäude *building, house*
der Obstanbau *fruit growing*
der Baumeister *architect*
die Bauart *style of architecture*

11 bedienen *to serve, wait on* tr. (refl.)

INDICATIVE

Present	Imperfect	Perfect
ich bediene	ich bediente	ich habe bedient
du bedienst	du bedientest	du hast bedient
er/sie/es bedient	er/sie/es bediente	er/sie/es hat bedient
wir bedienen	wir bedienten	wir haben bedient
ihr bedient	ihr bedientet	ihr habt bedient
Sie/sie bedienen	Sie/sie bedienten	Sie/sie haben bedient

Pluperfect	Future	Future Perfect
ich hatte bedient	ich werde bedienen	ich werde bedient haben
du hattest bedient	du wirst bedienen	du wirst bedient haben
er/sie/es hatte bedient	er/sie/es wird bedienen	er/sie/es wird bedient haben
wir hatten bedient	wir werden bedienen	wir werden bedient haben
ihr hattet bedient	ihr werdet bedienen	ihr werdet bedient haben
Sie/sie hatten bedient	Sie/sie werden bedienen	Sie/sie werden bedient haben

CONDITIONAL / SUBJUNCTIVE

Present	Present	Imperfect
ich würde bedienen	ich bediene	ich bediente
du würdest bedienen	wir bedienen	wir bedienten
er/sie/es würde bedienen		
wir würden bedienen	**Perfect**	**Pluperfect**
ihr würdet bedienen	ich habe bedient	ich hätte bedient
Sie/sie würden bedienen	wir haben bedient	wir hätten bedient

PARTICIPLES / IMPERATIVE

PARTICIPLES	IMPERATIVE
bedienend	bediene! bedient!
bedient	bedienen Sie! bedienen wir!

Er bedient seine Kunden gut. *He serves his customers well.*
Bitte, bedienen Sie sich. *Please help yourself.*
Werden Sie schon bedient? *Are you being served?*
Könnten Sie uns schnell bedienen? *Could you serve us quickly?*

Sie läßt sich hinten und vorne bedienen. *She never lifts a finger.*
Der Lift wird automatisch bedient. *The lift works automatically.*
Er bediente sich eines Vergleiches. *He used a comparison.*
Von dieser Politik sind wir bedient. *We have had enough of this policy.*
Ich habe beim Kartenspiel nicht bedient. *I did not follow suit* (in card games).

die Bedienung *service*
der Bedienungsknopf *control knob*
die Bedienungsmannschaft *crew*

der Bedienstete *employee*
die Bedienstetenseele *servile character*
die Bedienungsanleitung *instructions for use*

befehlen *to order, command* tr. **12**

12

INDICATIVE

Present	**Imperfect**	**Perfect**
ich befehle	ich befahl	ich habe befohlen
du befiehlst	du befahlst	du hast befohlen
er/sie/es befiehlt	er/sie/es befahl	er/sie/es hat befohlen
wir befehlen	wir befahlen	wir haben befohlen
ihr befehlt	ihr befahlt	ihr habt befohlen
Sie/sie befehlen	Sie/sie befahlen	Sie/sie haben befohlen

Pluperfect	**Future**	**Future Perfect**
ich hatte befohlen	ich werde befehlen	ich werde befohlen haben
du hattest befohlen	du wirst befehlen	du wirst befohlen haben
er/sie/es hatte befohlen	er/sie/es wird befehlen	er/sie/es wird befohlen haben
wir hatten befohlen	wir werden befehlen	wir werden befohlen haben
ihr hattet befohlen	ihr werdet befehlen	ihr werdet befohlen haben
Sie/sie hatten befohlen	Sie/sie werden befehlen	Sie/sie werden befohlen haben

CONDITIONAL   SUBJUNCTIVE

Present	**Present**	**Imperfect**
ich würde befehlen	ich befehle	ich befähle
du würdest befehlen	wir befehlen	wir befählen
er/sie/es würde befehlen		
wir würden befehlen	**Perfect**	**Pluperfect**
ihr würdet befehlen	ich habe befohlen	ich hätte befohlen
Sie/sie würden befehlen	wir haben befohlen	wir hätten befohlen

PARTICIPLES   IMPERATIVE

befehlend

befohlen

befiehl! befehlt!

befehlen Sie! befehlen wir!

Er befiehlt gern. *He likes giving orders.*
Ganz, wie Sie befehlen! *Exactly as you wish!*
Mir wurde dies befohlen. *I was ordered to do this.*
Die Polizei befahl, den Platz zu räumen. *The police gave the order to clear the square.*
Wir haben nichts dergleichen befohlen. *We did not order anything of the sort.*

Er läßt sich nichts befehlen. *He rejects all orders.*
Dein Wunsch ist mir Befehl. *Your wish is my command.*
Auf wessen Befehl haben Sie gehandelt? *On whose orders did you act?*
Er spricht in befehlendem Ton. *He speaks in an authoritative voice.*

der Befehl *order*	**der Befehlende** *person giving orders*
Zu Befehl! *'Yes, Sir!'*	**der Befehlshaber** *commanding officer*
der Oberbefehl *supreme command*	**befehlswidrig** *against orders*
das Befehlswort *word of command*	**die Befehlsform** *imperative (mood)*

13 sich befinden *to be, feel* refl. (tr.)

INDICATIVE

Present	**Imperfect**	**Perfect**
ich befinde mich	ich befand mich	ich habe mich befunden
du befindest dich	du befandest dich	du hast dich befunden
er/sie/es befindet sich	er/sie/es befand sich	er/sie/es hat sich befunden
wir befinden uns	wir befanden uns	wir haben uns befunden
ihr befindet euch	ihr befandet euch	ihr habt euch befunden
Sie/sie befinden sich	Sie/sie befanden sich	Sie/sie haben sich befunden

Pluperfect	**Future**	**Future Perfect**
ich hatte mich befunden	ich werde mich befinden	ich werde mich befunden haben
du hattest dich befunden	du wirst dich befinden	du wirst dich befunden haben
er/sie/es hatte sich befunden	er/sie/es wird sich befinden	er/sie/es wird sich befunden haben
wir hatten uns befunden	wir werden uns befinden	wir werden uns befunden haben
ihr hattet euch befunden	ihr werdet euch befinden	ihr werdet euch befunden haben
Sie/sie hatten sich befunden	Sie/sie werden sich befinden	Sie/sie werden sich befunden haben

CONDITIONAL

SUBJUNCTIVE

Present	**Present**	**Imperfect**
ich würde mich befinden	ich befinde mich	ich befände mich
du würdest dich befinden	wir befinden uns	wir befänden uns
er/sie/es würde sich befinden		
wir würden uns befinden	**Perfect**	**Pluperfect**
ihr würdet euch befinden	ich habe mich befunden	ich hätte mich befunden
Sie/sie würden sich befinden	wir haben uns befunden	wir hätten uns befunden

PARTICIPLES

mich befindend
befunden

Wo befinden Sie sich gerade? *Where are you at the moment?*
Ich befinde mich in Deutschland. *I am in Germany.*
Er befand sich in einer schwierigen Lage. *He was in a difficult position.*
Wie haben sich die Kranken heute befunden? *How were the patients today?*
Der Ausgang befindet sich dort. *The exit is over there.*

Er wurde schuldig befunden. *He was found guilty.*
Da befinden wir uns in guter Gesellschaft. *We are in good company there.*
Ich befinde mich zur Zeit in Verlegenheit. *I am temporarily (financially) embarrassed.*
Sie befanden sich im Irrtum. *They were wrong.*
Diese Sache befindet sich nicht so. *This is not the case.*

das Befinden *condition*   **der Befund** *result, diagnosis*
der Arztbefund *doctor's diagnosis*
nach ärztlichem Befund *according to medical evidence*

*begegnen *to meet, encounter* intr. **14**

INDICATIVE

Present	Imperfect	Perfect
ich begegne	ich begegnete	ich bin begegnet
du begegnest	du begegnetest	du bist begegnet
er/sie/es begegnet	er/sie/es begegnete	er/sie/es ist begegnet
wir begegnen	wir begegneten	wir sind begegnet
ihr begegnet	ihr begegnetet	ihr seid begegnet
Sie/sie begegnen	Sie/sie begegneten	Sie/sie sind begegnet

Pluperfect	Future	Future Perfect
ich war begegnet	ich werde begegnen	ich werde begegnet sein
du warst begegnet	du wirst begegnen	du wirst begegnet sein
er/sie/es war begegnet	er/sie/es wird begegnen	er/sie/es wird begegnet sein
wir waren begegnet	wir werden begegnen	wir werden begegnet sein
ihr wart begegnet	ihr werdet begegnen	ihr werdet begegnet sein
Sie/sie waren begegnet	Sie/sie werden begegnen	Sie/sie werden begegnet sein

CONDITIONAL

SUBJUNCTIVE

Present	Present	Imperfect
ich würde begegnen	ich begegne	ich begegnete
du würdest begegnen	wir begegnen	wir begegneten
er/sie/es würde begegnen		
wir würden begegnen	**Perfect**	**Pluperfect**
ihr würdet begegnen	ich sei begegnet	ich wäre begegnet
Sie/sie würden begegnen	wir seien begegnet	wir wären begegnet

PARTICIPLES

IMPERATIVE

begegnend
begegnet

begegne! begegnet!
begegnen Sie! begegnen wir!

Sind wir uns nicht schon mal begegnet? *Haven't we met before?*
Wo ist sie ihm begegnet? *Where did she meet him?*
Er begegnete mir zufällig. *He happened to meet me.*
Ich wäre ihm sonst niemals begegnet. *I would never have met him otherwise.*

Ihre Blicke begegneten sich. *Their eyes met.*
Er weiß allen Schwierigkeiten zu begegnen. *He can cope with any difficulty.*
Du begegnest allen unseren Wünschen. *You are complying with all our wishes.*
Ist dir das schon mal begegnet? *Has that ever happened to you?*
Man begegnet dort niemandem. *You don't see a soul there.*
Sie begegneten uns ziemlich grob. *They treated us quite harshly.*

die Begegnung *encounter, meeting, treatment*
die Feindbegegnung *enemy attack*

15 behandeln *to treat, handle* tr.

INDICATIVE

Present	Imperfect	Perfect
ich behandele	ich behandelte	ich habe behandelt
du behandelst	du behandeltest	du hast behandelt
er/sie/es behandelt	er/sie/es behandelte	er/sie/es hat behandelt
wir behandeln	wir behandelten	wir haben behandelt
ihr behandelt	ihr behandeltet	ihr habt behandelt
Sie/sie behandeln	Sie/sie behandelten	Sie/sie haben behandelt

Pluperfect	Future	Future Perfect
ich hatte behandelt	ich werde behandeln	ich werde behandelt haben
du hattest behandelt	du wirst behandeln	du wirst behandelt haben
er/sie/es hatte behandelt	er/sie/es wird behandeln	er/sie/es wird behandelt haben
wir hatten behandelt	wir werden behandeln	wir werden behandelt haben
ihr hattet behandelt	ihr werdet behandeln	ihr werdet behandelt haben
Sie/sie hatten behandelt	Sie/sie werden behandeln	Sie/sie werden behandelt haben

CONDITIONAL   SUBJUNCTIVE

Present	Present	Imperfect
ich würde behandeln	ich behandele	ich behandelte
du würdest behandeln	wir behandeln	wir behandelten
er/sie/es würde behandeln		
wir würden behandeln	Perfect	Pluperfect
ihr würdet behandeln	ich habe behandelt	ich hätte behandelt
Sie/sie würden behandeln	wir haben behandelt	wir hätten behandelt

PARTICIPLES   IMPERATIVE

behandelnd
behandelt

behandele! behandelt!
behandeln Sie! behandeln wir!

Welcher Arzt behandelt Sie? *Who is the doctor treating you?*
Wie haben Sie die Wunde behandelt? *How have you been treating the wound?*
Er behandelte sie wie ein Kind. *He treated her like a child.*
Ich wurde gut behandelt. *I was treated well.*
Man hätte ihn anders behandeln sollen. *He should have been treated differently.*

Wie behandelt man dies Material? *How do you work/treat this material?*
Sie behandelten ihn redlich. *They dealt with him honestly.*
Wir haben dies im vorigen Kapitel behandelt. *We have dealt with this in the previous chapter.*
Er behandelt es wie ein rohes Ei. *He is handling it very carefully. (Lit. like a raw egg)*
Sie versteht es, Kinder zu behandeln. *She knows how to manage children.*

die Behandlung *treatment, dealing*
stationäre Behandlung *treatment in hospital*

die Behandlungsart *(method of) treatment*
das Behandlungsmittel *medicine*

bekommen *to get, receive* tr. (intr.) **16**

INDICATIVE

Present	**Imperfect**	**Perfect**
ich bekomme	ich bekam	ich habe bekommen
du bekommst	du bekamst	du hast bekommen
er/sie/es bekommt	er/sie/es bekam	er/sie/es hat bekommen
wir bekommen	wir bekamen	wir haben bekommen
ihr bekommt	ihr bekamt	ihr habt bekommen
Sie/sie bekommen	Sie/sie bekamen	Sie/sie haben bekommen

Pluperfect	**Future**	**Future Perfect**
ich hatte bekommen	ich werde bekommen	ich werde bekommen haben
du hattest bekommen	du wirst bekommen	du wirst bekommen haben
er/sie/es hatte bekommen	er/sie/es wird bekommen	er/sie/es wird bekommen haben
wir hatten bekommen	wir werden bekommen	wir werden bekommen haben
ihr hattet bekommen	ihr werdet bekommen	ihr werdet bekommen haben
Sie/sie hatten bekommen	Sie/sie werden bekommen	Sie/sie werden bekommen haben

CONDITIONAL

SUBJUNCTIVE

Present	**Present**	**Imperfect**
ich würde bekommen	ich bekomme	ich bekäme
du würdest bekommen	wir bekommen	wir bekämen
er/sie/es würde bekommen		
wir würden bekommen	**Perfect**	**Pluperfect**
ihr würdet bekommen	ich habe bekommen	ich hätte bekommen
Sie/sie würden bekommen	wir haben bekommen	wir hätten bekommen

PARTICIPLES

IMPERATIVE

bekommend	bekomm! bekommt!
bekommen	bekommen Sie! bekommen wir!

Bekommen Sie schon? *Are you being served?*
Wo bekommt man die Fahrkarten? *Where can you buy tickets?*
Ihren Brief habe ich noch nicht bekommen. *I have not received your letter yet.*
Er bekam Angst. *He was getting frightened.*
Wir hatten nichts zu essen bekommen. *We had not been given anything to eat.*

Ich bekam ihn nie zu Gesicht. *I never set eyes on him.*
Sie bekam hohes Fieber. *They developed a high temperature.*
Plötzlich bekamen wir Lust zu verreisen. *We suddenly got the urge to travel.*
Das Essen ist mir nicht gut bekommen. *The food did not agree with me.*
Er bekam kalte Füße. *He got cold feet.*
Wir haben eins aufs Dach bekommen. *We were told off.*
Du bekommst alles in die falsche Kehle. *You take everything the wrong way.*

17 besitzen *to own, possess* tr.

INDICATIVE

Present	Imperfect	Perfect
ich besitze	ich besaß	ich habe besessen
du besitzt	du besaßt	du hast besessen
er/sie/es besitzt	er/sie/es besaß	er/sie/es hat besessen
wir besitzen	wir besaßen	wir haben besessen
ihr besitzt	ihr besaßt	ihr habt besessen
Sie/sie besitzen	Sie/sie besaßen	Sie/sie haben besessen

Pluperfect	Future	Future Perfect
ich hatte besessen	ich werde besitzen	ich werde besessen haben
du hattest besessen	du wirst besitzen	du wirst besessen haben
er/sie/es hatte besessen	er/sie/es wird besitzen	er/sie/es wird besessen haben
wir hatten besessen	wir werden besitzen	wir werden besessen haben
ihr hattet besessen	ihr werdet besitzen	ihr werdet besessen haben
Sie/sie hatten besessen	Sie/sie werden besitzen	Sie/sie werden besessen haben

CONDITIONAL · SUBJUNCTIVE

Present	Present	Imperfect
ich würde besitzen	ich besitze	ich besäße
du würdest besitzen	wir besitzen	wir besäßen
er/sie/es würde besitzen		
wir würden besitzen	**Perfect**	**Pluperfect**
ihr würdet besitzen	ich habe besessen	ich hätte besessen
Sie/sie würden besitzen	wir haben besessen	wir hätten besessen

PARTICIPLES

besitzend
besessen

Wer besitzt dieses Haus? *Who owns this house?*
Hat er das Boot schon immer besessen? *Has he always owned this boat?*
Hätte ich es besessen, ich hätte es verkauft. *Had I owned it I would have sold it.*
Als er das Haus besaß, war er ein reicher Mann. *When he owned the house he was a rich man.*

Er ist ein besitzender Mann. *He is a wealthy man.*
Sie besaß mein Vertrauen und meine Zuneigung. *She had my confidence and affection.*
Er besitzt die Frechheit und kommt wieder. *He is bold enough to come back.*
Dieser Besitz soll verkauft werden. *This property is to be sold.*
Wir sind im Besitz dieser Papiere. *We are in possession of the documents.*
Die Besitzergreifung fand statt. *The property was seized.*

der Besitzer/-in *owner*   **die Besitznahme** *appropriation*
das Besitztuum *possession*
die Besitzgier *acquisitiveness*

bestellen *to order* tr. **18**

INDICATIVE

Present	**Imperfect**	**Perfect**
ich bestelle	ich bestellte	ich habe bestellt
du bestellst	du bestelltest	du hast bestellt
er/sie/es bestellt	er/sie/es bestellte	er/sie/es hat bestellt
wir bestellen	wir bestellten	wir haben bestellt
ihr bestellt	ihr bestelltet	ihr habt bestellt
Sie/sie bestellen	Sie/sie bestellten	Sie/sie haben bestellt

Pluperfect	**Future**	**Future Perfect**
ich hatte bestellt	ich werde bestellen	ich werde bestellt haben
du hattest bestellt	du wirst bestellen	du wirst bestellt haben
er/sie/es hatte bestellt	er/sie/es wird bestellen	er/sie/es wird bestellt haben
wir hatten bestellt	wir werden bestellen	wir werden bestellt haben
ihr hattet bestellt	ihr werdet bestellen	ihr werdet bestellt haben
Sie/sie hatten bestellt	Sie/sie werden bestellen	Sie/sie werden bestellt haben

CONDITIONAL   SUBJUNCTIVE

Present	**Present**	**Imperfect**
ich würde bestellen	ich bestelle	ich bestellte
du würdest bestellen	wir bestellen	wir bestellten
er/sie/es würde bestellen		
wir würden bestellen	**Perfect**	**Pluperfect**
ihr würdet bestellen	ich habe bestellt	ich hätte bestellt
Sie/sie würden bestellen	wir haben bestellt	wir hätten bestellt

PARTICIPLES   IMPERATIVE

bestellend	bestell! bestellt!
bestellt	bestellen Sie! bestellen wir!

Ich möchte bitte bestellen. *I would like to order.*
Haben Sie schon bestellt? *Have you already ordered?*
Telefonisch bestellten wir ein Taxi. *We telephoned for a taxi.*
Wir hätten es früher bestellen sollen. *We should have ordered it earlier.*
Gestern wurde ein Tisch für uns bestellt. *A table was reserved for us yesterday.*

Er bestellte mich in sein Büro. *He asked to see me in his office.*
Sie kam wie bestellt. *She came just at the right time.*
Kann ich etwas bestellen? *Can I take a message?*
Er bestellt mich zu seinem Nachfolger. *He is making me his successor.*
Es ist schlecht um ihn bestellt. *He is in a bad way.*
Er hat nichts zu bestellen. *He has no say.*

die Bestellung *order, message,*
    arrangement

19 besuchen *to visit, attend* tr.

INDICATIVE

Present	Imperfect	Perfect
ich besuche	ich besuchte	ich habe besucht
du besuchst	du besuchtest	du hast besucht
er/sie/es besucht	er/sie/es besuchte	er/sie/es hat besucht
wir besuchen	wir besuchten	wir haben besucht
ihr besucht	ihr besuchtet	ihr habt besucht
Sie/sie besuchen	Sie/sie besuchten	Sie/sie haben besucht

Pluperfect	Future	Future Perfect
ich hatte besucht	ich werde besuchen	ich werde besucht haben
du hattest besucht	du wirst besuchen	du wirst besucht haben
er/sie/es hatte besucht	er/sie/es wird besuchen	er/sie/es wird besucht haben
wir hatten besucht	wir werden besuchen	wir werden besucht haben
ihr hattet besucht	ihr werdet besuchen	ihr werdet besucht haben
Sie/sie hatten besucht	Sie/sie werden besuchen	Sie/sie werden besucht haben

CONDITIONAL SUBJUNCTIVE

Present	Present	Imperfect
ich würde besuchen	ich besuche	ich besuchte
du würdest besuchen	wir besuchen	wir besuchten
er/sie/es würde besuchen		
wir würden besuchen	**Perfect**	**Pluperfect**
ihr würdet besuchen	ich habe besucht	ich hätte besucht
Sie/sie würden besuchen	wir haben besucht	wir hätten besucht

PARTICIPLES IMPERATIVE

besuchend
besucht

besuche! besucht!
besuchen Sie! besuchen wir!

Besuchen Sie mich doch mal. *Please visit me sometime.*
Uns hat er noch nie besucht. *He has never visited us.*
Wenn er mich doch besuchen würde! *If only he visited me!*
Man hätte ihn öfter besuchen sollen. *He should have been visited more often.*
Wir besuchten ihn im Krankenhaus. *We visited him in hospital.*

Sie besuchte eine Schule in Köln. *She attended a school in Cologne.*
Seine Vorlesungen werden gut besucht. *His lectures are well attended.*
Wir besuchen diese Kneipe regelmäßig. *We visit this pub regularly.*
Dies ist ein vielbesuchter Ort. *This is a popular place.*
Wir bekommen heute Besuch. *We'll have some visitors today.*
Das Theater war heute schlecht besucht. *The theatre was poorly attended today.*

der Besuch *visit* der Besucher *visitor*

betrügen *to cheat, deceive* tr. **20**

INDICATIVE

Present	**Imperfect**	**Perfect**
ich betrüge	ich betrog	ich habe betrogen
du betrügst	du betrogst	du hast betrogen
er/sie/es betrügt	er/sie/es betrog	er/sie/es hat betrogen
wir betrügen	wir betrogen	wir haben betrogen
ihr betrügt	ihr betrogt	ihr habt betrogen
Sie/sie betrügen	Sie/sie betrogen	Sie/sie haben betrogen

Pluperfect	**Future**	**Future Perfect**
ich hatte betrogen	ich werde betrügen	ich werde betrogen haben
du hattest betrogen	du wirst betrügen	du wirst betrogen haben
er/sie/es hatte betrogen	er/sie/es wird betrügen	er/sie/es wird betrogen haben
wir hatten betrogen	wir werden betrügen	wir werden betrogen haben
ihr hattet betrogen	ihr werdet betrügen	ihr werdet betrogen haben
Sie/sie hatten betrogen	Sie/sie werden betrügen	Sie/sie werden betrogen haben

CONDITIONAL SUBJUNCTIVE

Present	**Present**	**Imperfect**
ich würde betrügen	ich betrüge	ich betröge
du würdest betrügen	wir betrügen	wir betrögen
er/sie/es würde betrügen		
wir würden betrügen	**Perfect**	**Pluperfect**
ihr würdet betrügen	ich habe betrogen	ich hätte betrogen
Sie/sie würden betrügen	wir haben betrogen	wir hätten betrogen

PARTICIPLES IMPERATIVE

betrügend	betrüg! betrügt!
betrogen	betrügen Sie! betrügen wir!

Er betrügt uns ständig. *He constantly deceives us.*
Sie haben ihn um 10 DM betrogen. *They have cheated him out of 10 Marks.*
Er betrog seinen Geschäftspartner. *He swindled his business partner.*
Ihre Kunden wurden auch betrogen. *Their customers were also being deceived.*

Sie hat ihren Mann betrogen. *She has been unfaithful to her husband.*
Er betrügt sich selbst. *He deceives himself.*
Man betrog ihn um sein Recht. *He was cheated of his right.*
Wer lügt, der betrügt. *Anyone who lies is also capable of deceit.*

der Betrug *fraud, deception*
betrügerisch *deceitful*
auf einen Betrug hereinfallen *to be taken in/conned*
der Betrüger *deceiver, swindler*
die Betrügerei *trickery, fraud*
ein frommer Betrug *well-meaning deception*

21 bewegen *to move* tr. (refl.)

INDICATIVE

Present	**Imperfect**	**Perfect**
ich bewege	ich bewegte	ich habe bewegt
du bewegst	du bewegtest	du hast bewegt
er/sie/es bewegt	er/sie/es bewegte	er/sie/es hat bewegt
wir bewegen	wir bewegten	wir haben bewegt
ihr bewegt	ihr bewegtet	ihr habt bewegt
Sie/sie bewegen	Sie/sie bewegten	Sie/sie haben bewegt

Pluperfect	**Future**	**Future Perfect**
ich hatte bewegt	ich werde bewegen	ich werde bewegt haben
du hattest bewegt	du wirst bewegen	du wirst bewegt haben
er/sie/es hatte bewegt	er/sie/es wird bewegen	er/sie/es wird bewegt haben
wir hatten bewegt	wir werden bewegen	wir werden bewegt haben
ihr hattet bewegt	ihr werdet bewegen	ihr werdet bewegt haben
Sie/sie hatten bewegt	Sie/sie werden bewegen	Sie/sie werden bewegt haben

CONDITIONAL

SUBJUNCTIVE

Present	**Present**	**Imperfect**
ich würde bewegen	ich bewege	ich bewegte
du würdest bewegen	wir bewegen	wir bewegten
er/sie/es würde bewegen		
wir würden bewegen	**Perfect**	**Pluperfect**
ihr würdet bewegen	ich habe bewegt	ich hätte bewegt
Sie/sie würden bewegen	wir haben bewegt	wir hätten bewegt

PARTICIPLES

IMPERATIVE

bewegend	beweg! bewegt!
bewegt	bewegen Sie! bewegen wir!

Er bewegt sich nicht. *He is not moving.*
Der Wind bewegte die Blätter. *The wind stirred the leaves.*
Ich kann meine Finger nicht bewegen. *I can't move my fingers.*
Seine traurige Geschichte hat uns bewegt. *His sad story moved us.*

Wir bewegten ihn zur Umkehr. *We persuaded him to turn back.*
Er bewegt sich in guten Kreisen. *He moves in well-to-do society.*
Die Preise bewegen sich zwischen 100 und 200 DM. *Prices are fluctuating between 100 and 200 Marks.*
Die bewegte Menge forderte ihr Recht. *The agitated crowd demanded justice.*

die Bewegung *movement, motion*
der Beweggrund *reason, motive*
bewegungslos *motionless*
bewegbar *movable*

beweglich *mobile, flexible*
die Beweglichkeit *mobility, flexibility*
die Bewegungsfreiheit *freedom of movement*

bezahlen *to pay, repay* tr. **22**

INDICATIVE

Present	**Imperfect**	**Perfect**
ich bezahle	ich bezahlte	ich habe bezahlt
du bezahlst	du bezahltest	du hast bezahlt
er/sie/es bezahlt	er/sie/es bezahlte	er/sie/es hat bezahlt
wir bezahlen	wir bezahlten	wir haben bezahlt
ihr bezahlt	ihr bezahltet	ihr habt bezahlt
Sie/sie bezahlen	Sie/sie bezahlten	Sie/sie haben bezahlt

Pluperfect	**Future**	**Future Perfect**
ich hatte bezahlt	ich werde bezahlen	ich werde bezahlt haben
du hattest bezahlt	du wirst bezahlen	du wirst bezahlt haben
er/sie/es hatte bezahlt	er/sie/es wird bezahlen	er/sie/es wird bezahlt haben
wir hatten bezahlt	wir werden bezahlen	wir werden bezahlt haben
ihr hattet bezahlt	ihr werdet bezahlen	ihr werdet bezahlt haben
Sie/sie hatten bezahlt	Sie/sie werden bezahlen	Sie/sie werden bezahlt haben

CONDITIONAL SUBJUNCTIVE

Present	**Present**	**Imperfect**
ich würde bezahlen	ich bezahle	ich bezahlte
du würdest bezahlen	wir bezahlen	wir bezahlten
er/sie/es würde bezahlen		
wir würden bezahlen	**Perfect**	**Pluperfect**
ihr würdet bezahlen	ich habe bezahlt	ich hätte bezahlt
Sie/sie würden bezahlen	wir haben bezahlt	wir hätten bezahlt

PARTICIPLES IMPERATIVE

bezahlend bezahle! bezahlt!
bezahlt bezahlen Sie! bezahlen wir!

Ich möchte bitte bezahlen. *I would like to pay, please.*
Bezahlen Sie bar oder mit Scheck? *Are you paying cash or by cheque?*
Er hat für mich das Essen bezahlt. *He has paid for my meal.*
Seine Arbeit wird gut bezahlt. *His work is well paid.*

Er bezahlte teuer fur seinen Leichtsinn. *He paid dearly for his carelessness.*
Diese Arbeit macht sich bezahlt. *This work is worth the effort.*
Nun müssen wir die Zeche bezahlen. *Now we have to take the consequences.*
Das ist nicht mit Geld zu bezahlen. *This is priceless.*
Wir bezahlten auf Heller und Pfennig. *We paid in full.*

die Bezahlung *payment, settlement*	**bezahlbar** *payable*
die Zahlungsanweisung *draft, cheque*	**die Zahlungsweise** *method of payment*
zahlungsfähig *solvent*	**die Zahlungsfrist** *date of payment*

23 bitten *to ask for, request* tr. (intr.)

INDICATIVE

Present	**Imperfect**	**Perfect**
ich bitte	ich bat	ich habe gebeten
du bittest	du batest	du hast gebeten
er/sie/es bittet	er/sie/es bat	er/sie/es hat gebeten
wir bitten	wir baten	wir haben gebeten
ihr bittet	ihr batet	ihr habt gebeten
Sie/sie bitten	Sie/sie baten	Sie/sie haben gebeten

Pluperfect	**Future**	**Future Perfect**
ich hatte gebeten	ich werde bitten	ich werde gebeten haben
du hattest gebeten	du wirst bitten	du wirst gebeten haben
er/sie/es hatte gebeten	er/sie/es wird bitten	er/sie/es wird gebeten haben
wir hatten gebeten	wir werden bitten	wir werden gebeten haben
ihr hattet gebeten	ihr werdet bitten	ihr werdet gebeten haben
Sie/sie hatten gebeten	Sie/sie werden bitten	Sie/sie werden gebeten haben

CONDITIONAL / SUBJUNCTIVE

Present	**Present**	**Imperfect**
ich würde bitten	ich bitte	ich bäte
du würdest bitten	wir bitten	wir bäten
er/sie/es würde bitten		
wir würden bitten	**Perfect**	**Pluperfect**
ihr würdet bitten	ich habe gebeten	ich hätte gebeten
Sie/sie würden bitten	wir haben gebeten	wir hätten gebeten

PARTICIPLES / IMPERATIVE

bittend	bitte! bittet!
gebeten	bitten Sie! bitten wir!

Ich bitte um eine Auskunft. *I would like some information.*
Er hat mich nicht darum gebeten. *He has not asked me for that.*
Wir baten vergeblich um Hilfe. *We asked in vain for help.*
Um Antwort wird gebeten U.A.w.g. *Please respond R.S.V.P.*

Er bat um ihre Hand. *He asked her to marry him.*
Wir haben beim Chef für ihn gebeten. *We put a good word in for him with the boss.*
Darf ich Sie zu einem Glas Wein bitten? *May I offer you to a glass of wine?*
Er wurde zur Kasse gebeten. *He was asked to pay.*
Ich muß doch sehr bitten! *I am outraged.*

die Bitte *request*
die Bittfahrt *pilgrimage*

der Bittende *petitioner*
**das Bittschreiben/die
Bittschrift** *written petition*

*bleiben *to remain, stay* intr. 24

INDICATIVE

Present	Imperfect	Perfect
ich bleibe	ich blieb	ich bin geblieben
du bleibst	du bliebst	du bist geblieben
er/sie/es bleibt	er/sie/es blieb	er/sie/es ist geblieben
wir bleiben	wir blieben	wir sind geblieben
ihr bleibt	ihr bliebt	ihr seid geblieben
Sie/sie bleiben	Sie/sie blieben	Sie/sie sind geblieben

Pluperfect	Future	Future Perfect
ich war geblieben	ich werde bleiben	ich werde geblieben sein
du warst geblieben	du wirst bleiben	du wirst geblieben sein
er/sie/es war geblieben	er/sie/es wird bleiben	er/sie/es wird geblieben sein
wir waren geblieben	wir werden bleiben	wir werden geblieben sein
ihr wart geblieben	ihr werdet bleiben	ihr werdet geblieben sein
Sie/sie waren geblieben	Sie/sie werden bleiben	Sie/sie werden geblieben sein

CONDITIONAL   SUBJUNCTIVE

Present	Present	Imperfect
ich würde bleiben	ich bleibe	ich bliebe
du würdest bleiben	wir bleiben	wir blieben
er/sie/es würde bleiben		
wir würden bleiben	Perfect	Pluperfect
ihr würdet bleiben	ich sei geblieben	ich wäre geblieben
Sie/sie würden bleiben	wir seien geblieben	wir wären geblieben

PARTICIPLES   IMPERATIVE

bleibend
geblieben

bleib! bleibt!
bleiben Sie! bleiben wir!

Heute bleibe ich zu Hause. *Today I'll stay at home.*
Wo ist sie geblieben? *What has become of her?*
Bitte, bleiben Sie sitzen. *Please remain seated.*
Sie blieben über Nacht. *They stayed the night.*

Es bleibt dabei. *Agreed.*
Alles blieb beim alten. *There was no change.*
Er ist nicht bei der Wahrheit geblieben. *He did not stick to the truth.*
Lassen Sie das bleiben! *Leave that alone!*
Dies bleibt ganz unter uns. *This is confidential.*
Da blieb kein Auge trocken. *There was not a dry eye.*
Bleiben Sie am Ball. *Keep at it.*

die Bleibe *accommodation*

25 brauchen *to need, require* tr.

INDICATIVE

Present	Imperfect	Perfect
ich brauche	ich brauchte	ich habe gebraucht
du brauchst	du brauchtest	du hast gebraucht
er/sie/es braucht	er/sie/es brauchte	er/sie/es hat gebraucht
wir brauchen	wir brauchten	wir haben gebraucht
ihr braucht	ihr brauchtet	ihr habt gebraucht
Sie/sie brauchen	Sie/sie brauchten	Sie/sie haben gebraucht

Pluperfect	Future	Future Perfect
ich hatte gebraucht	ich werde brauchen	ich werde gebraucht haben
du hattest gebraucht	du wirst brauchen	du wirst gebraucht haben
er/sie/es hatte gebraucht	er/sie/es wird brauchen	er/sie/es wird gebraucht haben
wir hatten gebraucht	wir werden brauchen	wir werden gebraucht haben
ihr hattet gebraucht	ihr werdet brauchen	ihr werdet gebraucht haben
Sie/sie hatten gebraucht	Sie/sie werden brauchen	Sie/sie werden gebraucht haben

CONDITIONAL

SUBJUNCTIVE

Present	Present	Imperfect
ich würde brauchen	ich brauche	ich brauchte
du würdest brauchen	wir brauchen	wir brauchten
er/sie/es würde brauchen		
wir würden brauchen	Perfect	Pluperfect
ihr würdet brauchen	ich habe gebraucht	ich hätte gebraucht
Sie/sie würden brauchen	wir haben gebraucht	wir hätten gebraucht

PARTICIPLES

IMPERATIVE

brauchend
gebraucht

brauche! braucht!
brauchen Sie! brauchen wir!

Sie brauchen mich nur zu fragen. *You need only ask me.*
Ich habe Ihren Schirm nicht gebraucht. *I have not used your umbrella.*
Wozu brauchte er das Werkzeug? *What did he need the tool for?*
Ich hätte keine Hilfe gebraucht. *I would not have needed any help.*

Er ist zu nichts zu gebrauchen. *He is useless.*
Wir brauchten zwei Jahre, das Haus zu bauen. *It took us two years to build the house.*
Mein Auto braucht wenig Benzin. *My car uses little petrol.*
Das brauchte wirklich nicht sein. *That was really not necessary.*

der Brauch *custom, usage*	**brauchbar** *useful, serviceable*
das Brauchtum *folklore*	**die Brauchbarkeit** *usefulness*
gebräuchlich *customary*	**unbrauchbar** *useless*
gebräuchlich sein *to be in use*	**der Gebrauchtwagen** *second-hand car*

bringen *to bring, fetch*   tr. (intr.)   **26**

INDICATIVE

Present	**Imperfect**	**Perfect**
ich bringe	ich brachte	ich habe gebracht
du bringst	du brachtest	du hast gebracht
er/sie/es bringt	er/sie/es brachte	er/sie/es hat gebracht
wir bringen	wir brachten	wir haben gebracht
ihr bringt	ihr brachtet	ihr habt gebracht
Sie/sie bringen	Sie/sie brachten	Sie/sie haben gebracht

Pluperfect	**Future**	**Future Perfect**
ich hatte gebracht	ich werde bringen	ich werde gebracht haben
du hattest gebracht	du wirst bringen	du wirst gebracht haben
er/sie/es hatte gebracht	er/sie/es wird bringen	er/sie/es wird gebracht haben
wir hatten gebracht	wir werden bringen	wir werden gebracht haben
ihr hattet gebracht	ihr werdet bringen	ihr werdet gebracht haben
Sie/sie hatten gebracht	Sie/sie werden bringen	Sie/sie werden gebracht haben

CONDITIONAL | SUBJUNCTIVE

Present	**Present**	**Imperfect**
ich würde bringen	ich bringe	ich brachte
du würdest bringen	wir bringen	wir brachten
er/sie/es würde bringen		
wir würden bringen	**Perfect**	**Pluperfect**
ihr würdet bringen	ich habe gebracht	ich hätte gebracht
Sie/sie würden bringen	wir haben gebracht	wir hätten gebracht

PARTICIPLES | IMPERATIVE

bringend
gebracht

bring! bringt!
bringen Sie! bringen wir!

Bringen Sie mir bitte die Speisekarte.   *The menu, please.*
Ein Taxi hat mich gestern zum Bahnhof gebracht.   *A taxi took me to the station yesterday.*
Er brachte mir den falschen Koffer.   *He brought the wrong suitcase.*
Jeden Morgen wurde die Milch gebracht.   *The milk was delivered every morning.*

Ich habe es nicht übers Herz gebracht.   *I could not bring myself to do it.*
Er hat es weit gebracht.   *He has become successful.*
Die Ware wird schnell an den Mann gebracht.   *The goods are sold quickly.*
Seine laute Musik bringt mich auf die Palme.   *His loud music drives me mad.*

zu Papier bringen   *to put on paper*
zum Ausdruck bringen   *to express*
zur Sprache bringen   *to mention*
ums Leben bringen   *to kill*

zu Fall bringen   *to ruin*
zum Schweigen bringen   *to silence*
in Erfahrung bringen   *to ascertain, discover*
zustande bringen   *to accomplish, bring about*

27 danken *to thank* intr. (tr.)

INDICATIVE

Present	Imperfect	Perfect
ich danke	ich dankte	ich habe gedankt
du dankst	du danktest	du hast gedankt
er/sie/es dankt	er/sie/es dankte	er/sie/es hat gedankt
wir danken	wir dankten	wir haben gedankt
ihr dankt	ihr danktet	ihr habt gedankt
Sie/sie danken	Sie/sie dankten	Sie/sie haben gedankt

Pluperfect	Future	Future Perfect
ich hatte gedankt	ich werde danken	ich werde gedankt haben
du hattest gedankt	du wirst danken	du wirst gedankt haben
er/sie/es hatte gedankt	er/sie/es wird danken	er/sie/es wird gedankt haben
wir hatten gedankt	wir werden danken	wir werden gedankt haben
ihr hattet gedankt	ihr werdet danken	ihr werdet gedankt haben
Sie/sie hatten gedankt	Sie/sie werden danken	Sie/sie werden gedankt haben

CONDITIONAL

SUBJUNCTIVE

Present	Present	Imperfect
ich würde danken	ich danke	ich dankte
du würdest danken	wir danken	wir dankten
er/sie/es würde danken		
wir würden danken	Perfect	Pluperfect
ihr würdet danken	ich habe gedankt	ich hätte gedankt
Sie/sie würden danken	wir haben gedankt	wir hätten gedankt

PARTICIPLES

IMPERATIVE

dankend
gedankt

danke! dankt!
danken Sie! danken wir!

Ich danke Ihnen. *Thank you.*
Ihren Brief habe ich dankend erhalten. *I received your letter with thanks.*
Ich grüße ihn, aber er hat mir nicht gedankt. *I greeted him, but he did not reply.*
Niemand wird dir deine Mühe danken. *Nobody will thank you for your trouble.*

Sie hat ihm seine Hilfe schlecht gedankt. *She was very ungrateful (to him for his help).*
Wie soll ich Ihnen das jemals danken? *How can I ever repay you?*
Nichts zu danken. *Don't mention it.*
Danke für die 'Blumen'. *Thanks for nothing. (Lit. for the flowers).*

der Dank *thanks, gratitude*
dankbar *grateful*
die Dankbarkeit *gratitude*
die Danksagung *expression of thanks*

dankenswert *commendable*
undankbar *ungrateful*
die Undankbarkeit *ingratitude*

dauern *to last, continue* intr.

INDICATIVE

Present	Imperfect	Perfect
er/sie/es dauert	er/sie/es dauerte	er/sie/es hat gedauert
sie dauern	sie dauerten	sie haben gedauert

Pluperfect	**Future**	**Future Perfect**
er/sie/es hatte gedauert	wir wird dauern	er/sie/es wird gedauert haben
sie hatten gedauert	sie werden dauern	sie werden gedauert haben

CONDITIONAL | SUBJUNCTIVE

Present	**Present**	**Imperfect**
	er/sie/es dauere	er/sie/es dauerte
	sie daueren	sie dauerten
er/sie/es würde dauern		
	Perfect	**Pluperfect**
	ich es habe gedauert	ich es hätte gedauert
Sie/sie würden dauern	sie haben gedauert	sie hätten gedauert

PARTICIPLES

dauernd
gedauert

Wie lange dauert die Fahrt? *How long does the journey take?*
Mir hat es zu lange gedauert. *It has been too long for me.*
Der Film dauerte drei Stunden. *The film lasted three hours.*
Diese Ehe wird nicht lange dauern. *This marriage is not going to last long.*

So lange die Welt dauert, wird das so bleiben. *As long as the world exists, this will be so.*
Er spricht dauernd über das gleiche Thema. *He constantly talks about the same thing.*
Ich bleibe für die Dauer eines Jahres. *I'll stay for one year.*
Diese Regierung ist nicht von Dauer. *This government will not last long.*

die Dauer *length, duration*
der Dauerlauf *long-distance race*
die Dauerkarte *season-ticket*
die Dauerwelle *perm*

dauerhaft *durable*
die Dauerhaftigkeit *durability*
die Dauerfestigkeit *endurance*
andauernd *lasting, continual*

29 denken *to think, reflect* intr. (tr.)

INDICATIVE

Present	Imperfect	Perfect
ich denke	ich dachte	ich habe gedacht
du denkst	du dachtest	du hast gedacht
er/sie/es denkt	er/sie/es dachte	er/sie/es hat gedacht
wir denken	wir dachten	wir haben gedacht
ihr denkt	ihr dachtet	ihr habt gedacht
Sie/sie denken	Sie/sie dachten	Sie/sie haben gedacht

Pluperfect	Future	Future Perfect
ich hatte gedacht	ich werde denken	ich werde gedacht haben
du hattest gedacht	du wirst denken	du wirst gedacht haben
er/sie/es hatte gedacht	er/sie/es wird denken	er/sie/es wird gedacht haben
wir hatten gedacht	wir werden denken	wir werden gedacht haben
ihr hattet gedacht	ihr werdet denken	ihr werdet gedacht haben
Sie/sie hatten gedacht	Sie/sie werden denken	Sie/sie werden gedacht haben

CONDITIONAL   SUBJUNCTIVE

Present	Present	Imperfect
ich würde denken	ich denke	ich dächte
du würdest denken	wir denken	wir dächten
er/sie/es würde denken		
wir würden denken	**Perfect**	**Pluperfect**
ihr würdet denken	ich habe gedacht	ich hätte gedacht
Sie/sie würden denken	wir haben gedacht	wir hätten gedacht

PARTICIPLES   IMPERATIVE

denkend   denke! denkt!
gedacht   denken Sie! denken wir!

Denken Sie mal ganz logisch! *Please think logically.*
Gestern habe ich noch an Sie gedacht! *I thought of you yesterday.*
Sie dachte, er würde helfen. *She thought he would help.*
Hätte ich doch daran gedacht. *If only I had thought of it.*

Erst denken, dann handeln. *Look before you leap.*
Gedacht, getan. *No sooner said than done.*
Wo denken Sie hin! *What are you thinking of!?*
Ich denke gar nicht daran. *I am not even considering it.*
Wie denken Sie darüber? *What do you think?*

der Gedanke	*thought*	**denkbar**	*conceivable*
gedankenlos	*thoughtless*	**die Denkpause**	*pause for thought*
gedankenvoll	*deep in thought*	**das Denkmal**	*monument*

drücken *to press, push* tr. (intr., refl.) **30**

INDICATIVE

Present	Imperfect	Perfect
ich drücke	ich drückte	ich habe gedrückt
du drückst	du drücktest	du hast gedrückt
er/sie/es drückt	er/sie/es drückte	er/sie/es hat gedrückt
wir drücken	wir drückten	wir haben gedrückt
ihr drückt	ihr drücktet	ihr habt gedrückt
Sie/sie drücken	Sie/sie drückten	Sie/sie haben gedrückt

Pluperfect	Future	Future Perfect
ich hatte gedrückt	ich werde drücken	ich werde gedrückt haben
du hattest gedrückt	du wirst drücken	du wirst gedrückt haben
er/sie/es hatte gedrückt	er/sie/es wird drücken	er/sie/es wird gedrückt haben
wir hatten gedrückt	wir werden drücken	wir werden gedrückt haben
ihr hattet gedrückt	ihr werdet drücken	ihr werdet gedrückt haben
Sie/sie hatten gedrückt	Sie/sie werden drücken	Sie/sie werden gedrückt haben

CONDITIONAL

SUBJUNCTIVE

Present	Present	Imperfect
ich würde drücken	ich drücke	ich drückte
du würdest drücken	wir drücken	wir drückten
er/sie/es würde drücken		
wir würden drücken	Perfect	Pluperfect
ihr würdet drücken	ich habe gedrückt	ich hätte gedrückt
Sie/sie würden drücken	wir haben gedrückt	wir hätten gedrückt

PARTICIPLES

IMPERATIVE

drückend
gedrückt

drück! drückt!
drücken Sie! drücken wir!

Bitte, drücken Sie auf den Knopf. *Please press the button.*
Er hat mir die Hand gedrückt. *He shook my hand.*
Ich drückte den Hut tief ins Gesicht. *I pulled my hat well over my eyes.*
Die Preise wurden gedrückt. *Prices were cut.*

Das schlechte Gewissen drückte ihn. *He was bothered by his conscience.*
Wo drückt dich der Schuh? *What is the trouble?* (Lit. Where does the shoe press?)
Er drückte sich gern vor der Arbeit. *He liked avoiding work.*
Ich habe dir die Daumen gedrückt. *I kept my fingers crossed for you.*

der Druck *pressure, thrust, print*
der Druckknopf *press-stud*
der Druckmesser *pressure gauge*
drückend *oppressive*

die Druckerei *printing press*
der Druckfehler *misprint*
druckfertig *ready for printing*
die Drucksache *printed matter*

31 dürfen *to be permitted, allowed* intr.

INDICATIVE

Present	Imperfect	Perfect
ich darf	ich durfte	ich habe gedurft
du darfst	du durftest	du hast gedurft
er/sie/es darf	er/sie/es durfte	er/sie/es hat gedurft
wir dürfen	wir durften	wir haben gedurft
ihr dürft	ihr durftet	ihr habt gedurft
Sie/sie dürfen	Sie/sie durften	Sie/sie haben gedurft

Pluperfect	Future	Future Perfect
ich hatte gedurft	ich werde dürfen	ich werde gedurft haben
du hattest gedurft	du wirst dürfen	du wirst gedurft haben
er/sie/es hatte gedurft	er/sie/es wird dürfen	er/sie/es wird gedurft haben
wir hatten gedurft	wir werden dürfen	wir werden gedurft haben
ihr hattet gedurft	ihr werdet dürfen	ihr werdet gedurft haben
Sie/sie hatten gedurft	Sie/sie werden dürfen	Sie/sie werden gedurft haben

CONDITIONAL   SUBJUNCTIVE

Present	Present	Imperfect
ich würde dürfen	ich dürfe	ich dürfte
du würdest dürfen	wir dürfen	wir dürften
er/sie/es würde dürfen		
wir würden dürfen	**Perfect**	**Pluperfect**
ihr würdet dürfen	ich habe gedurft	ich hätte gedurft
Sie/sie würden dürfen	wir haben gedurft	wir hätten gedurft

PARTICIPLES

–

gedurft

Darf ich hier rauchen?   *May I smoke here?*
Hier dürfen Sie nicht parken.   *You are not allowed to park here.*
Wir durften nichts tun.   *We were not allowed to do anything.*
Warum haben Sie das nicht gedurft?   *Why weren't you allowed to do that?*

Jetzt dürfte es zu spät sein.   *It will probably be too late now.*
Das durfte jetzt nicht kommen.   *That shouldn't have been said.*
Heute abend dürfte es ein Gewitter geben.   *There will probably be a storm tonight.*
Wenn ich bitten darf.   *If you please.*
Das dürfte nicht schwer zu beweisen sein.   *That should not be difficult to prove.*
Er dürfte vorläufig genug haben.   *He will be fed up for a while.*
Darüber dürfen Sie sich nicht wundern.   *You must not be surprised at that.*
Es darf niemand herein.   *Nobody is to be admitted.*

sich eignen *to be suited* refl. **32**

INDICATIVE

Present	**Imperfect**	**Perfect**
ich eigne mich	ich eignete mich	ich habe mich geeignet
du eignest dich	du eignetest dich	du hast dich geeignet
er/sie/es eignet sich	er/sie/es eignete sich	er/sie/es hat sich geeignet
wir eignen uns	wir eigneten uns	wir haben uns geeignet
ihr eignet euch	ihr eignetet euch	ihr habt euch geeignet
Sie/sie eignen sich	Sie/sie eigneten sich	Sie/sie haben sich geeignet

Pluperfect	**Future**	**Future Perfect**
ich hatte mich geeignet	ich werde mich eignen	ich werde mich geeignet haben
du hattest dich geeignet	du wirst dich eignen	du wirst dich geeignet haben
er/sie/es hatte sich geeignet	er/sie/es wird sich eignen	er/sie/es wird sich geeignet haben
wir hatten uns geeignet	wir werden uns eignen	wir werden uns geeignet haben
ihr hattet euch geeignet	ihr werdet euch eignen	ihr werdet euch geeignet haben
Sie/sie hatten sich geeignet	Sie/sie werden sich eignen	Sie/sie werden sich geeignet haben

CONDITIONAL

SUBJUNCTIVE

Present	**Present**	**Imperfect**
ich würde mich eignen	ich eigne mich	ich eignete mich
du würdest dich eignen	wir eignen uns	wir eigneten uns
er/sie/es würde sich eignen		
wir würden uns eignen	**Perfect**	**Pluperfect**
ihr würdet euch eignen	ich habe mich geeignet	ich hätte mich geeignet
Sie/sie würden sich eignen	wir haben uns geeignet	wir hätten sins geeignet

PARTICIPLES

mich eignend
geeignet

Er eignet sich wortrefflich für diesen Job. *He is well suited to this job.*
Dieses Buch hat sich nicht geeignet. *This book proved to be unsuitable.*
Der Film eignete sich nicht für Kinder. *The film was unsuitable for children.*
Er wurde als geeignet befunden. *He was considered qualified.*
Wozu eignet sich dies Ding? *What is this to be used for?*
Diese Kleidung ist nicht geeignet. *These clothes are not appropriate.*

der Eigner *owner, proprietor*	**die Eignung** *aptitude, qualification*
sich aneignen *acquire*	**die Eignungsprüfung** *aptitude test*
die Aneignung *acquisition*	**ungeeignet** *unsuitable*

33 einigen *to unite, agree* tr. (refl.)

INDICATIVE

Present	**Imperfect**	**Perfect**
ich einige	ich einigte	ich habe geeinigt
du einigst	du einigtest	du hast geeinigt
er/sie/es einigt	er/sie/es einigte	er/sie/es hat geeinigt
wir einigen	wir einigten	wir haben geeinigt
ihr einigt	ihr einigtet	ihr habt geeinigt
Sie/sie einigen	Sie/sie einigten	Sie/sie haben geeinigt

Pluperfect	**Future**	**Future Perfect**
ich hatte geeinigt	ich werde einigen	ich werde geeinigt haben
du hattest geeinigt	du wirst einigen	du wirst geeinigt haben
er/sie/es hatte geeinigt	er/sie/es wird einigen	er/sie/es wird geeinigt haben
wir hatten geeinigt	wir werden einigen	wir werden geeinigt haben
ihr hattet geeinigt	ihr werdet einigen	ihr werdet geeinigt haben
Sie/sie hatten geeinigt	Sie/sie werden einigen	Sie/sie werden geeinigt haben

CONDITIONAL   SUBJUNCTIVE

Present	**Present**	**Imperfect**
ich würde einigen	ich einige	ich einigte
du würdest einigen	wir einigen	wir einigten
er/sie/es würde einigen		
wir würden einigen	**Perfect**	**Pluperfect**
ihr würdet einigen	ich habe geeinigt	ich hätte geeinigt
Sie/sie würden einigen	wir haben geeinigt	wir hätten geeinigt

PARTICIPLES   IMPERATIVE

einigend	einige! einigt!
geeinigt	einigen Sie! einigen wir!

Können wir uns nicht einigen? *Can't we agree?*
Worauf haben Sie sich geeinigt? *What did you agree on?*
Er hat sein Volk geeinigt. *He united his people.*
Sie einigten sich über den Preis. *They agreed on a price.*

In diesem Punkt waren wir uns alle einig. *On this point we all agreed.*
Ich war mit mir selbst noch nicht ganz einig. *I had not made up my mind.*

die Einigung *unification*
die Wiedervereinigung *reunification*
die Vereinigten Staaten von Amerika *The United States of America*

die Einigkeit *unity, harmony*
die Uneinigkeit *disagreement, misunderstanding*
uneinig *in disagreement*

einladen _to invite, summon_ tr. **34**

INDICATIVE

Present	**Imperfect**	**Perfect**
ich lade ein	ich lud ein	ich habe eingeladen
du lädst ein	du ludst ein	du hast eingeladen
er/sie/es lädt ein	er/sie/es lud ein	er/sie/es hat eingeladen
wir laden ein	wir luden ein	wir haben eingeladen
ihr ladet ein	ihr ludet ein	ihr habt eingeladen
Sie/sie laden ein	Sie/sie luden ein	Sie/sie haben eingeladen

Pluperfect	**Future**	**Future Perfect**
ich hatte eingeladen	ich werde einladen	ich werde eingeladen haben
du hattest eingeladen	du wirst einladen	du wirst eingeladen haben
er/sie/es hatte eingeladen	er/sie/es wird einladen	er/sie/es wird eingeladen haben
wir hatten eingeladen	wir werden einladen	wir werden eingeladen haben
ihr hattet eingeladen	ihr werdet einladen	ihr werdet eingeladen haben
Sie/sie hatten eingeladen	Sie/sie werden einladen	Sie/sie werden eingeladen haben

CONDITIONAL SUBJUNCTIVE

Present	**Present**	**Imperfect**
ich würde einladen	ich lade ein	ich lüde ein
du würdest einladen	wir laden ein	wir lüden ein
er/sie/es würde einladen		
wir würden einladen	**Perfect**	**Pluperfect**
ihr würdet einladen	ich habe eingeladen	ich hätte eingeladen
Sie/sie würden einladen	wir haben eingeladen	wir hätten eingeladen

PARTICIPLES IMPERATIVE

einladend lade ein! ladet ein!
eingeladen laden Sie ein! laden wir ein!

Darf ich Sie zum Essen einladen? _May I invite you for a meal?_
Ihn hat sie nicht eingeladen. _She has not invited him._
Der Bürgermeister lädt zur Feier ein. _The mayor is inviting (everyone) to a celebration._
Er lud mich immer zu seinen Parties ein. _He always invited me to his parties._
Meine Freunde wurden ebenfalls eingeladen _My friends were invited too._
Man würde ihn nie wieder einladen. _He would never be invited again._
Sie lud mich ein, Platz zu nehmen. _She asked me to sit down._
Bist du auch eingeladen? _Have you been invited too?_

Ich lade euch alle ein. _This is on me._ (Lit. I invite you all)

die Einladung _invitation_ **einladend** _inviting, attractive_
die Einladungskarte _invitation card_

35 *einsteigen *to enter, board* intr.

INDICATIVE

Present	**Imperfect**	**Perfect**
ich steige ein	ich stieg ein	ich bin eingestiegen
du steigst ein	du stiegst ein	du bist eingestiegen
er/sie/es steigt ein	er/sie/es stieg ein	er/sie/es ist eingestiegen
wir steigen ein	wir stiegen ein	wir sind eingestiegen
ihr steigt ein	ihr stiegt ein	ihr seid eingestiegen
Sie/sie steigen ein	Sie/sie stiegen ein	Sie/sie sind eingestiegen

Pluperfect	**Future**	**Future Perfect**
ich war eingestiegen	ich werde einsteigen	ich werde eingestiegen sein
du warst eingestiegen	du wirst einsteigen	du wirst eingestiegen sein
er/sie/es war eingestiegen	er/sie/es wird einsteigen	er/sie/es wird eingestiegen sein
wir waren eingestiegen	wir werden einsteigen	wir werden eingestiegen sein
ihr wart eingestiegen	ihr werdet einsteigen	ihr werdet eingestiegen sein
Sie/sie waren eingestiegen	Sie/sie werden einsteigen	Sie/sie werden eingestiegen sein

CONDITIONAL

SUBJUNCTIVE

Present	**Present**	**Imperfect**
ich würde einsteigen	ich steige ein	ich stiege ein
du würdest einsteigen	wir steigen ein	wir stiegen ein
er/sie/es würde einsteigen		
wir würden einsteigen	**Perfect**	**Pluperfect**
ihr würdet einsteigen	ich sei eingestiegen	ich wäre eingestiegen
Sie/sie würden einsteigen	wir seien eingestiegen	wir wären eingestiegen

PARTICIPLES

IMPERATIVE

einsteigend
eingestiegen

steig ein! steigt ein!
steigen Sie ein! steigen wir ein!

Bitte, einsteigen. Der Zug fährt ab.   *Please board the train. It is about to leave.*
Er steigt immer als Letzter ein.   *He always gets on last.*
Gestern bin ich in den falschen Zug eingestiegen.   *Yesterday I got on to the wrong train.*
Sowie er einstieg, fuhr der Zug ab.   *As soon as he got on, the train left.*

Warum bist du in die Politik eingestiegen?   *Why have you got involved in politics?*
Wir steigen mit einer hohen Summe in das Unternehmen ein.   *We are investing a large sum of money in the firm.*
Er stieg in die Felswand ein.   *He climbed the rock face.*
Die Diebe sind durch das Fenster eingestiegen.   *The thieves climbed through the window.*

der Einstieg *climb, participation*	**aussteigen** *to get out*
steigen *to climb, to increase*	**aufsteigen** *to rise, climb up*
der Steig *(mountain) path*	**der Aufstieg** *ascent, rise*

INDICATIVE

Present	**Imperfect**	**Perfect**
ich trete ein	ich trat ein	ich bin eingetreten
du trittst ein	du tratst ein	du bist eingetreten
er/sie/es tritt ein	er/sie/es trat ein	er/sie/es ist eingetreten
wir treten ein	wir traten ein	wir sind eingetreten
ihr tretet ein	ihr tratet ein	ihr seid eingetreten
Sie/sie treten ein	Sie/sie traten ein	Sie/sie sind eingetreten

Pluperfect	**Future**	**Future Perfect**
ich war eingetreten	ich werde eintreten	ich werde eingetreten sein
du warst eingetreten	du wirst eintreten	du wirst eingetreten sein
er/sie/es war eingetreten	er/sie/es wird eintreten	er/sie/es wird eingetreten sein
wir waren eingetreten	wir werden eintreten	wir werden eingetreten sein
ihr wart eingetreten	ihr werdet eintreten	ihr werdet eingetreten sein
Sie/sie waren eingetreten	Sie/sie werden eintreten	Sie/sie werden eingetreten sein

CONDITIONAL   SUBJUNCTIVE

Present	**Present**	**Imperfect**
ich würde eintreten	ich trete ein	ich träte ein
du würdest eintreten	wir treten ein	wir träten ein
er/sie/es würde eintreten		
wir würden eintreten	**Perfect**	**Pluperfect**
ihr würdet eintreten	ich sei eingetreten	ich wäre eingetreten
Sie/sie würden eintreten	wir seien eingetreten	wir wären eingetreten

PARTICIPLES   IMPERATIVE

eintretend   tritt ein! tretet ein!
eingetreten   treten Sie ein! treten wir ein!

Treten Sie doch bitte ein! *Do come in!*
Wir sind unaufgefordert eingetreten. *We went in without being asked.*
Demnächst tritt er in unseren Verein ein. *Soon he will join our club.*
Sie würden nie in die Armee eintreten. *They would never join the army.*

Die Firma trat ins dritte Jahrzehnt ein. *The firm entered its third decade.*
Der Tod ist nach drei Stunden eingetreten. *Death occurred three hours later.*
Sie traten mutig für ihren Glauben ein. *They defended their faith bravely.*
Ich habe mir einen Dorn in den Fuß eingetreten. *I have trodden on a thorn.*

der Eintritt *beginning, incidence, entry, admission*
das Eintrittsgeld *admission fee*
die Eintrittskarte *entry ticket*

37 empfangen *to receive* tr. (intr.)

INDICATIVE

Present	**Imperfect**	**Perfect**
ich empfange	ich empfing	ich habe empfangen
du empfängst	du empfingst	du hast empfangen
er/sie/es empfängt	er/sie/es empfing	er/sie/es hat empfangen
wir empfangen	wir empfingen	wir haben empfangen
ihr empfangt	ihr empfingt	ihr habt empfangen
Sie/sie empfangen	Sie/sie empfingen	Sie/sie haben empfangen

Pluperfect	**Future**	**Future Perfect**
ich hatte empfangen	ich werde empfangen	ich werde empfangen haben
du hattest empfangen	du wirst empfangen	du wirst empfangen haben
er/sie/es hatte empfangen	er/sie/es wird empfangen	er/sie/es wird empfangen haben
wir hatten empfangen	wir werden empfangen	wir werden empfangen haben
ihr hattet empfangen	ihr werdet empfangen	ihr werdet empfangen haben
Sie/sie hatten empfangen	Sie/sie werden empfangen	Sie/sie werden empfangen haben

CONDITIONAL · SUBJUNCTIVE

Present	**Present**	**Imperfect**
ich würde empfangen	ich empfange	ich empfinge
du würdest empfangen	wir empfangen	wir empfingen
er/sie/es würde empfangen		
wir würden empfangen	**Perfect**	**Pluperfect**
ihr würdet empfangen	ich habe empfangen	ich hätte empfangen
Sie/sie würden empfangen	wir haben empfangen	wir hätten empfangen

PARTICIPLES · IMPERATIVE

empfangend
empfangen

empfang! empfangt!
empfangen Sie! empfangen wir!

Heute abend empfängt sie ihre Gäste. *Tonight she will receive her guests.*
Ihren Brief habe ich nicht empfangen. *I have not received your letter.*
Warum empfing er sie nicht in seinem Büro? *Why didn't he receive them in his office?*
Der Anruf wurde nicht empfangen. *The call was not received.*

Wir empfingen viele neue Eindrücke. *We gained many new impressions.*
Sie hat empfangen. *She has conceived.*
Das Fernsehprogramm wird nicht gut empfangen. *We are not getting good reception for the TV programme.*
Die Angreifer wurden mit Feuer empfangen. *The attackers were shot at.*

der Empfang *reception, receipt*
die Empfangsdame *receptionist*
die Empfangsstörung *interference*

der Empfänger *receiver*
die Empfängnis *conception*
empfänglich *impressionable, responsive*
die Empfängnisverhütung *contraception*

empfehlen *to recommend* tr. (refl.) **38**

INDICATIVE

Present	Imperfect	Perfect
ich empfehle	ich empfahl	ich habe empfohlen
du empfiehlst	du empfahlst	du hast empfohlen
er/sie/es empfiehlt	er/sie/es empfahl	er/sie/es hat empfohlen
wir empfehlen	wir empfahlen	wir haben empfohlen
ihr empfehlt	ihr empfahlt	ihr habt empfohlen
Sie/sie empfehlen	Sie/sie empfahlen	Sie/sie haben empfohlen

Pluperfect	Future	Future Perfect
ich hatte empfohlen	ich werde empfehlen	ich werde empfohlen haben
du hattest empfohlen	du wirst empfehlen	du wirst empfohlen haben
er/sie/es hatte empfohlen	er/sie/es wird empfehlen	er/sie/es wird empfohlen haben
wir hatten empfohlen	wir werden empfehlen	wir werden empfohlen haben
ihr hattet empfohlen	ihr werdet empfehlen	ihr werdet empfohlen haben
Sie/sie hatten empfohlen	Sie/sie werden empfehlen	Sie/sie werden empfohlen haben

CONDITIONAL   SUBJUNCTIVE

Present	Present	Imperfect
ich würde empfehlen	ich empfehle	ich empfähle
du würdest empfehlen	wir empfehlen	wir empfählen
er/sie/es würde empfehlen		
wir würden empfehlen	**Perfect**	**Pluperfect**
ihr würdet empfehlen	ich habe empfohlen	ich hätte empfohlen
Sie/sie würden empfehlen	wir haben empfohlen	wir hätten empfohlen

PARTICIPLES   IMPERATIVE

empfehlend
empfohlen

empfiehl! empfehlt!
empfehlen Sie! empfehlen wir!

Bitte, empfehlen Sie mich Ihrer Frau.   *Please give my regards to your wife.*
Dieses Lokal empfehle ich Ihnen.   *I recommend this restaurant.*
Er hat es mir wärmstens empfohlen.   *He has recommended it highly to me.*
Welches Gericht empfahl er Ihnen?   *Which dish did he recommend to you?*

Er empfahl sich unauffällig   *He left unnoticed.*
Es empfiehlt sich, einen Schirm mitzunehmen.   *It is advisable to take an umbrella.*
Man empfahl uns, Karten zu bestellen.   *We were advised to book tickets.*

die Empfehlung *recommendation*
das Empfehlungsschreiben *reference*

empfehlenswert *commendable, advisable*
empfehlenswürdig *worth recommending*

39 entfernen *to remove, eliminate* tr. (refl.)

INDICATIVE

Present	**Imperfect**	**Perfect**
ich entferne	ich entfernte	ich habe entfernt
du entfernst	du entferntest	du hast entfernt
er/sie/es entfernt	er/sie/es entfernte	er/sie/es hat entfernt
wir entfernen	wir entfernten	wir haben entfernt
ihr entfernt	ihr entferntet	ihr habt entfernt
Sie/sie entfernen	Sie/sie entfernten	Sie/sie haben entfernt

Pluperfect	**Future**	**Future Perfect**
ich hatte entfernt	ich werde entfernen	ich werde entfernt haben
du hattest entfernt	du wirst entfernen	du wirst entfernt haben
er/sie/es hatte entfernt	er/sie/es wird entfernen	er/sie/es wird entfernt haben
wir hatten entfernt	wir werden entfernen	wir werden entfernt haben
ihr hattet entfernt	ihr werdet entfernen	ihr werdet entfernt haben
Sie/sie hatten entfernt	Sie/sie werden entfernen	Sie/sie werden entfernt haben

CONDITIONAL | ## SUBJUNCTIVE

Present	**Present**	**Imperfect**
ich würde entfernen	ich entferne	ich entfernte
du würdest entfernen	wir entfernen	wir entfernten
er/sie/es würde entfernen		
wir würden entfernen	**Perfect**	**Pluperfect**
ihr würdet entfernen	ich habe entfernt	ich hatte entfernt
Sie/sie würden entfernen	wir haben entfernt	wir hatten entfernt

PARTICIPLES | ## IMPERATIVE

entfernend   entferne! entfernt!
entfernt   entfernen Sie! entfernen wir!

Wie weit ist das Hotel vom Zentrum entfernt? *How far is the hotel from the centre?*
Bitte, entfernen Sie sich nicht. *Please don't go away.*
Würden Sie bitte das Geschirr entfernen? *Would you please remove the dishes?*

Der Schüler wurde von der Schule entfernt. *The pupil was expelled from school.*
Er hat sich von der Wahrheit entfernt. *He has not been telling the whole truth.*
Die Schritte entfernten sich. *The steps receded.*
Er ist weit davon entfernt, dir zu glauben. *He is far from believing you.*
Ich kann mich nur ganz entfernt daran erinnern. *I can only vaguely remember.*
Nicht im entferntesten! *Not in the slightest!*

die Entfernung *distance*   **die Entfernung von etwas** *removal of*
entfernte Verwandte *distant relatives*   *something*

entlassen *to dismiss, release* tr. **40**

INDICATIVE

Present	**Imperfect**	**Perfect**
ich entlasse	ich entließ	ich habe entlassen
du entläßt	du entließest	du hast entlassen
er/sie/es entläßt	er/sie/es entließ	er/sie/es hat entlassen
wir entlassen	wir entließen	wir haben entlassen
ihr entlaßt	ihr entließt	ihr habt entlassen
Sie/sie entlassen	Sie/sie entließen	Sie/sie haben entlassen

Pluperfect	**Future**	**Future Perfect**
ich hatte entlassen	ich werde entlassen	ich werde entlassen haben
du hattest entlassen	du wirst entlassen	du wirst entlassen haben
er/sie/es hatte entlassen	er/sie/es wird entlassen	er/sie/es wird entlassen haben
wir hatten entlassen	wir werden entlassen	wir werden entlassen haben
ihr hattet entlassen	ihr werdet entlassen	ihr werdet entlassen haben
Sie/sie hatten entlassen	Sie/sie werden entlassen	Sie/sie werden entlassen haben

CONDITIONAL — SUBJUNCTIVE

Present	**Present**	**Imperfect**
ich würde entlassen	ich entlasse	ich entließe
du würdest entlassen	wir entlassen	wir entließen
er/sie/es würde entlassen		
wir würden entlassen	**Perfect**	**Pluperfect**
ihr würdet entlassen	ich habe entlassen	ich hätte entlassen
Sie/sie würden entlassen	wir haben entlassen	wir hätten entlassen

PARTICIPLES — IMPERATIVE

entlassend
entlassen

entlaß! entlaßt!
entlassen Sie! entlassen wir!

Er entläßt alle seine Arbeiter. *He is dismissing all his workers.*
Mich haben sie auch entlassen. *They have dismissed me, too.*
Warum entließ er sie nicht früher? *Why didn't he dismiss them earlier?*
Gestern bin ich aus der Klinik entlassen worden. *Yesterday I was discharged from hospital.*

Sie wurden mit Pension entlassen. *They were pensioned off.*
Sie entließ mich mit einer Handbewegung. *She dismissed me with a gesture.*
Er entließ mich aus meiner Verpflichtung. *He released me from my duty.*

die Entlassung *dismissal, discharge*
der Entlassungsschein *certificate of discharge*
der Entlassungsantrag *application for discharge*

41 entscheiden *to decide* tr. (refl.)

INDICATIVE

Present	Imperfect	Perfect
ich entscheide	ich entschied	ich habe entschieden
du entscheidest	du entschiedst	du hast entschieden
er/sie/es entscheidet	er/sie/es entschied	er/sie/es hat entschieden
wir entscheiden	wir entschieden	wir haben entschieden
ihr entscheidet	ihr entschiedet	ihr habt entschieden
Sie/sie entscheiden	Sie/sie entschieden	Sie/sie haben entschieden

Pluperfect	Future	Future Perfect
ich hatte entschieden	ich werde entscheiden	ich werde entschieden haben
du hattest entschieden	du wirst entscheiden	du wirst entschieden haben
er/sie/es hatte entschieden	er/sie/es wird entscheiden	er/sie/es wird entschieden haben
wir hatten entschieden	wir werden entscheiden	wir werden entschieden haben
ihr hattet entschieden	ihr werdet entscheiden	ihr werdet entschieden haben
Sie/sie hatten entschieden	Sie/sie werden entscheiden	Sie/sie werden entschieden haben

CONDITIONAL

SUBJUNCTIVE

Present	Present	Imperfect
ich würde entscheiden	ich entscheide	ich entschiede
du würdest entscheiden	wir entscheiden	wir entschieden
er/sie/es würde entscheiden		
wir würden entscheiden	Perfect	Pluperfect
ihr würdet entscheiden	ich habe entschieden	ich hätte entschieden
Sie/sie würden entscheiden	wir haben entschieden	wir hätten entschieden

PARTICIPLES

IMPERATIVE

entscheidend
entschieden

entscheide! entscheidet!
entscheiden Sie! entscheiden wir!

Entscheide dich! *Make up your mind.*
Ich entschied mich für den billigeren Wagen. *I decided to have the cheaper car.*
Wir haben uns noch nicht entschieden. *We haven't decided yet.*
Das Gericht entschied den Fall. *The court judged the case.*

Dieser Vorfall entschied die Schlacht. *This incident determined (the outcome of) the battle.*
Ist schon entschieden, wer das Auto fährt? *Has it been decided who will drive the car?*
Morgen wird sich alles entscheiden. *Tomorrow everything will be decided.*
Im entscheidenden Augenblick versagte er. *He faltered at the critical moment.*

die Entscheidung *decision, treatment*
der Entscheidungsgrund *decisive factor*
die Entscheidungsschlacht *decisive battle*

entscheidungslos *indecisive*
entscheidungsvoll *decisive, crucial*
entschieden *resolute, determined*

*entstehen *to begin, originate* intr. **42**

INDICATIVE

Present	Imperfect	Perfect
er/sie/es entsteht	er/sie/es entstand	er/sie/es ist entstanden
Sie/sie entstehen	Sie/sie entstanden	Sie/sie sind entstanden

Pluperfect	**Future**	**Future Perfect**
er/sie/es war entstanden	er/sie/es wird entstehen	wir wird entstanden sein
Sie/sie waren entstanden	Sie/sie werden entstehen	ich werden entstanden sein

CONDITIONAL   SUBJUNCTIVE

Present	Present	Imperfect
	er/sie/es entstehe	er/sie/es entstünde (ä)
er/sie/es würde entstehen	Sie/sie entstehen	Sie/sie entstünden (ä)
	Perfect	**Pluperfect**
Sie/sie würden entstehen	er/sie/es sei entstanden	er/sie/es wäre entstanden
	Sie/sie seien entstanden	Sie/sie wären entstanden

PARTICIPLES

entstehend
entstanden

Ein Buch entsteht. *A book is being created.*
Wie ist das entstanden? *How has this come about?*
Unter seinen Händen entstand ein Kunstwerk. *He created a work of art with his hands.*
Große Aufregung war entstanden. *There was great excitement.*

Über diese Frage entstand der Streit. *It was this question that started the quarrel.*
Der entstandene Streit war sehr heftig. *The resulting fight was very severe.*
Mir entstehen keine Kosten. *I will incur no costs.*
Aus diesem Schaden sind hohe Kosten entstanden. *This damage incurred high costs.*

 die Entstehung *beginning, rise, origin*

43 entwickeln *to develop* tr. (refl.)

INDICATIVE

Present	Imperfect	Perfect
ich entwickele	ich entwickelte	ich habe entwickelt
du entwickelst	du entwickeltest	du hast entwickelt
er/sie/es entwickelt	er/sie/es entwickelte	er/sie/es hat entwickelt
wir entwickeln	wir entwickelten	wir haben entwickelt
ihr entwickelt	ihr entwickeltet	ihr habt entwickelt
Sie/sie entwickeln	Sie/sie entwickelten	Sie/sie haben entwickelt

Pluperfect	Future	Future Perfect
ich hatte entwickelt	ich werde entwickeln	ich werde entwickelt haben
du hattest entwickelt	du wirst entwickeln	du wirst entwickelt haben
er/sie/es hatte entwickelt	er/sie/es wird entwickeln	er/sie/es wird entwickelt haben
wir hatten entwickelt	wir werden entwickeln	wir werden entwickelt haben
ihr hattet entwickelt	ihr werdet entwickeln	ihr werdet entwickelt haben
Sie/sie hatten entwickelt	Sie/sie werden entwickeln	Sie/sie werden entwickelt haben

CONDITIONAL   SUBJUNCTIVE

Present	Present	Imperfect
ich würde entwickeln	ich entwickele	ich entwickelte
du würdest entwickeln	wir entwickeln	wir entwickelten
er/sie/es würde entwickeln		
wir würden entwickeln	**Perfect**	**Pluperfect**
ihr würdet entwickeln	ich habe entwickelt	ich hätte entwickelt
Sie/sie würden entwickeln	wir haben entwickelt	wir hätten entwickelt

PARTICIPLES   IMPERATIVE

entwickelnd   entwickele! entwickelt!
entwickelt   entwickeln Sie! entwickeln wir!

Entwickeln Sie bitte diesen Film. *Please develop this film.*
Ich entwickele ihn morgen. *I'll develop it tomorrow.*
Giftige Gase entwickelten sich. *Poisonous gases were forming.*
Ein neues Verfahren wurde entwickelt. *A new procedure was developed.*

Die Verhandlungen entwickeln sich gut. *The negotiations are making progress.*
Er hat sich zu einem berühmten Dichter entwickelt. *He has become a famous poet.*
Du hast Talent entwickelt. *You have become proficient.*
Sie entwickelten ihre Theorie. *They explained their theory.*

die Entwicklung *development, evolution*
die Entwicklungsjahre *adolescence*
unterentwickelt *underdeveloped*

das Entwicklungsland *developing country*
die Entwicklungshilfe *(development) aid*

erfahren *to learn, hear, experience* tr. **44**

INDICATIVE

Present	**Imperfect**	**Perfect**
ich erfahre	ich erfuhr	ich habe erfahren
du erfährst	du erfuhrst	du hast erfahren
er/sie/es erfährt	er/sie/es erfuhr	er/sie/es hat erfahren
wir erfahren	wir erfuhren	wir haben erfahren
ihr erfahrt	ihr erfuhrt	ihr habt erfahren
Sie/sie erfahren	Sie/sie erfuhren	Sie/sie haben erfahren

Pluperfect	**Future**	**Future Perfect**
ich hatte erfahren	ich werde erfahren	ich werde erfahren haben
du hattest erfahren	du wirst erfahren	du wirst erfahren haben
er/sie/es hatte erfahren	er/sie/es wird erfahren	er/sie/es wird erfahren haben
wir hatten erfahren	wir werden erfahren	wir werden erfahren haben
ihr hattet erfahren	ihr werdet erfahren	ihr werdet erfahren haben
Sie/sie hatten erfahren	Sie/sie werden erfahren	Sie/sie werden erfahren haben

CONDITIONAL   SUBJUNCTIVE

Present	**Present**	**Imperfect**
ich würde erfahren	ich erfahre	ich erführe
du würdest erfahren	wir erfahren	wir erführen
er/sie/es würde erfahren		
wir würden erfahren	**Perfect**	**Pluperfect**
ihr würdet erfahren	ich habe erfahren	ich hätte erfahren
Sie/sie würden erfahren	wir haben erfahren	wir hätten erfahren

PARTICIPLES   IMPERATIVE

erfahrend	erfahr! erfahrt!
erfahren	erfahren Sie! erfahren wir!

Haben Sie schon das Neueste erfahren? *Have you heard the latest news?*
Ich erfuhr es erst gestern. *I did not hear about it till yesterday.*
Erfährt er es von Ihnen? *Will he be told by you?*
Ohne ihn hätten wir nie davon erfahren *Without him we would never have heard about it.*

Er hat viel Leid erfahren. *He has experienced a lot of sorrow.*
Das Haus wird eine Renovierung erfahren. *The house is to undergo renovation.*
Ich konnte nichts Genaueres erfahren. *I was not able to obtain more precise details.*
Sie hat am eigenen Leib erfahren, was das bedeutet. *She has first-hand experience of what that means.*

die Erfahrung *experience*
in Erfahrung bringen *to find out, discover*
unerfahren sein *to be inexperienced*

erfahren sein *to be experienced*
erfahrungsgemäß *from experience*
erfahrungsmäßig *empirical(ly)*

45 erhalten *to get, receive* tr. (refl.)

INDICATIVE

Present	Imperfect	Perfect
ich erhalte	ich erhielt	ich habe erhalten
du erhälst	du erhielst	du hast erhalten
er/sie/es erhält	er/sie/es erhielt	er/sie/es hat erhalten
wir erhalten	wir erhielten	wir haben erhalten
ihr erhaltet	ihr erhieltet	ihr habt erhalten
Sie/sie erhalten	Sie/sie erhielten	Sie/sie haben erhalten

Pluperfect	Future	Future Perfect
ich hatte erhalten	ich werde erhalten	ich werde erhalten haben
du hattest erhalten	du wirst erhalten	du wirst erhalten haben
er/sie/es hatte erhalten	er/sie/es wird erhalten	er/sie/es wird erhalten haben
wir hatten erhalten	wir werden erhalten	wir werden erhalten haben
ihr hattet erhalten	ihr werdet erhalten	ihr werdet erhalten haben
Sie/sie hatten erhalten	Sie/sie werden erhalten	Sie/sie werden erhalten haben

CONDITIONAL · SUBJUNCTIVE

Present	Present	Imperfect
ich würde erhalten	ich erhalte	ich erhielte
du würdest erhalten	wir erhalten	wir erhielten
er/sie/es würde erhalten		
wir würden erhalten	Perfect	Pluperfect
ihr würdet erhalten	ich habe erhalten	ich hätte erhalten
Sie/sie würden erhalten	wir habe erhalten	wir hätten erhalten

PARTICIPLES · IMPERATIVE

erhaltend
erhalten

erhalte! erhaltet!
erhalten Sie! erhalten wir!

Sie erhält jeden Morgen Post.   *She receives mail every morning.*
Ihren Brief habe ich erhalten.   *I received your letter.*
Voriges Jahr erhielt er weniger Gehalt.   *Last year he received less pay.*
Wieviel Geld würde ich erhalten?   *How much money would I get?*

Er erhielt den Lohn für seine Tat.   *He got what he deserved.*
Sie erhielten fünf Jahr Gefängnis.   *They were sentenced to five years in prison.*
Das Schiff hatte einen neuen Namen erhalten.   *The ship had been given a new name.*
Teer erhält man aus Kohle.   *Tar is made of coal.*
Der Patient wird künstlich am Leben erhalten.   *The patient is being kept alive artificially.*

gut erhalten   *well kept, looked after*
der Erhalt   *receipt*
erhältlich, erhaltbar   *obtainable*

in Gang halten   *to keep going*
Gott erhalte den König!   *God save the King!*
die Erhaltung   *maintenance*

sich erholen *to get better, recover* refl. **46**

INDICATIVE

Present
ich erhole mich
du erholst dich
er/sie/es erholt sich
wir erholen uns
ihr erholt euch
Sie/sie erholen sich

Imperfect
ich erholte mich
du erholtest dich
er/sie/es erholte sich
wir erholten uns
ihr erholtet euch
Sie/sie erholten sich

Perfect
ich habe mich erholt
du hast dich erholt
er/sie/es hat sich erholt
wir haben uns erholt
ihr habt euch erholt
Sie/sie haben sich erholt

Pluperfect
ich hatte mich erholt
du hattest dich erholt
er/sie/es hatte sich erholt
wir hatten uns erholt
ihr hattet euch erholt
Sie/sie hatten sich erholt

Future
ich werde mich erholen
du wirst dich erholen
er/sie/es wird sich erholen
wir werden uns erholen
ihr werdet euch erholen
Sie/sie werden sich erholen

Future Perfect
ich werde mich erholt haben
du wirst dich erholt haben
er/sie/es wird sich erholt haben
wir werden uns erholt haben
ihr werdet euch erholt haben
Sie/sie werden sich erholt haben

CONDITIONAL

Present
ich würde mich erholen
du würdest dich erholen
er/sie/es würde sich erholen
wir würden uns erholen
ihr würdet euch erholen
Sie/sie würden sich erholen

SUBJUNCTIVE

Present
ich erhole mich
wir erholen uns

Perfect
ich habe mich erholt
wir haben uns erholt

Imperfect
ich erholte mich
wir erholten uns

Pluperfect
ich hätte mich erholt
wir hätten uns erholt

PARTICIPLES

erholend
erholt

IMPERATIVE

erhole dich! erholt euch!
erholen Sie sich! erholen wir uns!

Erholen Sie sich gut! *Get better (soon).*
Haben Sie sich gut erholt? *Have you had a good rest?*
Der Kranke erholte sich langsam. *The patient was recovering slowly.*
An der See würden sie sich schnell erholen. *They would get better quickly by the sea.*

Die Preise erholen sich langsam. *Prices are slowly picking up.*
Der Kurs hat sich erholt. *The exchange rate has recovered.*
Von dem Schreck habe ich mich noch nicht erholt. *I have not got over the shock yet.*
Sie sehen sehr erholt aus. *You look as if you've had a holiday.*

die Erholung *recovery, rest*
die Erholungsreise *holiday, trip*
das Erholungsheim *convalescent home*
erholsam *restful*

der Erholungsort *holiday resort*
der Erholungsurlaub *sick leave*
erholungsbedürftig *in need of a rest*

47 erinnern *to remind, remember* tr. (refl.)

INDICATIVE

Present	Imperfect	Perfect
ich erinnere	ich erinnerte	ich habe erinnert
du erinnerst	du erinnertest	du hast erinnert
er/sie/es erinnert	er/sie/es erinnerte	er/sie/es hat erinnert
wir erinnern	wir erinnerten	wir haben erinnert
ihr erinnert	ihr erinnertet	ihr habt erinnert
Sie/sie erinnern	Sie/sie erinnerten	Sie/sie haben erinnert

Pluperfect	Future	Future Perfect
ich hatte erinnert	ich werde erinnern	ich werde erinnert haben
du hattest erinnert	du wirst erinnern	du wirst erinnert haben
er/sie/es hatte erinnert	er/sie/es wird erinnern	er/sie/es wird erinnert haben
wir hatten erinnert	wir werden erinnern	wir werden erinnert haben
ihr hattet erinnert	ihr werdet erinnern	ihr werdet erinnert haben
Sie/sie hatten erinnert	Sie/sie werden erinnern	Sie/sie werden erinnert haben

CONDITIONAL

SUBJUNCTIVE

Present	Present	Imperfect
ich würde erinnern	ich erinnere	ich erinnerte
du würdest erinnern	wir erinnern	wir erinnerten
er/sie/es würde erinnern		
wir würden erinnern	Perfect	Pluperfect
ihr würdet erinnern	ich habe erinnert	ich hätte erinnert
Sie/sie würden erinnern	wir haben erinnert	wir hätten erinnert

PARTICIPLES

IMPERATIVE

erinnernd
erinnert

erinnere! erinnert!
erinnern Sie! erinnern wir!

Ich erinnere mich nicht! *I don't remember.*
Bitte, erinnere mich an meinen Termin. *Please remind me of my appointment.*
Er erinnerte sich seines Lehrers. *He remembered his teacher.*
Wenn ich mich recht erinnere, war er hier. *If I remember rightly, he was here.*

Es sei daran erinnert. *Let me remind you.*
Er erinnert sich nur dunkel an mich. *He only vaguely remembers me.*
Das erinnert an alte Zeiten. *That brings back old times.*

die Erinnerung *memory, reminder*
in Erinnerung bringen *to recall*

wie erinnerlich *as will be recalled*
zur Erinnerung an *in remembrance of*

erkennen *to recognise* tr. (intr.) **48**

INDICATIVE

Present	**Imperfect**	**Perfect**
ich erkenne	ich erkannte	ich habe erkannt
du erkennst	du erkanntest	du hast erkannt
er/sie/es erkennt	er/sie/es erkannte	er/sie/es hat erkannt
wir erkennen	wir erkannten	wir haben erkannt
ihr erkennt	ihr erkanntet	ihr habt erkannt
Sie/sie erkennen	Sie/sie erkannten	Sie/sie haben erkannt

Pluperfect	**Future**	**Future Perfect**
ich hatte erkannt	ich werde erkennen	ich werde erkannt haben
du hattest erkannt	du wirst erkennen	du wirst erkannt haben
er/sie/es hatte erkannt	er/sie/es wird erkennen	er/sie/es wird erkannt haben
wir hatten erkannt	wir werden erkennen	wir werden erkannt haben
ihr hattet erkannt	ihr werdet erkennen	ihr werdet erkannt haben
Sie/sie hatten erkannt	Sie/sie werden erkennen	Sie/sie werden erkannt haben

CONDITIONAL

SUBJUNCTIVE

Present	**Present**	**Imperfect**
ich würde erkennen	ich erkenne	ich erkannte
du würdest erkennen	wir erkennen	wir erkannten
er/sie/es würde erkennen		
wir würden erkennen	**Perfect**	**Pluperfect**
ihr würdet erkennen	ich habe erkannt	ich hätte erkannt
Sie/sie würden erkennen	wir haben erkannt	wir hätten erkannt

PARTICIPLES

IMPERATIVE

erkennend

erkannt

erkenne! erkennt!

erkennen Sie! erkennen wir!

Erkennst du mich nicht? *Don't you recognise me?*
Er hat uns nicht erkannt. *He has not recognised us.*
Wir erkannten sofort die Gefahr. *We recognised the danger at once.*
Man würde ihn an seiner Stimme erkennen. *He would be recognised by his voice.*

Er gab sich zu erkennen. *He revealed his identity.*
Der Arzt erkannte die Krankheit. *The doctor diagnosed the illness.*
Sie erkannten ihren Irrtum. *They realised their mistake.*
Das Gericht erkannte auf Gefängnisstrafe. *The courts awarded a sentence of imprisonment.*

die Erkenntnis *knowledge, understanding*
die Erkennung *detection, diagnosis*
die Erkennungskarte *identity card*

erkennbar *recognisable*
erkenntlich *grateful, appreciative*
das Erkennungswort *password*
unerkannt *unrecognised*

49 erlauben *to allow, permit* tr. (refl.)

INDICATIVE

Present	**Imperfect**	**Perfect**
ich erlaube	ich erlaubte	ich habe erlaubt
du erlaubst	du erlaubtest	du hast erlaubt
er/sie/es erlaubt	er/sie/es erlaubte	er/sie/es hat erlaubt
wir erlauben	wir erlaubten	wir haben erlaubt
ihr erlaubt	ihr erlaubtet	ihr habt erlaubt
Sie/sie erlauben	Sie/sie erlaubten	Sie/sie haben erlaubt

Pluperfect	**Future**	**Future Perfect**
ich hatte erlaubt	ich werde erlauben	ich werde erlaubt haben
du hattest erlaubt	du wirst erlauben	du wirst erlaubt haben
er/sie/es hatte erlaubt	er/sie/es wird erlauben	er/sie/es wird erlaubt haben
wir hatten erlaubt	wir werden erlauben	wir werden erlaubt haben
ihr hattet erlaubt	ihr werdet erlauben	ihr werdet erlaubt haben
Sie/sie hatten erlaubt	Sie/sie werden erlauben	Sie/sie werden erlaubt haben

CONDITIONAL   SUBJUNCTIVE

Present	**Present**	**Imperfect**
ich würde erlauben	ich erlaube	ich erlaubte
du würdest erlauben	wir erlauben	wir erlaubten
er/sie/es würde erlauben		
wir würden erlauben	**Perfect**	**Pluperfect**
ihr würdet erlauben	ich habe erlaubt	ich hätte erlaubt
Sie/sie würden erlauben	wir haben erlaubt	wir hätten erlaubt

PARTICIPLES   IMPERATIVE

erlaubend
erlaubt

erlaube! erlaubt!
erlauben Sie! erlauben wir!

Erlauben Sie, daß ich rauche? *May I smoke?*
Rauchen ist nicht erlaubt. *Smoking is not permitted.*
Ich erlaubte ihm zu gehen. *I allowed him to leave.*
Wir haben ihm erlaubt, das Auto zu fahren. *We let him drive the car.*

Erlauben Sie mal! *I beg your pardon! How dare you!*
Erlaubt ist, was gefällt. *Do as you please.*
Er erlaubt sich Frechheiten. *He is taking liberties.*
Ein neues Auto kann ich mir nicht erlauben. *I can't afford a new car.*

die Erlaubnis *permission*	**die Arbeitserlaubnis** *work permit*
um Erlaubnis bitten *ask permission*	**die Aufenthaltserlaubnis** *residence*
die Erlaubnis erteilen *grant permission*	*permit, visa*
unerlaubt *forbidden*	**der Erlaubnisschein** *permit*

erleben *to experience, witness* tr. (intr.) **50**

INDICATIVE

Present	**Imperfect**	**Perfect**
ich erlebe	ich erlebte	ich habe erlebt
du erlebst	du erlebtest	du hast erlebt
er/sie/es erlebt	er/sie/es erlebte	er/sie/es hat erlebt
wir erleben	wir erlebten	wir haben erlebt
ihr erlebt	ihr erlebtet	ihr habt erlebt
Sie/sie erleben	Sie/sie erlebten	Sie/sie haben erlebt

Pluperfect	**Future**	**Future Perfect**
ich hatte erlebt	ich werde erleben	ich werde erlebt haben
du hattest erlebt	du wirst erleben	du wirst erlebt haben
er/sie/es hatte erlebt	er/sie/es wird erleben	er/sie/es wird erlebt haben
wir hatten erlebt	wir werden erleben	wir werden erlebt haben
ihr hattet erlebt	ihr werdet erleben	ihr werdet erlebt haben
Sie/sie hatten erlebt	Sie/sie werden erleben	Sie/sie werden erlebt haben

CONDITIONAL · SUBJUNCTIVE

Present	**Present**	**Imperfect**
ich würde erleben	ich erlebe	ich erlebte
du würdest erleben	wir erleben	wir erlebten
er/sie/es würde erleben		
wir würden erleben	**Perfect**	**Pluperfect**
ihr würdet erleben	ich habe erlebt	ich hätte erlebt
Sie/sie würden erleben	wir haben erlebt	wir hätten erlebt

PARTICIPLES · IMPERATIVE

erlebend
erlebt

erlebe! erlebt!
erleben Sie! erleben wir!

Ich habe viel erlebt. *I have experienced a lot.*
So haben wir ihn noch nie erlebt. *We have never seen him like that.*
Er erlebte eine große Überraschung. *He had a big surprise.*
Du hast noch nie eine Enttäuschung erlebt. *You have never had a disappointment.*

Hat einer so etwas je erlebt? *Has anyone ever seen the like?*
Du wirst schon was erleben! *You will get into trouble.*
Die Armee erlebte eine Niederlage. *The army was defeated.*
Sie hat ihren 90. Geburtstag nicht mehr erlebt. *She died before her 90th birthday.*

das Erlebnis *event, experience, adventure*
ein widriges Erlebnis *adversity*
die Erlebnisreise *adventure, tour*

erlebnisreich *full of events*
erlebnisfreudig *adventurous*

51 erziehen *to bring up, educate, rear* tr.

INDICATIVE

Present	Imperfect	Perfect
ich erziehe	ich erzog	ich habe erzogen
du erziehst	du erzogst	du hast erzogen
er/sie/es erzieht	er/sie/es erzog	er/sie/es hat erzogen
wir erziehen	wir erzogen	wir haben erzogen
ihr erzieht	ihr erzogt	ihr habt erzogen
Sie/sie erziehen	Sie/sie erzogen	Sie/sie haben erzogen

Pluperfect	Future	Future Perfect
ich hatte erzogen	ich werde erziehen	ich werde erzogen haben
du hattest erzogen	du wirst erziehen	du wirst erzogen haben
er/sie/es hatte erzogen	er/sie/es wird erziehen	er/sie/es wird erzogen haben
wir hatten erzogen	wir werden erziehen	wir werden erzogen haben
ihr hattet erzogen	ihr werdet erziehen	ihr werdet erzogen haben
Sie/sie hatten erzogen	Sie/sie werden erziehen	Sie/sie werden erzogen haben

CONDITIONAL / SUBJUNCTIVE

Present	Present	Imperfect
ich würde erziehen	ich erziehe	ich erzöge
du würdest erziehen	wir erziehen	wir erzögen
er/sie/es würde erziehen		
wir würden erziehen	**Perfect**	**Pluperfect**
ihr würdet erziehen	ich habe erzogen	ich hätte erzogen
Sie/sie würden erziehen	wir haben erzogen	wir hätten erzogen

PARTICIPLES / IMPERATIVE

erziehend
erzogen

erzieh! erzieht!
erziehen Sie! erziehen wir!

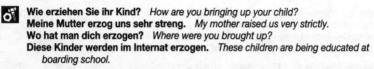

Wie erziehen Sie ihr Kind? *How are you bringing up your child?*
Meine Mutter erzog uns sehr streng. *My mother raised us very strictly.*
Wo hat man dich erzogen? *Where were you brought up?*
Diese Kinder werden im Internat erzogen. *These children are being educated at boarding school.*

Dieser Hund wurde überhaupt nicht erzogen. *This dog was not trained at all.*
Ich würde meine Kinder freier erziehen. *I would allow my children more freedom.*
Er ist ein wohlerzogener Mensch. *He is a well-educated man.*
Das Kind wird schlecht erzogen. *The child is spoilt.*

die Erziehung *education, upbringing*
die Erziehungswissenschaft *education (subject of study)*
erziehbar *trainable*
unerzogen *spoilt, naughty*

der Erzieher *teacher*
der Zögling *pupil*
die Erziehungsanstalt *educational establishment*

essen *to eat* tr. (intr.) **52**

INDICATIVE

Present	**Imperfect**	**Perfect**
ich esse	ich aß	ich habe gegessen
du ißt	du aßt	du hast gegessen
er/sie/es ißt	er/sie/es aß	er/sie/es hat gegessen
wir essen	wir aßen	wir haben gegessen
ihr eßt	ihr aßt	ihr habt gegessen
Sie/sie essen	Sie/sie aßen	Sie/sie haben gegessen

Pluperfect	**Future**	**Future Perfect**
ich hatte gegessen	ich werde essen	ich werde gegessen haben
du hattest gegessen	du wirst essen	du wirst gegessen haben
er/sie/es hatte gegessen	er/sie/es wird essen	er/sie/es wird gegessen haben
wir hatten gegessen	wir werden essen	wir werden gegessen haben
ihr hattet gegessen	ihr werdet essen	ihr werdet gegessen haben
Sie/sie hatten gegessen	Sie/sie werden essen	Sie/sie werden gegessen haben

CONDITIONAL SUBJUNCTIVE

Present	**Present**	**Imperfect**
ich würde essen	ich esse	ich äße
du würdest essen	wir essen	wir äßen
er/sie/es würde essen		
wir würden essen	**Perfect**	**Pluperfect**
ihr würdet essen	ich habe gegessen	ich hätte gegessen
Sie/sie würden essen	wir haben gegessen	wir hätten gegessen

PARTICIPLES IMPERATIVE

essend	iß! eßt!
gegessen	essen Sie! essen wir!

Er ißt zu viel. *He eats too much.*
Haben Sie schon gegessen? *Have you eaten yet?*
Ich aß gerade, als er hereinkam. *I was eating when he came in.*
Bei dem Fest wird viel gegessen werden. *A lot will be eaten at the party.*

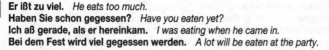

Ich esse spät zu Abend. *I eat late./I have dinner late in the evening.*
Er ißt seinen Teller leer. *He is cleaning his plate.*
Wir aßen uns satt. *We ate our fill.*
Mit ihm ist nicht gut Kirschen essen. *He is difficult to handle. (Lit. like eating bad cherries)*

das Essen *food, meal, eating*
die Essenzeit *mealtime*
das Eßzimmer *dining room*
der Eßlöffel *dessert spoon*

eßbar *edible*
die Eßgewohnheiten *eating habits*
uneßbar *inedible*
das Abendessen *supper*

53 *fahren *to go, drive* intr. (tr.)

INDICATIVE

Present	Imperfect	Perfect
ich fahre	ich fuhr	ich bin gefahren
du fährst	du fuhrst	du bist gefahren
er/sie/es fährt	er/sie/es fuhr	er/sie/es ist gefahren
wir fahren	wir fuhren	wir sind gefahren
ihr fahrt	ihr fuhrt	ihr seid gefahren
Sie/sie fahren	Sie/sie fuhren	Sie/sie sind gefahren

Pluperfect	Future	Future Perfect
ich war gefahren	ich werde fahren	ich werde gefahren sein
du warst gefahren	du wirst fahren	du wirst gefahren sein
er/sie/es war gefahren	er/sie/es wird fahren	er/sie/es wird gefahren sein
wir waren gefahren	wir werden fahren	wir werden gefahren sein
ihr wart gefahren	ihr werdet fahren	ihr werdet gefahren sein
Sie/sie waren gefahren	Sie/sie werden fahren	Sie/sie werden gefahren sein

CONDITIONAL | SUBJUNCTIVE

Present	Present	Imperfect
ich würde fahren	ich fahre	ich führe
du würdest fahren	wir fahren	wir führen
er/sie/es würde fahren		
wir würden fahren	**Perfect**	**Pluperfect**
ihr würdet fahren	ich sei gefahren	ich wäre gefahren
Sie/sie würden fahren	wir seien gefahren	wir wären gefahren

PARTICIPLES | IMPERATIVE

fahrend	fahr! fahrt!
gefahren	fahren Sie! fahren wir!

Wie fährst du nach Berlin? *How are you getting to Berlin?*
Ich fahre mit dem Auto. *I am going by car.*
Du bist zu schnell gefahren. *You have been driving too fast.*
Morgen fahren wir in Urlaub. *Tomorrow we are going on holiday.*

Sie fuhr ihm mit der Hand durchs Haar. *She ran her fingers through his hair.*
Gedanken fuhren ihr durch den Kopf. *Ideas flashed through her mind.*
Plötzlich ist sie in die Höhe gefahren. *Suddenly she jumped up.*
Was ist denn in dich gefahren? *What has got into you?*

die Fahrt *journey*	**die Fahrbahn** *carriageway*
der Fahrer *driver*	**das Fahrzeug** *vehicle*
die Ausfahrt *exit*	**die Vorfahrt** *right of way*
das Fahrrad *bicycle*	**die Fähre** *ferry*

*fallen *to fall, decline* intr. **54**

INDICATIVE

Present	**Imperfect**	**Perfect**
ich falle	ich fiel	ich bin gefallen
du fällst	du fielst	du bist gefallen
er/sie/es fällt	er/sie/es fiel	er/sie/es ist gefallen
wir fallen	wir fielen	wir sind gefallen
ihr fallt	ihr fielt	ihr seid gefallen
Sie/sie fallen	Sie/sie fielen	Sie/sie sind gefallen

Pluperfect	**Future**	**Future Perfect**
ich bin gefallen	ich werde fallen	ich werde gefallen sein
du bist gefallen	du wirst fallen	du wirst gefallen sein
er/sie/es ist gefallen	er/sie/es wird fallen	er/sie/es wird gefallen sein
wir sind gefallen	wir werden fallen	wir werden gefallen sein
ihr seid gefallen	ihr werdet fallen	ihr werdet gefallen sein
Sie/sie sind gefallen	Sie/sie werden fallen	Sie/sie werden gefallen sein

CONDITIONAL · SUBJUNCTIVE

Present	**Present**	**Imperfect**
ich würde fallen	ich falle	ich fiele
du würdest fallen	wir fallen	wir fielen
er/sie/es würde fallen		
wir würden fallen	**Perfect**	**Pluperfect**
ihr würdet fallen	ich sei gefallen	ich wäre gefallen
Sie/sie würden fallen	wir seien gefallen	wir wären gefallen

PARTICIPLES · IMPERATIVE

fallend
gefallen

fall! fallt!
fallen Sie! fallen wir!

Der Regen fällt unaufhörlich. *The rain is falling relentlessly.*
Der Verdacht ist auf mich gefallen. *Suspicion has fallen on me.*
Unsere Wahl fiel auf ihn. *We settled on him.*
Die Hauspreise werden wieder fallen. *House prices are going to fall again.*

Er ist nicht auf den Kopf gefallen. *He is no fool.*
Ich fiel wie aus allen Wolken. *I was most surprised.*
Sprachen fallen ihm schwer. *He finds languages difficult.*
Diese Farbe fällt sofort ins Auge. *This is a striking colour.*
Wir möchten Ihnen nicht zur Last fallen. *We don't want to be of any trouble to you.*

der Fall *fall, case*
fallenlassen *to drop*
der Einzelfall *particular case*

die Fallgrube *trap, pitfall*
der Kriminalfall *crime, criminal case*
der Unfall *mishap, accident*

55 fehlen *to miss, be absent* intr.

INDICATIVE

Present	Imperfect	Perfect
ich fehle	ich fehlte	ich habe gefehlt
du fehlst	du fehltest	du hast gefehlt
er/sie/es fehlt	er/sie/es fehlte	er/sie/es hat gefehlt
wir fehlen	wir fehlten	wir haben gefehlt
ihr fehlt	ihr fehltet	ihr habt gefehlt
Sie/sie fehlen	Sie/sie fehlten	Sie/sie haben gefehlt

Pluperfect	Future	Future Perfect
ich hatte gefehlt	ich werde fehlen	ich werde gefehlt haben
du hattest gefehlt	du wirst fehlen	du wirst gefehlt haben
er/sie/es hatte gefehlt	er/sie/es wird fehlen	er/sie/es wird gefehlt haben
wir hatten gefehlt	wir werden fehlen	wir werden gefehlt haben
ihr hattet gefehlt	ihr werdet fehlen	ihr werdet gefehlt haben
Sie/sie hatten gefehlt	Sie/sie werden fehlen	Sie/sie werden gefehlt haben

CONDITIONAL / SUBJUNCTIVE

Present	Present	Imperfect
ich würde fehlen	ich fehle	ich fehlte
du würdest fehlen	wir fehlen	wir fehlten
er/sie/es würde fehlen		
wir würden fehlen	Perfect	Pluperfect
ihr würdet fehlen	ich habe gefehlt	ich hätte gefehlt
Sie/sie würden fehlen	wir haben gefehlt	wir hätten gefehlt

PARTICIPLES / IMPERATIVE

PARTICIPLES	IMPERATIVE
fehlend	fehl! fehlt!
gefehlt	fehlen Sie! fehlen wir!

Heute fehlt nur ein Schüler. *Today only one pupil is absent.*
Wir haben auf keinem Fest gefehlt. *We didn't miss a single party.*
Gestern fehlten mir 10 DM. *Yesterday I was 10 Marks short.*
Das Kind würde ihr sehr fehlen. *She would miss the child very much.*

An mir soll es nicht fehlen. *It will not be my fault.*
Das fehlte noch gerade! *That would be the last straw!*
Ihr fehlt nichts. *She is quite well.*
Sie ließen es an nichts fehlen. *They spared no pains.*
Weit gefehlt. *Far from it.*

der Fehler *mistake*	**der Fehlschlag** *failure*
fehlerfrei *correct*	**der Fehltritt** *indiscretion*
fehlerhaft *faulty*	**das Fehlurteil** *misjudgement*

finden *to find, discover* tr. (refl.) **56**

INDICATIVE

Present	**Imperfect**	**Perfect**
ich finde	ich fand	ich habe gefunden
du findest	du fandest	du hast gefunden
er/sie/es findet	er/sie/es fand	er/sie/es hat gefunden
wir finden	wir fanden	wir haben gefunden
ihr findet	ihr fandet	ihr habt gefunden
Sie/sie finden	Sie/sie fanden	Sie/sie haben gefunden

Pluperfect	**Future**	**Future Perfect**
ich hatte gefunden	ich werde finden	ich werde gefunden haben
du hattest gefunden	du wirst finden	du wirst gefunden haben
er/sie/es hatte gefunden	er/sie/es wird finden	er/sie/es wird gefunden haben
wir hatten gefunden	wir werden finden	wir werden gefunden haben
ihr hattet gefunden	ihr werdet finden	ihr werdet gefunden haben
Sie/sie hatten gefunden	Sie/sie werden finden	Sie/sie werden gefunden haben

CONDITIONAL   SUBJUNCTIVE

Present	**Present**	**Imperfect**
ich würde finden	ich finde	ich fände
du würdest finden	wir finden	wir fänden
er/sie/es würde finden		
wir würden finden	**Perfect**	**Pluperfect**
ihr würdet finden	ich habe gefunden	ich hätte gefunden
Sie/sie würden finden	wir haben gefunden	wir hätten gefunden

PARTICIPLES   IMPERATIVE

findend
gefunden

finde! findet!
finden Sie! finden wir!

Ich finde keinen Platz. *I can't find a seat.*
Wir haben die Fehler gefunden. *We found the mistakes.*
Er fand keinen Ausweg. *He did not find a solution.*
Das Geld wurde nie gefunden. *The money was never found.*

Man fand den Wein zu sauer. *The wine was considered too sour.*
Sie müssen sich darein finden. *You have to put up with it.*
Dabei kann ich nichts finden. *I can't find anything wrong with this.*
Er findet immer ein Haar in der Suppe. *He always finds something wrong.*
Alle Passagiere fanden den Tod. *All the passengers were killed.*

der Fund *a find*
der Finder *finder*
der Finderlohn *reward*

findig *clever, resourceful*
die Findigkeit *shrewdness, cleverness*
spitzfindig *hair-splitting*

!

57 fliegen *to fly* intr. (tr.)

INDICATIVE

Present	**Imperfect**	**Perfect**
ich fliege	ich flog	ich bin geflogen
du fliegst	du flogst	du bist geflogen
er/sie/es fliegt	er/sie/es flog	er/sie/es ist geflogen
wir fliegen	wir flogen	wir sind geflogen
ihr fliegt	ihr flogt	ihr seid geflogen
Sie/sie fliegen	Sie/sie flogen	Sie/sie sind geflogen

Pluperfect	**Future**	**Future Perfect**
ich war geflogen	ich werde fliegen	ich werde geflogen sein
du warst geflogen	du wirst fliegen	du wirst geflogen sein
er/sie/es war geflogen	er/sie/es wird fliegen	er/sie/es wird geflogen sein
wir waren geflogen	wir werden fliegen	wir werden geflogen sein
ihr wart geflogen	ihr werdet fliegen	ihr werdet geflogen sein
Sie/sie waren geflogen	Sie/sie werden fliegen	Sie/sie werden geflogen sein

CONDITIONAL   SUBJUNCTIVE

Present	**Present**	**Imperfect**
ich würde fliegen	ich fliege	ich flöge
du würdest fliegen	wir fliegen	wir flögen
er/sie/es würde fliegen		
wir würden fliegen	**Perfect**	**Pluperfect**
ihr würdet fliegen	ich sei geflogen	ich wäre geflogen
Sie/sie würden fliegen	wir seien geflogen	wir wären geflogen

PARTICIPLES   IMPERATIVE

fliegend   flieg! fliegt!
geflogen   fliegen Sie! fliegen wir!

Morgen fliege ich nach New York. *Tomorrow I'm flying to New York.*
Er ist noch nie geflogen. *He has never gone by plane.*
Die Flugzeuge flogen hoch über den Wolken. *The planes were flying high above the clouds.*
Die Maschine wurde zum ersten Mal geflogen. *The plane was being flown for the first time.*

Seine Hand flog über das Papier. *He was writing very quickly.*
Ein Lächeln ist über ihr Gesicht geflogen. *A smile spread over her face.*
Sie sind aus der Schule geflogen. *They were expelled from school.*
Sie fliegt auf reiche Männer. *She is attracted to rich men.*

der Flug *flight*	**die Fliege** *fly*
der Flieger *pilot*	**der Drachenflieger** *hang-glider*
verfliegen *evaporate*	**der Segelflieger** *glider pilot*
das Flugzeug *plane*	**der Flugplatz** *airport*

*fließen *to flow, run*   intr.   **58**

Present	Imperfect	Perfect
er/sie/es fließt	er/sie/es floß	er/sie/es ist geflossen
Sie/sie fließen	Sie/sie flossen	Sie/sie sind geflossen
Pluperfect	**Future**	**Future Perfect**
er/sie/es war geflossen	er/sie/es wird fließen	er/sie/es wird geflossen sein
Sie/sie waren geflossen	Sie/sie werden fließen	Sie/sie werden geflossen sein

CONDITIONAL   SUBJUNCTIVE

Present	Present	Imperfect
	er/sie/es fließe	er/sie/es flösse
	sie fließen	sie flössen
er/sie/es würde fließen		
	Perfect	**Pluperfect**
	er/sie/es sie geflossen	er/sie/es wäre geflossen
Sie/sie würden fließen	sie seien geflossen	sie wären geflossen

PARTICIPLES

fließend
geflossen

Der Fluß fließt sehr langsam. *The river is flowing very slowly.*
Im Krieg ist viel Blut geflossen. *A lot of blood was spilt in the war.*
Tränen flossen ihr übers Gesicht. *Tears were running down her face.*
Ein Zimmer mit fließendem Wasser, bitte. *A room with running water, please.*

Die Geldspenden fließen reichlich. *Donations are coming in thick and fast.*
Der Verkehr fließt heute ganz glatt. *The traffic is running smoothly today.*
Die Nachrichten sind spärlich geflossen. *There was hardly any news coming in.*
Die Elbe fließt in die Nordsee. *The Elbe flows into the North Sea.*

der Fluß *river, stream, flow*   **fließend sprechen** *speak fluently*
das Fließband *conveyor belt*   **fließendes Wasser** *running water*
flüssig *fluid, liquid*   **flüssiges Geld** *ready cash*

59 *flüchten *to flee, escape* intr. (refl.)

INDICATIVE

Present	Imperfect	Perfect
ich flüchte	ich flüchtete	ich bin geflüchtet
du flüchtest	du flüchtetest	du bist geflüchtet
er/sie/es flüchtet	er/sie/es flüchtete	er/sie/es ist geflüchtet
wir flüchten	wir flüchteten	wir sind geflüchtet
ihr flüchtet	ihr flüchtetet	ihr seid geflüchtet
Sie/sie flüchten	Sie/sie flüchteten	Sie/sie sind geflüchtet

Pluperfect	Future	Future Perfect
ich war geflüchtet	ich werde flüchten	ich werde geflüchtet sein
du warst geflüchtet	du wirst flüchten	du wirst geflüchtet sein
er/sie/es war geflüchtet	er/sie/es wird flüchten	er/sie/es wird geflüchtet sein
wir waren geflüchtet	wir werden flüchten	wir werden geflüchtet sein
ihr wart geflüchtet	ihr werdet flüchten	ihr werdet geflüchtet sein
Sie/sie waren geflüchtet	Sie/sie werden flüchten	Sie/sie werden geflüchtet sein

CONDITIONAL · SUBJUNCTIVE

Present	Present	Imperfect
ich würde flüchten	ich flüchte	ich flüchtete
du würdest flüchten	wir flüchten	wir flüchteten
er/sie/es würde flüchten		
wir würden flüchten	Perfect	Pluperfect
ihr würdet flüchten	ich sei geflüchtet	ich wäre geflüchtet
Sie/sie würden flüchten	wir seien geflüchtet	wir wären geflüchtet

PARTICIPLES · IMPERATIVE

flüchtend
geflüchtet

flüchte! flüchtet!
flüchten Sie! flüchten wir!

Wir flüchten vor dem Regen. *We are fleeing from the rain.*
Gestern sind viele Menschen über die Grenze geflüchtet. *Yesterday many people fled across the border.*
Sie flüchteten zu Tausenden. *They were fleeing in their thousands.*
Er war aus dem Gefängnis geflüchtet. *He had escaped from prison.*

Sie flüchteten sich in die Einsamkeit. *They withdrew into solitude.*

die Flucht *escape*
der Flüchtling *refugee*
das Flüchtlingslager *refugee camp*
in die Flucht schlagen *chase off*

flüchtig *hurried, hasty, on the run*
die Flüchtigkeit *hastiness, carelessness*
der Flüchtigkeitsfehler *slip, careless mistake*

fordern *to demand, ask* tr. **60**

INDICATIVE

Present	Imperfect	Perfect
ich fordere	ich forderte	ich habe gefordert
du forderst	du fordertest	du hast gefordert
er/sie/es fordert	er/sie/es forderte	er/sie/es hat gefordert
wir fordern	wir forderten	wir haben gefordert
ihr fordert	ihr fordertet	ihr habt gefordert
Sie/sie fordern	Sie/sie forderten	Sie/sie haben gefordert

Pluperfect	Future	Future Perfect
ich hatte gefordert	ich werde fordern	ich werde gefordert haben
du hattest gefordert	du wirst fordern	du wirst gefordert haben
er/sie/es hatte gefordert	er/sie/es wird fordern	er/sie/es wird gefordert haben
wir hatten gefordert	wir werden fordern	wir werden gefordert haben
ihr hattet gefordert	ihr werdet fordern	ihr werdet gefordert haben
Sie/sie hatten gefordert	Sie/sie werden fordern	Sie/sie werden gefordert haben

CONDITIONAL

SUBJUNCTIVE

Present	Present	Imperfect
ich würde fordern	ich fordere	ich forderte
du würdest fordern	wir fordern	wir forderten
er/sie/es würde fordern		
wir würden fordern	**Perfect**	**Pluperfect**
ihr würdet fordern	ich habe gefordert	ich hätte gefordert
Sie/sie würden fordern	wir haben gefordert	wir hätten gefordert

PARTICIPLES

IMPERATIVE

fordernd	fordere! fordert!
gefordert	fordern Sie! fordern wir!

Ich fordere Schadenersatz. *I am claiming compensation.*
Er hat einen zu hohen Preis gefordert. *He asked too high a price.*
Die Leute forderten Freispruch. *The people asked for an acquittal.*
Ich würde Rechenschaft fordern. *I would demand an explanation.*

Der Sturm forderte viele Opfer. *The storm claimed many victims.*
Er hat ihn zum Duell gefordert. *He challenged him to a duel.*
Die Schüler werden nicht genug gefordert. *The pupils are not stretched enough.*
Sie forderten zu viel für ihre Arbeit. *They overcharged for their work.*

die Forderung *demand*
herausfordern *to challenge*
Forderungen stellen *make claims*

überfordern *overtax, demand too much of*
Anforderungen stellen *set a standard*
die Aufforderung *request, summons*

61 fragen *to ask, enquire* tr. (intr.)

INDICATIVE

Present	Imperfect	Perfect
ich frage	ich fragte	ich habe gefragt
du fragst	du fragtest	du hast gefragt
er/sie/es fragt	er/sie/es fragte	er/sie/es hat gefragt
wir fragen	wir fragten	wir haben gefragt
ihr fragt	ihr fragtet	ihr habt gefragt
Sie/sie fragen	Sie/sie fragten	Sie/sie haben gefragt

Pluperfect	Future	Future Perfect
ich hatte gefragt	ich werde fragen	ich werde gefragt haben
du hattest gefragt	du wirst fragen	du wirst gefragt haben
er/sie/es hatte gefragt	er/sie/es wird fragen	er/sie/es wird gefragt haben
wir hatten gefragt	wir werden fragen	wir werden gefragt haben
ihr hattet gefragt	ihr werdet fragen	ihr werdet gefragt haben
Sie/sie hatten gefragt	Sie/sie werden fragen	Sie/sie werden gefragt haben

CONDITIONAL

SUBJUNCTIVE

Present	Present	Imperfect
ich würde fragen	ich frage	ich fragte
du würdest fragen	wir fragen	wir fragten
er/sie/es würde fragen		
wir würden fragen	Perfect	Pluperfect
ihr würdet fragen	ich habe gefragt	ich hätte gefragt
Sie/sie würden fragen	wir haben gefragt	wir hätten gefragt

PARTICIPLES

IMPERATIVE

fragend
gefragt

frag! fragt!
fragen Sie! fragen wir!

Frag nicht so viel! *Don't ask so many questions!*
Darf ich fragen, wie Sie heißen? *May I ask your name?*
Was hat er gefragt? *What did he ask?*
Immer wieder fragten sie dasselbe. *Again and again they asked the same thing.*

Da fragst du noch! *You should know!*
Der fragt nach nichts. *He doesn't care about anything.*
Ich frage mich, ob ich es tun soll. *I'm wondering whether to do it.*
Diese Waren sind sehr gefragt. *These goods are in great demand.*

die Frage *question*	**fraglich** *questionable, doubtful*
der Fragesteller *interrogator*	**fraglos** *without doubt*
das Fragezeichen *question mark*	**fragwürdig** *dubious*
der Fragebogen *questionnaire*	**die Fragestunde** *question time (in parliament)*

sich freuen *to be glad* refl.

INDICATIVE

Present	**Imperfect**	**Perfect**
ich freue mich	ich freute mich	ich habe mich gefreut
du freust dich	du freutest dich	du hast dich gefreut
er/sie/es freut sich	er/sie/es freute sich	er/sie/es hat sich gefreut
wir freuen uns	wir freuten uns	wir haben uns gefreut
ihr freut euch	ihr freutet euch	ihr habt euch gefreut
Sie/sie freuen sich	Sie/sie freuten sich	Sie/sie haben sich gefreut

Pluperfect	**Future**	**Future Perfect**
ich hatte mich gefreut	ich werde mich freuen	ich werde mich gefreut haben
du hattest dich gefreut	du wirst dich freuen	du wirst dich gefreut haben
er/sie/es hatte sich gefreut	er/sie/es wird sich freuen	er/sie/es wird sich gefreut haben
wir hatten uns gefreut	wir werden uns freuen	wir werden uns gefreut haben
ihr hattet euch gefreut	ihr werdet euch freuen	ihr werdet euch gefreut haben
Sie/sie hatten sich gefreut	Sie/sie werden sich freuen	Sie/sie werden sich gefreut haben

CONDITIONAL

Present
ich würde mich freuen
du würdest dich freuen
er/sie/es würde sich freuen
wir würden uns freuen
ihr würdet euch freuen
Sie/sie würden sich freuen

SUBJUNCTIVE

Present	**Imperfect**
ich freue mich	ich freute mich
wir freuen uns	wir freuten uns

Perfect	**Pluperfect**
ich habe mich gefreut	ich hätte mich gefreut
wir haben uns gefreut	wir hätten uns gefreut

PARTICIPLES

sich freuend
gefreut

IMPERATIVE

freu dich! freut euch!
freuen Sie sich! freuen wir uns!

Ich freue mich aufrichtig. *I am really glad.*
Du hast dich zu früh gefreut. *You rejoiced too soon.*
Er freute sich über meinen Besuch. *He was pleased about my visit.*
Wir hatten uns darüber gefreut. *We had been glad about it.*

Wir freuen uns auf den Winter. *We are looking forward to the winter.*
Ich habe mich für dich gefreut. *I was glad for you.*
Es freut mich, daß Sie kommen. *I am glad to see you.*
Freut euch des Lebens! *Enjoy life!*

die Freude *joy*
das Freudenfeuer *bonfire*
die Schadenfreude *malicious glee*
der Freudenruf *cheer*

freudig *joyful*
ein freudiges Ereignis *a happy event*
  (birth of a child)
erfreulich *enjoyable*
freudvoll *delighted*

63 **frieren** *to be cold, freeze* intr. (tr.)

INDICATIVE

Present	**Imperfect**	**Perfect**
ich friere	ich fror	ich habe gefroren
du frierst	du frorst	du hast gefroren
er/sie/es friert	er/sie/es fror	er/sie/es hat gefroren
wir frieren	wir froren	wir haben gefroren
ihr friert	ihr frort	ihr habt gefroren
Sie/sie frieren	Sie/sie froren	Sie/sie haben gefroren

Pluperfect	**Future**	**Future Perfect**
ich hatte gefroren	ich werde frieren	ich werde gefroren haben
du hattest gefroren	du wirst frieren	du wirst gefroren haben
er/sie/es hatte gefroren	er/sie/es wird frieren	er/sie/es wird gefroren haben
wir hatten gefroren	wir werden frieren	wir werden gefroren haben
ihr hattet gefroren	ihr werdet frieren	ihr werdet gefroren haben
Sie/sie hatten gefroren	Sie/sie werden frieren	Sie/sie werden gefroren haben

CONDITIONAL   SUBJUNCTIVE

Present	**Present**	**Imperfect**
ich würde frieren	ich friere	ich fröre
du würdest frieren	wir frieren	wir frören
er/sie/es würde frieren		
wir würden frieren	**Perfect**	**Pluperfect**
ihr würdet frieren	ich habe gefroren	ich hätte gefroren
Sie/sie würden frieren	wir haben gefroren	wir hätten gefroren

PARTICIPLES   IMPERATIVE

frierend	frier! friert!
gefroren	frieren Sie! frieren wir!

Frierst du? *Are you cold?*
Mich friert schrecklich. *I am terribly cold.*
Der Fluß ist gefroren. *The river is frozen.*
Das Fleisch wurde gefroren. *The meat was frozen.*

Es friert Stein und Bein. *There is a hard frost.*
Er fror wie ein Schneider. *He was shivering with cold.*
Alte Leute frieren leicht. *Old people are quick to feel the cold.*
Ihm fror die Nase. *His nose was frostbitten.*

die Gefriertruhe *(chest) freezer*   **der Gefrierschrank** *(upright) freezer*
zugefroren *frozen over*   **das Gefriergut** *frozen food*
das Gefrierschutzmittel *anti-freeze*   **der Gefrierpunkt** *freezing point*

führen *to lead, guide* tr. (refl.) **64**

INDICATIVE

Present	**Imperfect**	**Perfect**
ich führe	ich führte	ich habe geführt
du führst	du führtest	du hast geführt
er/sie/es führt	er/sie/es führte	er/sie/es hat geführt
wir führen	wir führten	wir haben geführt
ihr führt	ihr führtet	ihr habt geführt
Sie/sie führen	Sie/sie führten	Sie/sie haben geführt

Pluperfect	**Future**	**Future Perfect**
ich hatte geführt	ich werde führen	ich werde geführt haben
du hattest geführt	du wirst führen	du wirst geführt haben
er/sie/es hatte geführt	er/sie/es wird führen	er/sie/es wird geführt haben
wir hatten geführt	wir werden führen	wir werden geführt haben
ihr hattet geführt	ihr werdet führen	ihr werdet geführt haben
Sie/sie hatten geführt	Sie/sie werden führen	Sie/sie werden geführt haben

CONDITIONAL

SUBJUNCTIVE

Present	**Present**	**Imperfect**
ich würde führen	ich führe	ich führte
du würdest führen	wir führen	wir führten
er/sie/es würde führen		
wir würden führen	**Perfect**	**Pluperfect**
ihr würdet führen	ich habe geführt	ich hätte geführt
Sie/sie würden führen	wir haben geführt	wir hätten geführt

PARTICIPLES

IMPERATIVE

führend
geführt

führ! führt!
führen Sie! führen wir!

Darf ich Sie über die Straße führen? *May I guide you across the street?*
Er führt sie am Arm. *He is leading her by the arm.*
Hunde an der Leine führen. *Keep dogs on a lead.*
Wir wurden an den Tisch geführt. *We were being led to the table.*

Wir führen keinen Alkohol. *We don't sell alcohol.*
Niemand führte Aufsicht. *Nobody was supervising.*
Führ mich nicht aufs Glatteis. *Don't lead me into danger.*
Sie wurden hinters Licht geführt. *They were being deceived.*

die Führung *leadership*
der Führerschein *driving licence*
das Führungszeugnis *reference
    certificate of good conduct*

das Führungstor erzielen *to score the
    goal which puts one's team in the lead*
der Führer *leader*
der Führersitz *driving seat*

65 fürchten *to fear, be afraid* tr./intr. (refl.)

INDICATIVE

Present	Imperfect	Perfect
ich fürchte	ich fürchtete	ich habe gefürchtet
du fürchtest	du fürchtetest	du hast gefürchtet
er/sie/es fürchtet	er/sie/es fürchtete	er/sie/es hat gefürchtet
wir fürchten	wir fürchteten	wir haben gefürchtet
ihr fürchtet	ihr fürchtetet	ihr habt gefürchtet
Sie/sie fürchten	Sie/sie fürchteten	Sie/sie haben gefürchtet

Pluperfect	Future	Future Perfect
ich hatte gefürchtet	ich werde fürchten	ich werde gefürchtet haben
du hattest gefürchtet	du wirst fürchten	du wirst gefürchtet haben
er/sie/es hatte gefürchtet	er/sie/es wird fürchten	er/sie/es wird gefürchtet haben
wir hatten gefürchtet	wir werden fürchten	wir werden gefürchtet haben
ihr hattet gefürchtet	ihr werdet fürchten	ihr werdet gefürchtet haben
Sie/sie hatten gefürchtet	Sie/sie werden fürchten	Sie/sie werden gefürchtet haben

CONDITIONAL / SUBJUNCTIVE

Present	Present	Imperfect
ich würde fürchten	ich fürchte	ich fürchtete
du würdest fürchten	wir fürchten	wir fürchteten
er/sie/es würde fürchten		
wir würden fürchten	**Perfect**	**Pluperfect**
ihr würdet fürchten	ich habe gefürchtet	ich hätte gefürchtet
Sie/sie würden fürchten	wir haben gefürchtet	wir hätten gefürchtet

PARTICIPLES / IMPERATIVE

PARTICIPLES	IMPERATIVE
fürchtend	fürchte! fürchtet!
gefürchtet	fürchten Sie! fürchten wir!

Fürchtet euch nicht. *Don't be afraid.*
Er fürchtete sich vor der Prüfung. *He was afraid of the exam.*
Sie wurden von allen gefürchtet. *They were feared by everybody.*
Ich fürchte, es ist zu spät. *I am afraid it is too late.*
Ihr fürchtetet um eure Gesundheit. *You were afraid for your health.*
Es ist zu fürchten, daß er stirbt. *It is feared that he will die.*

Das war zum Fürchten. *That was quite frightening.*
Dann kam der gefürchtete Augenblick. *Then came the moment we had all been dreading.*

die Furcht *fear, fright*	**furchtbar** *frightful, awful*
furchtlos *fearless*	**furchtsam** *timid, fearful*
die Furchtlosigkeit *fearlessness*	**die Furchtsamkeit** *timidity,*
fürchterlich *horrible, dreadful*	*faint-heartedness*
	die Fürchterlichkeit *awfulness,*
	frightfulness

geben *to give* tr. (refl.)

INDICATIVE

Present	**Imperfect**	**Perfect**
ich gebe	ich gab	ich habe gegeben
du gibst	du gabst	du hast gegeben
er/sie/es gibt	er/sie/es gab	er/sie/es hat gegeben
wir geben	wir gaben	wir haben gegeben
ihr gebt	ihr gabt	ihr habt gegeben
Sie/sie geben	Sie/sie gaben	Sie/sie haben gegeben

Pluperfect	**Future**	**Future Perfect**
ich hatte gegeben	ich werde geben	ich werde gegeben haben
du hattest gegeben	du wirst geben	du wirst gegeben haben
er/sie/es hatte gegeben	er/sie/es wird geben	er/sie/es wird gegeben haben
wir hatten gegeben	wir werden geben	wir werden gegeben haben
ihr hattet gegeben	ihr werdet geben	ihr werdet gegeben haben
Sie/sie hatten gegeben	Sie/sie werden geben	Sie/sie werden gegeben haben

CONDITIONAL

SUBJUNCTIVE

Present	**Present**	**Imperfect**
ich würde geben	ich gebe	ich gäbe
du würdest geben	wir geben	wir gäben
er/sie/es würde geben		
wir würden geben	**Perfect**	**Pluperfect**
ihr würdet geben	ich habe gegeben	ich hätte gegeben
Sie/sie würden geben	wir haben gegeben	wir hätten gegeben

PARTICIPLES

IMPERATIVE

gebend

gegeben

gib! gebt!

geben Sie! geben wir!

Gib mir bitte das Salz! *Please pass the salt!*
Er gibt ihr ein Geschenk. *He is giving her a present.*
Wir gaben ihnen Zeit zum Überlegen. *We gave them time to think about it.*
Mir ist ein Brief gegeben worden. *I have been given a letter.*

Was gibt es heute? *What is on the menu today?*
Ihr gabt uns ein schlechtes Beispiel. *You set us a bad example.*
Geben ist besser als Nehmen. *To give is better than to receive.*
Das hätte es bei mir nicht gegeben. *I would not have allowed that.*
Es gab viele Unfälle. *There were many accidents.*
Hast du dir große Mühe gegeben? *Have you made a great effort?*
Man hatte uns die Schuld gegeben. *We had been blamed.*

die Gabe *gift*   **begabt** *gifted*
gebefreudig *generous*

67 gefallen *to like, please* intr.

INDICATIVE

Present	Imperfect	Perfect
ich gefalle	ich gefiel	ich habe gefallen
du gefällst	du gefielst	du hast gefallen
er/sie/es gefällt	er/sie/es gefiel	er/sie/es hat gefallen
wir gefallen	wir gefielen	wir haben gefallen
ihr gefallt	ihr gefielt	ihr habt gefallen
Sie/sie gefallen	Sie/sie gefielen	Sie/sie haben gefallen

Pluperfect	Future	Future Perfect
ich hatte gefallen	ich werde gefallen	ich werde gefallen haben
du hattest gefallen	du wirst gefallen	du wirst gefallen haben
er/sie/es hatte gefallen	er/sie/es wird gefallen	er/sie/es wird gefallen haben
wir hatten gefallen	wir werden gefallen	wir werden gefallen haben
ihr hattet gefallen	ihr werdet gefallen	ihr werdet gefallen haben
Sie/sie hatten gefallen	Sie/sie werden gefallen	Sie/sie werden gefallen haben

CONDITIONAL   SUBJUNCTIVE

Present	Present	Imperfect
ich würde gefallen	ich gefalle	ich gefiele
du würdest gefallen	wir gefallen	wir gefielen
er/sie/es würde gefallen		
wir würden gefallen	Perfect	Pluperfect
ihr würdet gefallen	ich habe gefallen	ich hätte gefallen
Sie/sie würden gefallen	wir haben gefallen	wir hätten gefallen

PARTICIPLES   IMPERATIVE

gefallend
gefallen

gefall! gefallt!
gefallen Sie! gefallen wir!

Das Bild gefällt mir. *I like the picture.*
Die Filme haben uns gut gefallen. *We liked the films very much.*
Was gefiel Ihnen am besten? *What did you like best?*
In Berlin würde es Ihnen bestimmt gefallen. *I'm sure you would like Berlin.*

Das will mir nicht recht gefallen. *I have misgivings about that.*
Er läßt sich alles gefallen. *He puts up with everything.*
Sie gefiel sich in ihrer Rolle. *She fancied herself in this role.*
Bitte, tu mir den Gefallen ... *Please do me the favour ...*
So lasse ich es mir gern gefallen! *That is how I like it.*

der Gefallen *favour*
das Gefallen *pleasure*

gefällig *pleasing, agreeable*

*gehen *to go, walk* intr.

INDICATIVE

Present	Imperfect	Perfect
ich gehe	ich ging	ich bin gegangen
du gehst	du gingst	du bist gegangen
er/sie/es geht	er/sie/es ging	er/sie/es ist gegangen
wir gehen	wir gingen	wir sind gegangen
ihr geht	ihr gingt	ihr seid gegangen
Sie/sie gehen	Sie/sie gingen	Sie/sie sind gegangen

Pluperfect	Future	Future Perfect
ich war gegangen	ich werde gehen	ich werde gegangen sein
du warst gegangen	du wirst gehen	du wirst gegangen sein
er/sie/es war gegangen	er/sie/es wird gehen	er/sie/es wird gegangen sein
wir waren gegangen	wir werden gehen	wir werden gegangen sein
ihr wart gegangen	ihr werdet gehen	ihr werdet gegangen sein
Sie/sie waren gegangen	Sie/sie werden gehen	Sie/sie werden gegangen sein

CONDITIONAL SUBJUNCTIVE

Present	Present	Imperfect
ich würde gehen	ich gehe	ich ginge
du würdest gehen	wir gehen	wir gingen
er/sie/es würde gehen		
wir würden gehen	Perfect	Pluperfect
ihr würdet gehen	ich sei gegangen	ich wäre gegangen
Sie/sie würden gehen	wir seien gegangen	wir wären gegangen

PARTICIPLES IMPERATIVE

gehend geh! geht!
gegangen gehen Sie! gehen wir!

Wie geht es Ihnen? *How are you?*
Er geht zu Fuß zur Arbeit. *He walks to work.*
Ist sie schon aus dem Haus gegangen? *Has she already left the house?*
Sie gingen immer sehr aufrecht. *They always walked tall.*
Wir hätten nicht in die Stadt gehen sollen. *We should not have gone into town.*

In welche Schule geht sie? *Which school does she go to?*
Wir gehen bald auf Reisen. *We shall start travelling soon.*
Die Uhr geht nicht. *The clock doesn't work.*
Diese Ware ging wie warme Semmel. *This item sold like hot cakes.*
Das geht leider nicht. *That is impossible, I'm afraid.*
Wir werden der Sache auf den Grund gehen. *We'll get to the bottom of it.*

der Gehweg *footpath*　　　　　　**der Gang** *motion, action, passage way*

69 *gelingen *to succeed, manage* intr.

INDICATIVE

Present	Imperfect	Perfect
er/sie/es gelingt	er/sie/es gelang	er/sie/es ist gelungen
Sie/sie gelingen	Sie/sie gelangen	Sie/sie sind gelungen
Pluperfect	**Future**	**Future Perfect**
er/sie/es war gelungen	er/sie/es wird gelingen	er/sie/es wird gelungen sein
Sie/sie waren gelungen	Sie/sie werden gelingen	Sie/sie werden gelungen sein

CONDITIONAL / SUBJUNCTIVE

CONDITIONAL	SUBJUNCTIVE	
Present	**Present**	**Imperfect**
	er/sie/es gelinge	er/sie/es gelänge
	sie gelingen	sie gelängen
würde gelingen		
	Perfect	**Pluperfect**
	sie seien gelungen	sie wären gelungen
Sie/sie würden gelingen	er/sie/es sei gelungen	er/sie/es wäre gelungen

PARTICIPLES / IMPERATIVE

PARTICIPLES	IMPERATIVE
gelingend	geling! gelingt!
gelungen	

Es gelingt ihm, sie zu überreden. *He is succeeding in persuading her.*
Der Plan ist nicht gelungen. *The plan did not succeed.*
Die Rettung gelang. *The rescue was successful.*
Ihm würde es gelingen. *He would be successful.*

Est ist ihm übel gelungen. *He failed miserably.*
Mir gelingt heute nichts. *Everything is going wrong for me today.*
Das ist gut gelungen. *That has come out really well.*

das Gelingen *success*

gelten *to mean, matter, be worth* intr. **70**

INDICATIVE

Present	Imperfect	Perfect
ich gelte	ich galt	ich habe gegolten
du giltst	du galtest	du hast gegolten
er/sie/es gilt	er/sie/es galt	er/sie/es hat gegolten
wir gelten	wir galten	wir haben gegolten
ihr geltet	ihr galtet	ihr habt gegolten
Sie/sie gelten	Sie/sie galten	Sie/sie haben gegolten

Pluperfect	Future	Future Perfect
ich hatte gegolten	ich werde gelten	ich werde gegolten haben
du hattest gegolten	du wirst gelten	du wirst gegolten haben
er/sie/es hatte gegolten	er/sie/es wird gelten	er/sie/es wird gegolten haben
wir hatten gegolten	wir werden gelten	wir werden gegolten haben
ihr hattet gegolten	ihr werdet gelten	ihr werdet gegolten haben
Sie/sie hatten gegolten	Sie/sie werden gelten	Sie/sie werden gegolten haben

CONDITIONAL   SUBJUNCTIVE

Present	Present	Imperfect
ich würde gelten	ich gelte	ich gälte
du würdest gelten	wir gelten	wir gälten
er/sie/es würde gelten		
wir würden gelten	**Perfect**	**Pluperfect**
ihr würdet gelten	ich habe gegolten	ich hätte gegolten
Sie/sie würden gelten	wir haben gegolten	wir hätten gegolten

PARTICIPLES   IMPERATIVE

geltend   gelte! geltet!
gegolten   gelten Sie! gelten wir!

Ihr Paß gilt nicht mehr. *Your passport is no longer valid.*
Unsere Fahrkarten gelten für ein Jahr. *Our tickets are valid for one year.*
Die Wette galt nicht. *The bet was not valid.*
Unser ausländisches Geld hat nichts mehr gegolten. *Our foreign money was no longer worth anything.*

Jetzt gilt es, geduldig zu sein. *The main thing now is to be patient.*
Seine Bemerkungen galten mir. *His remarks were aimed at me.*
Sein Wort hätte viel bei uns gegolten. *His word would have carried weight with us.*
Das will er nicht gelten lassen. *He disputes it.*
Wir machen unsere Rechte geltend. *We assert our rights.*

die Geltung *value, importance*
der Geltungstrieb *desire to dominate*
an Geltung verlieren *decrease in value*

zu Geltung gelangen *to become important*
Geltung haben *to be valid*
vergelten *retaliate*

71 genießen *to eat or drink, enjoy* tr.

INDICATIVE

Present	Imperfect	Perfect
ich genieße	ich genoß	ich habe genossen
du genießt	du genoßt	du hast genossen
er/sie/es genießt	er/sie/es genoß	er/sie/es hat genossen
wir genießen	wir genossen	wir haben genossen
ihr genießt	ihr genoßt	ihr habt genossen
Sie/sie genießen	Sie/sie genossen	Sie/sie haben genossen

Pluperfect	Future	Future Perfect
ich hatte genossen	ich werde genießen	ich werde genossen haben
du hattest genossen	du wirst genießen	du wirst genossen haben
er/sie/es hatte genossen	er/sie/es wird genießen	er/sie/es wird genossen haben
wir hatten genossen	wir werden genießen	wir werden genossen haben
ihr hattet genossen	ihr werdet genießen	ihr werdet genossen haben
Sie/sie hatten genossen	Sie/sie werden genießen	Sie/sie werden genossen haben

CONDITIONAL   SUBJUNCTIVE

Present	Present	Imperfect
ich würde genießen	ich genieße	ich genösse
du würdest genießen	wir genießen	wir genössen
er/sie/es würde genießen		
wir würden genießen	**Perfect**	**Pluperfect**
ihr würdet genießen	ich habe genossen	ich hätte genossen
Sie/sie würden genießen	wir haben genossen	wir hätten genossen

PARTICIPLES   IMPERATIVE

genießend

genossen

genieß! genießt!

genießen Sie! genießen wir!

Er genießt die Natur. *He enjoys nature.*
Ich habe den Wein sehr genossen. *I enjoyed the wine very much.*
Wir genossen jeden Augenblick. *We were enjoying every minute.*
Dieser Ausblick wird von vielen Leuten genossen. *This view is enjoyed by many people.*
Diese Speisen sind nicht mehr zu genießen *This food is no longer edible.*

Der Chef ist heute nicht zu genießen. *The boss is unbearable today.*
Sie hatten eine gute Erziehung genossen. *They had benefited from a good education.*
Dieser Mann ist mit Vorsicht zu genießen! *Don't trust this man!*

ungenießbar *bad, inedible*
der Genießer *gourmet*
die Genußsucht *addiction*
in den Genuß kommen von *to enjoy*

der Genuß *pleasure*
das Genußmittel *tea, coffee, alcohol, tobacco, etc. (Lit. means of enjoyment)*

*geschehen *to happen* intr. **72**

INDICATIVE

Present	Imperfect	Perfect
er/sie/es geschieht	er/sie/es geschah	er/sie/es ist geschehen
sie geschehen	sie geschahen	sie sind geschehen
Pluperfect	**Future**	**Future Perfect**
er/sie/es war geschehen	er/sie/es wird geschehen	er/sie/es wird geschehen sein
sie waren geschehen	sie werden geschehen	sie werden geschehen sein

CONDITIONAL	SUBJUNCTIVE	
Present	**Present**	**Imperfect**
	er/sie/es geschehe	er/sie/es geschähe
	sie geschehen	sie geschähen
er/sie/es würde geschehen	**Perfect**	**Pluperfect**
	er/sie/es sei geschehen	er/sie/es wäre geschehen
sie würden geschehen	sie seien geschehen	sie wären geschehen

PARTICIPLES	IMPERATIVE
geschehend	geschieh! gescheht!
geschehen	

Was geschieht hier? *What is going on here?*
Ein Unglück ist geschehen. *An accident has happened.*
Es geschah unvorhergesehen. *It occurred unexpectedly.*
Das war nicht mit Absicht geschehen. *It was not done intentionally.*

Geschehe, was wolle. *Come what may.*
Das geschieht ihm recht. *It serves him right.*
Es ist um ihn geschehen. *He is done for.*
Ich wußte nicht, wie mir geschah. *I did not know what was happening to me.*
Uns würde nichts geschehen. *We would not be harmed.*

das Geschehen *event, happening*   **das Geschehnis** *occurrence*
etwas ungeschehen machen *to rectify, undo*

73 gewinnen *to win, gain* tr. (intr.)

INDICATIVE

Present	**Imperfect**	**Perfect**
ich gewinne	ich gewann	ich habe gewonnen
du gewinnst	du gewannst	du hast gewonnen
er/sie/es gewinnt	er/sie/es gewann	er/sie/es hat gewonnen
wir gewinnen	wir gewannen	wir haben gewonnen
ihr gewinnt	ihr gewannt	ihr habt gewonnen
Sie/sie gewinnen	Sie/sie gewannen	Sie/sie haben gewonnen

Pluperfect	**Future**	**Future Perfect**
ich hatte gewonnen	ich werde gewinnen	ich werde gewonnen haben
du hattest gewonnen	du wirst gewinnen	du wirst gewonnen haben
er/sie/es hatte gewonnen	er/sie/es wird gewinnen	er/sie/es wird gewonnen haben
wir hatten gewonnen	wir werden gewinnen	wir werden gewonnen haben
ihr hattet gewonnen	ihr werdet gewinnen	ihr werdet gewonnen haben
Sie/sie hatten gewonnen	Sie/sie werden gewinnen	Sie/sie werden gewonnen haben

CONDITIONAL SUBJUNCTIVE

Present	**Present**	**Imperfect**
ich würde gewinnen	ich gewinne	ich gewänne
du würdest gewinnen	wir gewinnen	wir gewännen
er/sie/es würde gewinnen		
wir würden gewinnen	**Perfect**	**Pluperfect**
ihr würdet gewinnen	ich habe gewonnen	ich hätte gewonnen
Sie/sie würden gewinnen	wir haben gewonnen	wir hätten gewonnen

PARTICIPLES IMPERATIVE

gewinnend gewinn! gewinnt!
gewonnen gewinnen Sie! gewinnen wir!

Er gewinnt jedes Rennen. *He wins every race.*
Wer hat gestern das Fußballspiel gewonnen? *Who won the football match yesterday?*
Unsere Mannschaft gewann eindeutig. *Our team had a clear win.*
Der Kampf wurde von ihnen gewonnen. *The fight was won by them.*

Wer nicht wagt, der nicht gewinnt. *Nothing ventured, nothing gained.*
In dieser Sache haben wir an Boden gewonnen. *We gained some ground in this affair.*
Langsam gewann er sie lieb. *Slowly he became fond of her.*
Wir würden nie die Oberhand gewinnen. *We would never gain the upper hand.*
Unser Läufer gewann schnell an Vorsprung. *Our runner quickly took the lead.*
Wie gewonnen, so zerronnen. *Easy come, easy go.*

der Gewinn *gain, prize* **der Gewinner** *winner*
der Hauptgewinn *first prize* **die Gewinnsucht** *greed*

gießen *to pour, spill* tr. **74**

INDICATIVE

Present	**Imperfect**	**Perfect**
ich gieße	ich goß	ich habe gegossen
du gießt	du goßt	du hast gegossen
er/sie/es gießt	er/sie/es goß	er/sie/es hat gegossen
wir gießen	wir gossen	wir haben gegossen
ihr gießt	ihr goßt	ihr habt gegossen
Sie/sie gießen	Sie/sie gossen	Sie/sie haben gegossen

Pluperfect	**Future**	**Future Perfect**
ich hatte gegossen	ich werde gießen	ich werde gegossen haben
du hattest gegossen	du wirst gießen	du wirst gegossen haben
er/sie/es hatte gegossen	er/sie/es wird gießen	er/sie/es wird gegossen haben
wir hatten gegossen	wir werden gießen	wir werden gegossen haben
ihr hattet gegossen	ihr werdet gießen	ihr werdet gegossen haben
Sie/sie hatten gegossen	Sie/sie werden gießen	Sie/sie werden gegossen haben

CONDITIONAL   SUBJUNCTIVE

Present	**Present**	**Imperfect**
ich würde gießen	ich gieße	ich gösse
du würdest gießen	wir gießen	wir gössen
er/sie/es würde gießen		
wir würden gießen	**Perfect**	**Pluperfect**
ihr würdet gießen	ich habe gegossen	ich hätte gegossen
Sie/sie würden gießen	wir haben gegossen	wir hätten gegossen

PARTICIPLES   IMPERATIVE

gießend
gegossen

gieß! gießt!
gießen Sie! gießen wir!

Gießt du bitte den Kaffee ein? *Would you pour the coffee, please?*
Hast du den Wein in die Gläser gegossen? *Have you poured the wine into the glasses?*
Abends goß er immer die Blumen. *In the evening he always watered the flowers.*
Sie wurden sehr vorsichtig gegossen. *They were watered very carefully.*

Draußen gießt es in Strömen. *It is pouring outside.*
Damit goß er Öl ins Feuer. *He made things worse with that. (Lit. poured oil on the fire)*
Er hat sich gern einen hinter die Binde gegossen. *He liked to drink alcohol.*
Sie standen wie aus Erz gegossen. *They stood rooted to the spot.*

der Gießbach *mountain stream*
das Gußeisen *cast iron*
ausgießen *to empty*
die Gießkanne *watering can*

der Regenguß *downpour*
der Ausguß *drain*
vergießen *to spill*
(wie) aus einem Guß
    gemacht *co-ordinated*

75 glauben *to believe* tr. (intr.)

INDICATIVE

Present	**Imperfect**	**Perfect**
ich glaube	ich glaubte	ich habe geglaubt
du glaubst	du glaubtest	du hast geglaubt
er/sie/es glaubt	er/sie/es glaubte	er/sie/es hat geglaubt
wir glauben	wir glaubten	wir haben geglaubt
ihr glaubt	ihr glaubtet	ihr habt geglaubt
Sie/sie glauben	Sie/sie glaubten	Sie/sie haben geglaubt

Pluperfect	**Future**	**Future Perfect**
ich hatte geglaubt	ich werde glauben	ich werde geglaubt haben
du hattest geglaubt	du wirst glauben	du wirst geglaubt haben
er/sie/es hatte geglaubt	er/sie/es wird glauben	er/sie/es wird geglaubt haben
wir hatten geglaubt	wir werden glauben	wir werden geglaubt haben
ihr hattet geglaubt	ihr werdet glauben	ihr werdet geglaubt haben
Sie/sie hatten geglaubt	Sie/sie werden glauben	Sie/sie werden geglaubt haben

CONDITIONAL

SUBJUNCTIVE

Present	**Present**	**Imperfect**
ich würde glauben	ich glaube	ich glaubte
du würdest glauben	wir glauben	wir glaubten
er/sie/es würde glauben		
wir würden glauben	**Perfect**	**Pluperfect**
ihr würdet glauben	ich habe geglaubt	ich hätte geglaubt
Sie/sie würden glauben	wir haben geglaubt	wir hätten geglaubt

PARTICIPLES

IMPERATIVE

glaubend

glaub! glaubt!

geglaubt

glauben Sie! glauben wir!

Glaubst du mir nicht? *Don't you believe me?*
Diese Geschichte habe ich ihm nicht geglaubt. *I did not believe his story.*
Sie glaubten nicht an Gott. *They did not believe in God.*
Uns würde niemand glauben. *Nobody would believe us.*

Wir glaubten ihn gerettet. *We were sure he was saved.*
Er wollte uns glauben machen, daß ... *He wanted to have us believe that ...*
Ich glaube Ihnen auf's Wort. *I take your word for it.*
Der Alte mußte dran glauben. *The old man kicked the bucket.*

der Glaube *belief, faith*	**das Glaubensbekenntnis** *creed*
der Aberglaube *superstition*	**die Glaubensfreiheit** *religious freedom*
glaubhaft *credible*	**gläubig** *religious, devout*
unglaublich *incredible*	**glaubwürdig** *convincing, credible*

greifen *to seize, grasp* tr. (intr.) **76**

INDICATIVE

Present	**Imperfect**	**Perfect**
ich greife	ich griff	ich habe gegriffen
du greifst	du griffst	du hast gegriffen
er/sie/es greift	er/sie/es griff	er/sie/es hat gegriffen
wir greifen	wir griffen	wir haben gegriffen
ihr greift	ihr grifft	ihr habt gegriffen
Sie/sie greifen	Sie/sie griffen	Sie/sie haben gegriffen

Pluperfect	**Future**	**Future Perfect**
ich hatte gegriffen	ich werde greifen	ich werde gegriffen haben
du hattest gegriffen	du wirst greifen	du wirst gegriffen haben
er/sie/es hatte gegriffen	er/sie/es wird greifen	er/sie/es wird gegriffen haben
wir hatten gegriffen	wir werden greifen	wir werden gegriffen haben
ihr hattet gegriffen	ihr werdet greifen	ihr werdet gegriffen haben
Sie/sie hatten gegriffen	Sie/sie werden greifen	Sie/sie werden gegriffen haben

CONDITIONAL SUBJUNCTIVE

Present	**Present**	**Imperfect**
ich würde greifen	ich greife	ich griffe
du würdest greifen	wir greifen	wir griffen
er/sie/es würde greifen		
wir würden greifen	**Perfect**	**Pluperfect**
ihr würdet greifen	ich habe gegriffen	ich hätte gegriffen
Sie/sie würden greifen	wir haben gegriffen	wir hätten gegriffen

PARTICIPLES IMPERATIVE

greifend	greif! greift!
gegriffen	greifen Sie! greifen wir!

Ich greife den Ball zum Wurf. *I am getting ready to throw the ball.*
Er griff meine Tasche und rannte davon. *He snatched my bag and ran away.*
Es wurde zu unerlaubten Mitteln gegriffen. *Illegal steps were taken.*

Wir griffen ihm unter die Arme. *We gave him our support.*
Man kann es mit Händen greifen. *It is as clear as day.*
Das ist völlig aus der Luft gegriffen. *That is pure invention.*
Mein Vater mußte tief in die Tasche greifen. *My father had to foot a large bill.*
Der Preis war viel zu hoch gegriffen. *The price was set too high.*
Sie hatten uns fest im Griff. *They controlled us firmly.*

angreifen *to attack*   **der Griff** *handle, grip*
begreifen *to understand*   **der Eingriff** *operation*
greifbar *tangible*   **der Übergriff** *infringement*

77 grüßen *to greet, salute* tr. (intr.)

INDICATIVE

Present	**Imperfect**	**Perfect**
ich grüße	ich grüßte	ich habe gegrüßt
du grüßt	du grüßtest	du hast gegrüßt
er/sie/es grüßt	er/sie/es grüßte	er/sie/es hat gegrüßt
wir grüßen	wir grüßten	wir haben gegrüßt
ihr grüßt	ihr grüßtet	ihr habt gegrüßt
Sie/sie grüßen	Sie/sie grüßten	Sie/sie haben gegrüßt

Pluperfect	**Future**	**Future Perfect**
ich hatte gegrüßt	ich werde grüßen	ich werde gegrüßt haben
du hattest gegrüßt	du wirst grüßen	du wirst gegrüßt haben
er/sie/es hatte gegrüßt	er/sie/es wird grüßen	er/sie/es wird gegrüßt haben
wir hatten gegrüßt	wir werden grüßen	wir werden gegrüßt haben
ihr hattet gegrüßt	ihr werdet grüßen	ihr werdet gegrüßt haben
Sie/sie hatten gegrüßt	Sie/sie werden grüßen	Sie/sie werden gegrüßt haben

CONDITIONAL SUBJUNCTIVE

Present	**Present**	**Imperfect**
ich würde grüßen	ich grüße	ich grüßte
du würdest grüßen	wir grüßen	wir grüßten
er/sie/es würde grüßen		
wir würden grüßen	**Perfect**	**Pluperfect**
ihr würdet grüßen	ich habe gegrüßt	ich hätte gegrüßt
Sie/sie würden grüßen	wir haben gegrüßt	wir hätten gegrüßt

PARTICIPLES IMPERATIVE

grüßend	grüß! grüßt!
gegrüßt	grüßen Sie! grüßen wir!

Grüß dich! Grüß Gott! *Hello!*
Bitte, grüßen Sie Ihre Frau! *Please give my regards to your wife.*
Er hat mich nicht sehr höflich gegrüßt. *He did not greet me very politely.*
Sie grüßten uns von ferne. *They waved from the distance.*
Wir wurden von niemandem gegrüßt. *We were not greeted by anyone.*

Sie läßt grüßen. *She sends her regards.*
Ich grüße mich mit ihm. *I am on friendly terms with him.*
Die Berge grüßten aus der Ferne. *The mountains could be seen in the distance.*
Mit freundlichem Gruß. *Yours sincerely . . ., Best wishes . . .*

der Gruß *greeting*   **die Grußformel** *salutation*
der Kartengruß *postcard greeting*   **der Geburtstagsgruß** *birthday greetings*

haben *to have, possess* tr. (refl.) **78**

Present	**Imperfect**	**Perfect**
ich habe	ich hatte	ich habe gehabt
du hast	du hattest	du hast gehabt
er/sie/es hat	er/sie/es hatte	er/sie/es hat gehabt
wir haben	wir hatten	wir haben gehabt
ihr habt	ihr hattet	ihr habt gehabt
Sie/sie haben	Sie/sie hatten	Sie/sie haben gehabt

Pluperfect	**Future**	**Future Perfect**
ich hatte gehabt	ich werde haben	ich werde gehabt haben
du hattest gehabt	du wirst haben	du wirst gehabt haben
er/sie/es hatte gehabt	er/sie/es wird haben	er/sie/es wird gehabt haben
wir hatten gehabt	wir werden haben	wir werden gehabt haben
ihr hattet gehabt	ihr werdet haben	ihr werdet gehabt haben
Sie/sie hatten gehabt	Sie/sie werden haben	Sie/sie werden gehabt haben

CONDITIONAL   SUBJUNCTIVE

Present	**Present**	**Imperfect**
ich würde haben	ich habe	ich hätte
du würdest haben	wir haben	wir hätten
er/sie/es würde haben		
wir würden haben	**Perfect**	**Pluperfect**
ihr würdet haben	ich habe gehabt	ich hätte gehabt
Sie/sie würden haben	wir haben gehabt	wir hätten gehabt

PARTICIPLES   IMPERATIVE

habend	hab! habt!
gehabt	haben Sie! haben wir!

Ich habe nie genug Geld. *I never have enough money.*
Er hat ein großes Haus auf dem Lande. *He's got a big house in the country.*
Damals hatten wir viele Freunde. *In those days we had many friends.*
Nächste Woche werde ich meine Party gehabt haben. *Next week I shall have had my party.*

Das hat nichts auf sich. *That is of no importance.*
Dafür bin ich nicht zu haben. *I am not interested in it.*
Der Plan hatte viel für sich. *There was a lot to be said for the plan.*
Die Getränke haben es in sich. *The drinks are very strong.*
Du hast mich zum Besten gehabt. *You have fooled me.*
Alle haben etwas gegen mich. *They are all against me.*

die Habe *possessions*   **anhaben** *to wear*
die Habgier *greed*   **vorhaben** *to plan, intend*

79 halten *to hold, keep* tr. (intr., refl.)

INDICATIVE

Present	Imperfect	Perfect
ich halte	ich hielt	ich habe gehalten
du hältst	du hieltest	du hast gehalten
er/sie/es hält	er/sie/es hielt	er/sie/es hat gehalten
wir halten	wir hielten	wir haben gehalten
ihr haltet	ihr hieltet	ihr habt gehalten
Sie/sie halten	Sie/sie hielten	Sie/sie haben gehalten

Pluperfect	Future	Future Perfect
ich hatte gehalten	ich werde halten	ich werde gehalten haben
du hattest gehalten	du wirst halten	du wirst gehalten haben
er/sie/es hatte gehalten	er/sie/es wird halten	er/sie/es wird gehalten haben
wir hatten gehalten	wir werden halten	wir werden gehalten haben
ihr hattet gehalten	ihr werdet halten	ihr werdet gehalten haben
Sie/sie hatten gehalten	Sie/sie werden halten	Sie/sie werden gehalten haben

CONDITIONAL · SUBJUNCTIVE

Present	Present	Imperfect
ich würde halten	ich halte	ich hielte
du würdest halten	wir halten	wir hielten
er/sie/es würde halten		
wir würden halten	**Perfect**	**Pluperfect**
ihr würdet halten	ich habe gehalten	ich hätte gehalten
Sie/sie würden halten	wir haben gehalten	wir hätten gehalten

PARTICIPLES · IMPERATIVE

PARTICIPLES	IMPERATIVE
haltend	halt! haltet!
gehalten	halten Sie! halten wir!

Haltet den Dieb! *Stop thief!*
Er hält das Steuerrad fest. *He is holding the steering wheel firmly.*
Die Mutter hielt das Kind im Arm. *The mother held the child in her arms.*
Nichts konnte ihn hier halten. *Nothing could keep him here.*

Die Mannschaft hat sich gut gehalten. *The team performed well.*
Ich halte große Stücke auf ihn. *I think highly of him.*
Man hielt mich für eine Deutsche. *I was taken for a German (woman).*
Sie hält mit uns (zu uns). *She is on our side.*
Halt den Mund! *Be quiet! Shut up!*
Vielleicht hält sich das Wetter bis morgen. *Perhaps the weather will hold till tomorrow.*

die Haltestelle *(bus) stop*   **der Halt** *support*
die Haltung *posture, attitude*   **'Halteverbot'** *'No stopping'*
haltlos *unsteady; unfounded*   **die Haltlosigkeit** *weakness of character*

handeln *to act, trade* intr. (refl.) **80**

INDICATIVE

Present	**Imperfect**	**Perfect**
ich handle	ich handelte	ich habe gehandelt
du handelst	du handeltest	du hast gehandelt
er/sie/es handelt	er/sie/es handelte	er/sie/es hat gehandelt
wir handeln	wir handelten	wir haben gehandelt
ihr handelt	ihr handeltet	ihr habt gehandelt
Sie/sie handeln	Sie/sie handelten	Sie/sie haben gehandelt

Pluperfect	**Future**	**Future Perfect**
ich hatte gehandelt	ich werde handeln	ich werde gehandelt haben
du hattest gehandelt	du wirst handeln	du wirst gehandelt haben
er/sie/es hatte gehandelt	er/sie/es wird handeln	er/sie/es wird gehandelt haben
wir hatten gehandelt	wir werden handeln	wir werden gehandelt haben
ihr hattet gehandelt	ihr werdet handeln	ihr werdet gehandelt haben
Sie/sie hatten gehandelt	Sie/sie werden handeln	Sie/sie werden gehandelt haben

CONDITIONAL   SUBJUNCTIVE

Present	**Present**	**Imperfect**
ich würde handeln	ich handle	ich handelte
du würdest handeln	wir handlen	wir handelten
er/sie/es würde handeln		
wir würden handeln	**Perfect**	**Pluperfect**
ihr würdet handeln	ich habe gehandelt	ich hätte gehandelt
Sie/sie würden handeln	wir haben gehandelt	wir hätten gehandelt

PARTICIPLES   IMPERATIVE

handelnd   handele! handelt!
gehandelt   handeln Sie! handeln wir!

Er handelt mit Obst. *He trades in fruit.*
Du hast wie ein Ehrenmann gehandelt. *You acted like a gentleman.*
Früher handelten sie mit Autos. *They used to deal in cars.*
Der Dollar wird heute mit 2 DM gehandelt. *Today the dollar is trading at 2 Marks.*

Worum handelt es sich? *What is it all about?*
Hier wird nicht gehandelt. *Here prices are fixed.*
Er hat auf eigene Faust gehandelt. *He acted on his own initiative.*
Alle seine Bücher handelten vom Weltkrieg. *All his books were about the War.*

der Handel *trade*	**die Handlung** *action*
der Großhandel *wholesale*	**die Handlungsweise** *way of behaving*
der Einzelhandel *retail*	**mißhandeln** *to mistreat, abuse*
die Handelskammer *chamber of commerce*	**verhandeln** *negotiate*

81 hängen *to hang* tr./intr. (refl.)

INDICATIVE

Present	**Imperfect**	**Perfect**
ich hänge	ich hing	ich habe gehangen
du hängst	du hingst	du hast gehangen
er/sie/es hängt	er/sie/es hing	er/sie/es hat gehangen
wir hängen	wir hingen	wir haben gehangen
ihr hängt	ihr hingt	ihr habt gehangen
Sie/sie hängen	Sie/sie hingen	Sie/sie haben gehangen

Pluperfect	**Future**	**Future Perfect**
ich hatte gehangen	ich werde hangen	ich werde gehangen haben
du hattest gehangen	du wirst hangen	du wirst gehangen haben
er/sie/es hatte gehangen	er/sie/es wird hangen	er/sie/es wird gehangen haben
wir hatten gehangen	wir werden hangen	wir werden gehangen haben
ihr hattet gehangen	ihr werdet hangen	ihr werdet gehangen haben
Sie/sie hatten gehangen	Sie/sie werden hangen	Sie/sie werden gehangen haben

CONDITIONAL   SUBJUNCTIVE

Present	**Present**	**Imperfect**
ich würde hängen	ich hänge	ich hinge
du würdest hängen	wir hängen	wir hingen
er/sie/es würde hängen		
wir würden hängen	**Perfect**	**Pluperfect**
ihr würdet hängen	ich habe gehangen	ich hätte gehangen
Sie/sie würden hängen	wir haben gehangen	wir hätten gehangen

PARTICIPLES   IMPERATIVE

hängend   häng! hängt!
gehangen   hängen Sie! hängen wir!

Häng deinen Hut an den Haken! *Hang your hat on the hook!*
Er hat das Bild an die Wand gehängt. *He hung the picture on the wall.*
Der Mörder wird gehängt werden. *The murderer will be hanged.*
Die Wäsche wurde nach draußen gehängt. *The washing was hung outside.*

Er hängt seine Fahne nach dem Wind. *He trims his sails to the wind.*
Wir hängten uns an ihre Fersen. *We followed her.*
Ich hatte meinen Plan an den Nagel gehängt. *I had given up my plan.*
Das würde man an die große Glocke hängen. *That would be made widely known.*
Ihr hängt zu sehr an eurem Geld. *You like your money too much.*

die Hängebrücke *suspension bridge*   **die Hängelampe** *hanging lamp*
anhängig *attached*   **abhängig** *dependent*
unabhängig *independent*   **die Abhängigkeit** *dependence*

heben *to lift, raise* tr. (intr., refl.) **82**

INDICATIVE

Present	**Imperfect**	**Perfect**
ich hebe	ich hob	ich habe gehoben
du hebst	du hobst	du hast gehoben
er/sie/es hebt	er/sie/es hob	er/sie/es hat gehoben
wir heben	wir hoben	wir haben gehoben
ihr hebt	ihr hobt	ihr habt gehoben
Sie/sie heben	Sie/sie hoben	Sie/sie haben gehoben

Pluperfect	**Future**	**Future Perfect**
ich hatte gehoben	ich werde heben	ich werde gehoben haben
du hattest gehoben	du wirst heben	du wirst gehoben haben
er/sie/es hatte gehoben	er/sie/es wird heben	er/sie/es wird gehoben haben
wir hatten gehoben	wir werden heben	wir werden gehoben haben
ihr hattet gehoben	ihr werdet heben	ihr werdet gehoben haben
Sie/sie hatten gehoben	Sie/sie werden heben	Sie/sie werden gehoben haben

CONDITIONAL   SUBJUNCTIVE

Present	**Present**	**Imperfect**
ich würde heben	ich hebe	ich höbe
du würdest heben	wir heben	wir höben
er/sie/es würde heben		
wir würden heben	**Perfect**	**Pluperfect**
ihr würdet heben	ich habe gehoben	ich hätte gehoben
Sie/sie würden heben	wir haben gehoben	wir hätten gehoben

PARTICIPLES   IMPERATIVE

hebend	hebe! hebt!
gehoben	heben Sie! heben wir!

Wir heben unser Glas. *We are raising our glasses.*
Ich habe das Kind auf den Stuhl gehoben. *I lifted the child on to the chair.*
Er hob seine Hand zum Schwur. *He raised his hand to swear (on oath).*
Das Wrack wurde aus dem Wasser gehoben. *The wrecked ship was lifted out of the water.*

Der Umsatz wurde gehoben. *Turnover was increased.*
Das hob unsere Stimmung. *That cheered us up.*
Er hebt gerne einen. *He likes his drink.*
Wir hoben ihr Essen in den Himmel. *We praised her cooking to the skies.*

der Wagenheber *car jack*
die Erhebung *elevation*
die gehobene Stellung *influential job*
sich erheben *to stand up*

die Hebung *recovery, improvement*
die Steuererhebung *tax levy*
einen Schaden beheben *to repair damage*
hervorheben *to emphasize*

83 heilen *to heal, cure* tr. (*intr.)

INDICATIVE

Present	Imperfect	Perfect
ich heile	ich heilte	ich habe geheilt
du heilst	du heiltest	du hast geheilt
er/sie/es heilt	er/sie/es heilte	er/sie/es hat geheilt
wir heilen	wir heilten	wir haben geheilt
ihr heilt	ihr heiltet	ihr habt geheilt
Sie/sie heilen	Sie/sie heilten	Sie/sie haben geheilt

Pluperfect	Future	Future Perfect
ich hatte geheilt	ich werde heilen	ich werde geheilt haben
du hattest geheilt	du wirst heilen	du wirst geheilt haben
er/sie/es hatte geheilt	er/sie/es wird heilen	er/sie/es wird geheilt haben
wir hatten geheilt	wir werden heilen	wir werden geheilt haben
ihr hattet geheilt	ihr werdet heilen	ihr werdet geheilt haben
Sie/sie hatten geheilt	Sie/sie werden heilen	Sie/sie werden geheilt haben

CONDITIONAL   SUBJUNCTIVE

Present	Present	Imperfect
ich würde heilen	ich heile	ich heilte
du würdest heilen	wir heilen	wir heilten
er/sie/es würde heilen		
wir würden heilen	Perfect	Pluperfect
ihr würdet heilen	ich habe geheilt	ich hätte geheilt
Sie/sie würden heilen	wir haben geheilt	wir hätten geheilt

PARTICIPLES   IMPERATIVE

heilend	heile! heilt!
geheilt	heilen Sie! heilen wir!

Die Zeit heilt alle Wunden. *Time heals all wounds.*
Die Kur hat ihn geheilt. *The cure has restored his health.*
Die Krankheit wurde mit Penizillin geheilt. *The illness was cured with penicillin.*
Sie würden nie geheilt werden. *They would never be cured.*

Wir wurden von unserer Idee geheilt. *We were convinced otherwise.*
Damals lebten wir in einer heilen Welt. *In those days we lived in a perfect world.*

die Heilanstalt *hospital*	**das Heilbad** *spa, mineral bath*
heilbar *curable*	**der Heilbrunnen** *spring*
heilfroh *overjoyed*	**heilkräftig** *therapeutic, curative*
heilsam *beneficial, salutory*	**das Heilmittel** *remedy*
heillos *hopeless*	**die Heilung** *cure*
unheilbar *incurable*	**die Heilkunde** *medical science*

heißen *to name, call* tr. (intr.) **84**

INDICATIVE

Present	**Imperfect**	**Perfect**
ich heiße	ich hieß	ich habe geheißen
du heißt	du hießest	du hast geheißen
er/sie/es heißt	er/sie/es hieß	er/sie/es hat geheißen
wir heißen	wir hießen	wir haben geheißen
ihr heißt	ihr hießt	ihr habt geheißen
Sie/sie heißen	Sie/sie hießen	Sie/sie haben geheißen

Pluperfect	**Future**	**Future Perfect**
ich hatte geheißen	ich werde heißen	ich werde geheißen haben
du hattest geheißen	du wirst heißen	du wirst geheißen haben
er/sie/es hatte geheißen	er/sie/es wird heißen	er/sie/es wird geheißen haben
wir hatten geheißen	wir werden heißen	wir werden geheißen haben
ihr hattet geheißen	ihr werdet heißen	ihr werdet geheißen haben
Sie/sie hatten geheißen	Sie/sie werden heißen	Sie/sie werden geheißen haben

CONDITIONAL   SUBJUNCTIVE

Present	**Present**	**Imperfect**
ich würde heißen	ich heiße	ich hieße
du würdest heißen	wir heißen	wir hießen
er/sie/es würde heißen		
wir würden heißen	**Perfect**	**Pluperfect**
ihr würdet heißen	ich habe geheißen	ich hätte geheißen
Sie/sie würden heißen	wir haben geheißen	wir hätten geheißen

PARTICIPLES   IMPERATIVE

heißend   heiß! heißt!
geheißen   heißen Sie! heißen wir!

Wie heißen Sie? *What is your name?*
Ich heiße Joachim. *My name is Joachim.*
Diese Stadt hieß früher anders. *This town used to have a different name.*
Es heißt, daß er tot ist. *He is said to be dead.*

Wie heißt das auf Deutsch? *How do you say that in German?*
Das will nichts heißen. *That is of no consequence.*
Jetzt heißt es: aufpassen. *Now it's time to pay attention.*
Sie hießen uns willkommen. *They welcomed us.*
Was soll das heißen? *What do you mean by that?*
Das will schon etwas heißen. *That calls for respect.*
In der Bibel heißt es, . . . *The Bible says . . .*
Morgen komme ich, das heißt, wenn ich Zeit habe. *I'll come tomorrow – that is, if I have time.*

85 helfen *to help, assist* intr.

INDICATIVE

Present	Imperfect	Perfect
ich helfe	ich half	ich habe geholfen
du hilfst	du halfst	du hast geholfen
er/sie/es hilft	er/sie/es half	er/sie/es hat geholfen
wir helfen	wir halfen	wir haben geholfen
ihr helft	ihr halft	ihr habt geholfen
Sie/sie helfen	Sie/sie halfen	Sie/sie haben geholfen

Pluperfect	Future	Future Perfect
ich hatte geholfen	ich werde helfen	ich werde geholfen haben
du hattest geholfen	du wirst helfen	du wirst geholfen haben
er/sie/es hatte geholfen	er/sie/es wird helfen	er/sie/es wird geholfen haben
wir hatten geholfen	wir werden helfen	wir werden geholfen haben
ihr hattet geholfen	ihr werdet helfen	ihr werdet geholfen haben
Sie/sie hatten geholfen	Sie/sie werden helfen	Sie/sie werden geholfen haben

CONDITIONAL · SUBJUNCTIVE

Present	Present	Imperfect
ich würde helfen	ich helfe	ich hülfe
du würdest helfen	wir helfen	wir hülfen
er/sie/es würde helfen		
wir würden helfen	**Perfect**	**Pluperfect**
ihr würdet helfen	ich habe geholfen	ich hätte geholfen
Sie/sie würden helfen	wir haben geholfen	wir hätten geholfen

PARTICIPLES · IMPERATIVE

PARTICIPLES	IMPERATIVE
helfend	hilf! helft!
geholfen	helfen Sie! helfen wir!

Hilf mir doch! *Help me!*
Warum helfen Sie ihm nicht? *Why don't you help him?*
Ich habe ihm immer geholfen. *I have always helped him.*
Sie halfen sich gegenseitig. *They helped each other.*

Ihm ist nicht mehr zu helfen. *He is beyond help.*
Ich kann mir nicht helfen, ich muß lachen. *I can't help laughing.*
Es hilft nichts zu schreien. *It is no use screaming.*
Wir halfen ihm auf die Beine. *We helped him get started.*

die Hilfe *help*	**der Helfer** *helper, assistant*
die Unfallhilfe *emergency help*	**der Helfershelfer** *accomplice*
hilfreich *helpful*	**hilflos** *helpless*
hilfsbereit *ready to help*	**die Hilfsbereitschaft** *helpfulness*

holen *to fetch* tr. (intr.) **86**

INDICATIVE

Present	**Imperfect**	**Perfect**
ich hole	ich holte	ich habe geholt
du holst	du holtest	du hast geholt
er/sie/es holt	er/sie/es holte	er/sie/es hat geholt
wir holen	wir holten	wir haben geholt
ihr holt	ihr holtet	ihr habt geholt
Sie/sie holen	Sie/sie holten	Sie/sie haben geholt

Pluperfect	**Future**	**Future Perfect**
ich hatte geholt	ich werde holen	ich werde geholt haben
du hattest geholt	du wirst holen	du wirst geholt haben
er/sie/es hatte geholt	er/sie/es wird holen	er/sie/es wird geholt haben
wir hatten geholt	wir werden holen	wir werden geholt haben
ihr hattet geholt	ihr werdet holen	ihr werdet geholt haben
Sie/sie hatten geholt	Sie/sie werden holen	Sie/sie werden geholt haben

CONDITIONAL   SUBJUNCTIVE

Present	**Present**	**Imperfect**
ich würde holen	ich hole	ich holte
du würdest holen	wir holen	wir holten
er/sie/es würde holen		
wir würden holen	**Perfect**	**Pluperfect**
ihr würdet holen	ich habe geholt	ich hätte geholt
Sie/sie würden holen	wir haben geholt	wir hätten geholt

PARTICIPLES   IMPERATIVE

holend   hol! holt!
geholt   holen Sie! holen wir!

Holen Sie schnell einen Arzt! *Fetch a doctor quickly!*
Hast du schon die Zeitung geholt? *Have you fetched the paper?*
Sie holte das Brot vom Bäcker. *She got the bread from the baker.*
Er wurde nachts aus dem Bett geholt. *He was dragged out of bed at nighttime.*

Holen Sie tief Atem! *Take a deep breath.*
Ich werde mir bei ihm Rat holen. *I am going to seek his advice.*
Er holte sich bei ihr einen Korb. *She turned him down.*
Wir holten uns kalte Füße. *We were unsuccessful.*
Bei ihm gibt es nichts zu holen. *He is too poor to give anything away.*

abholen *to collect, meet*	**aufholen** *to catch up*
sich erholen *recuperate, recover*	**einholen** *to buy, catch up*
überholen *overtake*	**wiederholen** *to repeat*

87 hören *to hear, obey* tr. (intr.)

INDICATIVE

Present	**Imperfect**	**Perfect**
ich höre	ich hörte	ich habe gehört
du hörst	du hörtest	du hast gehört
er/sie/es hört	er/sie/es hörte	er/sie/es hat gehört
wir hören	wir hörten	wir haben gehört
ihr hört	ihr hörtet	ihr habt gehört
Sie/sie hören	Sie/sie hörten	Sie/sie haben gehört

Pluperfect	**Future**	**Future Perfect**
ich hatte gehört	ich werde hören	ich werde gehört haben
du hattest gehört	du wirst hören	du wirst gehört haben
er/sie/es hatte gehört	er/sie/es wird hören	er/sie/es wird gehört haben
wir hatten gehört	wir werden hören	wir werden gehört haben
ihr hattet gehört	ihr werdet hören	ihr werdet gehört haben
Sie/sie hatten gehört	Sie/sie werden hören	Sie/sie werden gehört haben

CONDITIONAL

SUBJUNCTIVE

Present	**Present**	**Imperfect**
ich würde hören	ich höre	ich hörte
du würdest hören	wir hören	wir hörten
er/sie/es würde hören		
wir würden hören	**Perfect**	**Pluperfect**
ihr würdet hören	ich habe gehört	ich hätte gehört
Sie/sie würden hören	wir haben gehört	wir hätten gehört

PARTICIPLES

IMPERATIVE

hörend

hör! hört!

gehört

hören Sie! hören wir!

Er hört schlecht. *He's hard of hearing.*
Wir hören die Glocken läuten. *We can hear the bells ringing.*
Hast du die Nachrichten gehört? *Did you hear the news?*
Der Hund hörte nicht auf mich. *The dog dig not obey me.*

Er hört nur mit einem Ohr. *He is not paying attention.*
Sie hört das Gras wachsen. *She knows everything.*
Dein Vorschlag läßt sich hören. *Your proposal is quite acceptable.*
Laß mal etwas von dir hören! *Keep in touch!*

der Hörer *listener, telephone receiver*	**der Hörfunk** *radio*
hörbar *audible*	**das Hörspiel** *radio drama*
aufhören *to stop*	**zuhören** *to listen*
verhören *to question, interrogate*	**sich nach etwas umhören** *to find out something*

kämpfen *to fight, struggle* intr. (tr.) **88**

INDICATIVE

Present	Imperfect	Perfect
ich kämpfe	ich kämpfte	ich habe gekämpft
du kämpfst	du kämpftest	du hast gekämpft
er/sie/es kämpft	er/sie/es kämpfte	er/sie/es hat gekämpft
wir kämpfen	wir kämpften	wir haben gekämpft
ihr kämpft	ihr kämpftet	ihr habt gekämpft
Sie/sie kämpfen	Sie/sie kämpften	Sie/sie haben gekämpft

Pluperfect	Future	Future Perfect
ich hatte gekämpft	ich werde kämpfen	ich werde gekämpft haben
du hattest gekämpft	du wirst kämpfen	du wirst gekämpft haben
er/sie/es hatte gekämpft	er/sie/es wird kämpfen	er/sie/es wird gekämpft haben
wir hatten gekämpft	wir werden kämpfen	wir werden gekämpft haben
ihr hattet gekämpft	ihr werdet kämpfen	ihr werdet gekämpft haben
Sie/sie hatten gekämpft	Sie/sie werden kämpfen	Sie/sie werden gekämpft haben

CONDITIONAL

SUBJUNCTIVE

Present	Present	Imperfect
ich würde kämpfen	ich kämpfe	ich kämpfte
du würdest kämpfen	wir kämpfen	wir kämpften
er/sie/es würde kämpfen		
wir würden kämpfen	**Perfect**	**Pluperfect**
ihr würdet kämpfen	ich habe gekämpft	ich hätte gekämpft
Sie/sie würden kämpfen	wir haben gekämpft	wir hätten gekämpft

PARTICIPLES

IMPERATIVE

kämpfend	kämpfe! kämpft!
gekämpft	kämpfen Sie! kämpfen wir!

Er kämpft wie ein Löwe. *He is fighting like a lion.*
Sie haben für die Freiheit gekämpft. *They fought for freedom.*
Lange kämpften sie um dieses Gebiet. *They fought for this region for a long time.*
Es wurde hart gekämpft. *Fighting was fierce.*

Die Ärzte kämpfen um sein Leben. *The doctors are trying to save his life.*
Ich kämpfe noch mit mir, ob ich verreisen soll. *I still haven't made up my mind whether to travel.*
Er kämpfte gegen seine Tränen. *He fought back his tears.*
Der Kranke kämpft mit dem Tod. *The patient is fighting death.*

der Kampf *fight*	**der Kämpfer** *fighter*
die Kampfbahn *stadium, arena*	**der Kampfrichter** *umpire*
kampffähig *fit for action*	**kampfbereit** *ready to fight*
kämpferisch *pugnacious, spirited*	**der Zweikampf** *duel*

89 kaufen *to buy, purchase* tr. (intr.)

INDICATIVE

Present	**Imperfect**	**Perfect**
ich kaufe	ich kaufte	ich habe gekauft
du kaufst	du kauftest	du hast gekauft
er/sie/es kauft	er/sie/es kaufte	er/sie/es hat gekauft
wir kaufen	wir kauften	wir haben gekauft
ihr kauft	ihr kauftet	ihr habt gekauft
Sie/sie kaufen	Sie/sie kauften	Sie/sie haben gekauft

Pluperfect	**Future**	**Future Perfect**
ich hatte gekauft	ich werde kaufen	ich werde gekauft haben
du hattest gekauft	du wirst kaufen	du wirst gekauft haben
er/sie/es hatte gekauft	er/sie/es wird kaufen	er/sie/es wird gekauft haben
wir hatten gekauft	wir werden kaufen	wir werden gekauft haben
ihr hattet gekauft	ihr werdet kaufen	ihr werdet gekauft haben
Sie/sie hatten gekauft	Sie/sie werden kaufen	Sie/sie werden gekauft haben

CONDITIONAL · SUBJUNCTIVE

Present	**Present**	**Imperfect**
ich würde kaufen	ich kaufe	ich kaufte
du würdest kaufen	wir kaufen	wir kauften
er/sie/es würde kaufen		
wir würden kaufen	**Perfect**	**Pluperfect**
ihr würdet kaufen	ich habe gekauft	ich hätte gekauft
Sie/sie würden kaufen	wir haben gekauft	wir hätten gekauft

PARTICIPLES · IMPERATIVE

kaufend	kauf! kauft!
gekauft	kaufen Sie! kaufen wir!

Wo kaufen Sie Ihre Kleider? *Where do you buy your clothes?*
Dieses habe ich bei Harrods gekauft. *I bought this one at Harrods.*
Er kaufte es für teures Geld. *He paid an awful lot for it.*
Dieser Artikel wird viel gekauft. *This article sells well.*
Ich kaufe mir demnächst ein neues Auto. *I am going to buy myself a new car soon.*

Dafür kann ich mir nichts kaufen. *That is of no use to me.*
Sie kauften Stimmen für die Wahl. *They bribed the voters.*
Den Jungen werde ich mir kaufen. *I'll give that boy a piece of my mind.*

der Kauf *purchase*
der Käufer *buyer*
der Kaufmann *trader, businessman*
der Barkauf *cash purchase*

käuflich *for sale*
unverkäuflich *not for sale*
der Verkauf *sale*
der Ratenkauf *hire purchase*

kennen *to know* tr. **90**

INDICATIVE

Present	**Imperfect**	**Perfect**
ich kenne	ich kannte	ich habe gekannt
du kennst	du kanntest	du hast gekannt
er/sie/es kennt	er/sie/es kannte	er/sie/es hat gekannt
wir kennen	wir kannten	wir haben gekannt
ihr kennt	ihr kanntet	ihr habt gekannt
Sie/sie kennen	Sie/sie kannten	Sie/sie haben gekannt

Pluperfect	**Future**	**Future Perfect**
ich hatte gekannt	ich werde kennen	ich werde gekannt haben
du hattest gekannt	du wirst kennen	du wirst gekannt haben
er/sie/es hatte gekannt	er/sie/es wird kennen	er/sie/es wird gekannt haben
wir hatten gekannt	wir werden kennen	wir werden gekannt haben
ihr hattet gekannt	ihr werdet kennen	ihr werdet gekannt haben
Sie/sie hatten gekannt	Sie/sie werden kennen	Sie/sie werden gekannt haben

CONDITIONAL / SUBJUNCTIVE

Present	**Present**	**Imperfect**
ich würde kennen	ich kenne	ich kennte
du würdest kennen	wir kennen	wir kennten
er/sie/es würde kennen		
wir würden kennen	**Perfect**	**Pluperfect**
ihr würdet kennen	ich habe gekannt	ich hätte gekannt
Sie/sie würden kennen	wir haben gekannt	wir hätten gekannt

PARTICIPLES / IMPERATIVE

kennend
gekannt

kenne! kennt!
kennen Sie! kennen wir!

Wir kennen uns vom Ansehen. *We know each other by sight.*
Ich habe ihn nur flüchtig gekannt. *I only knew him slightly.*
Er kannte viele Leute. *He knew many people.*
Wir kannten ihn nur dem Namen nach. *We only knew him by name.*

Sie kannten kein Maß. *They went too far.*
Ich kenne die Geschichte in- und auswendig. *I know the story by heart.*
Er kannte die Stadt wie seine Hosentasche. *He knew the town like the back of his hand.*
Vor Wut kannte sie sich nicht mehr. *She was beside herself with rage.*

der Kenner *expert*
die Kenntnis *knowledge*
die Sprachkenntnis *knowledge of language*
erkennen *to recognise*

die Kennkarte *identity card*
das Kennwort *code word*
sich auskennen *to know one's way around*
anerkennen *to acknowledge*

91 klagen *to mourn* intr. (tr.)

INDICATIVE

Present	Imperfect	Perfect
ich klage	ich klagte	ich habe geklagt
du klagst	du klagtest	du hast geklagt
er/sie/es klagt	er/sie/es klagte	er/sie/es hat geklagt
wir klagen	wir klagten	wir haben geklagt
ihr klagt	ihr klagtet	ihr habt geklagt
Sie/sie klagen	Sie/sie klagten	Sie/sie haben geklagt

Pluperfect	Future	Future Perfect
ich hatte geklagt	ich werde klagen	ich werde geklagt haben
du hattest geklagt	du wirst klagen	du wirst geklagt haben
er/sie/es hatte geklagt	er/sie/es wird klagen	er/sie/es wird geklagt haben
wir hatten geklagt	wir werden klagen	wir werden geklagt haben
ihr hattet geklagt	ihr werdet klagen	ihr werdet geklagt haben
Sie/sie hatten geklagt	Sie/sie werden klagen	Sie/sie werden geklagt haben

CONDITIONAL · SUBJUNCTIVE

Present	Present	Imperfect
ich würde klagen	ich klage	ich klagte
du würdest klagen	wir klagen	wir klagten
er/sie/es würde klagen		
wir würden klagen	**Perfect**	**Pluperfect**
ihr würdet klagen	ich habe geklagt	ich hätte geklagt
Sie/sie würden klagen	wir haben geklagt	wir hätten geklagt

PARTICIPLES · IMPERATIVE

klagend
geklagt

klag! klagt!
klagen Sie! klagen wir!

Er klagt über Schmerzen. *He is complaining of pain.*
Wir klagen um die Toten. *We are mourning the dead.*
Sie klagte uns ihr Leid. *She told us her trouble.*
Die Frauen klagten und weinten den ganzen Tag. *The women moaned and cried all day.*

Ich klage auf Schadenersatz. *I am suing for damages.*
Er klagte gegen unsere Firma. *He sued our firm.*
Es geht mir gut, ich kann nicht klagen. *I am well, I can't complain.*
Dem Himmel sei's geklagt! *How very unfortunate!*

die Klage *complaint*　　　　　　　　　　**die Anklage** *accusation*
der Kläger *accuser, plaintiff*　　　　　　**anklagen** *to accuse*
klaglos *uncomplaining*　　　　　　　　　**kläglich** *deplorable*

klingen *to ring, sound* intr. **92**

INDICATIVE

Present	Imperfect	Perfect
ich klinge	ich klang	ich habe geklungen
du klingst	du klangst	du hast geklungen
er/sie/es klingt	er/sie/es klang	er/sie/es hat geklungen
wir klingen	wir klangen	wir haben geklungen
ihr klingt	ihr klangt	ihr habt geklungen
Sie/sie klingen	Sie/sie klangen	Sie/sie haben geklungen

Pluperfect	Future	Future Perfect
ich hatte geklungen	ich werde klingen	ich werde geklungen haben
du hattest geklungen	du wirst klingen	du wirst geklungen haben
er/sie/es hatte geklungen	er/sie/es wird klingen	er/sie/es wird geklungen haben
wir hatten geklungen	wir werden klingen	wir werden geklungen haben
ihr hattet geklungen	ihr werdet klingen	ihr werdet geklungen haben
Sie/sie hatten geklungen	Sie/sie werden klingen	Sie/sie werden geklungen haben

CONDITIONAL ## SUBJUNCTIVE

Present	Present	Imperfect
ich würde klingen	ich klinge	ich klänge
du würdest klingen	wir klingen	wir klängen
er/sie/es würde klingen		
wir würden klingen	Perfect	Pluperfect
ihr würdet klingen	ich habe geklungen	ich hätte geklungen
Sie/sie würden klingen	wir haben geklungen	wir hätten geklungen

PARTICIPLES ## IMPERATIVE

klingend
geklungen

kling! klingt!
klingen Sie! klingen wir!

Die Glocken klingen laut. *The bells are ringing loudly.*
Am Telefon hast du so traurig geklungen. *You sounded so sad on the phone.*
Seine Stimme klang verändert. *His voice sounded different.*
Wird das nicht nach Bestechung klingen? *Won't that sound like bribery?*

Diese Frage klingt seltsam. *This is a strange question.*
Laßt die Gläser klingen! *Drink! Clink glasses!*
Mir haben heute die Ohren geklungen. *Someone has been thinking about me. (Lit. My ears have been ringing all day.)*
Er bezahlte mit klingender Münze. *He paid cash.*

die Klingel *bell*
der Klingelknopf *bell push*
abklingen (Fieber, Sturm) *to decrease*
anklingen an *to sound similar to*

der Klang *sound*
mit Sang und Klang *with great pomp*
klingeln *(to ring) a bell*
verklingen *to fade away, slowly stop*

93 kochen *to cook, boil* tr. (intr.)

INDICATIVE

Present	**Imperfect**	**Perfect**
ich koche	ich kochte	ich habe gekocht
du kochst	du kochtest	du hast gekocht
er/sie/es kocht	er/sie/es kochte	er/sie/es hat gekocht
wir kochen	wir kochten	wir haben gekocht
ihr kocht	ihr kochtet	ihr habt gekocht
Sie/sie kochen	Sie/sie kochten	Sie/sie haben gekocht

Pluperfect	**Future**	**Future Perfect**
ich hatte gekocht	ich werde kochen	ich werde gekocht haben
du hattest gekocht	du wirst kochen	du wirst gekocht haben
er/sie/es hatte gekocht	er/sie/es wird kochen	er/sie/es wird gekocht haben
wir hatten gekocht	wir werden kochen	wir werden gekocht haben
ihr hattet gekocht	ihr werdet kochen	ihr werdet gekocht haben
Sie/sie hatten gekocht	Sie/sie werden kochen	Sie/sie werden gekocht haben

CONDITIONAL   SUBJUNCTIVE

Present	**Present**	**Imperfect**
ich würde kochen	ich koche	ich kochte
du würdest kochen	wir kochen	wir kochten
er/sie/es würde kochen		
wir würden kochen	**Perfect**	**Pluperfect**
ihr würdet kochen	ich habe gekocht	ich hätte gekocht
Sie/sie würden kochen	wir haben gekocht	wir hätten gekocht

PARTICIPLES   IMPERATIVE

kochend	koch! kocht!
gekocht	kochen Sie! kochen wir!

Kochst du Kaffee? *Are you making coffee?*
Meine Mutter kocht ausgezeichnet. *My mother is a wonderful cook.*
Die Kartoffeln haben lange genug gekocht. *The potatoes have been boiling long enough.*
Er kochte uns ein gutes Essen. *He cooked us a nice meal.*

Sie kochte förmlich vor Wut. *She was absolutely furious.*
Überall wird nur mit Wasser gekocht. *People are the same everywhere.*
Er brachte das Volk zum Kochen. *He caused a riot.*

der Koch	*cook*	**das Kochbuch**	*cookery book*
der Kochtopf	*saucepan*	**der Kochlöffel**	*wooden spoon*
das Kochsalz	*common salt*	**der Kochapfel**	*cooking apple*
einkochen	*to preserve*	**abkochen**	*to blanch*

*kommen *to come, arrive* intr. **94**

INDICATIVE

Present	**Imperfect**	**Perfect**
ich komme	ich kam	ich bin gekommen
du kommst	du kamst	du bist gekommen
er/sie/es kommt	er/sie/es kam	er/sie/es ist gekommen
wir kommen	wir kamen	wir sind gekommen
ihr kommt	ihr kamt	ihr seid gekommen
Sie/sie kommen	Sie/sie kamen	Sie/sie sind gekommen

Pluperfect	**Future**	**Future Perfect**
ich war gekommen	ich werde kommen	ich werde gekommen sein
du warst gekommen	du wirst kommen	du wirst gekommen sein
er/sie/es war gekommen	er/sie/es wird kommen	er/sie/es wird gekommen sein
wir waren gekommen	wir werden kommen	wir werden gekommen sein
ihr wart gekommen	ihr werdet kommen	ihr werdet gekommen sein
Sie/sie waren gekommen	Sie/sie werden kommen	Sie/sie werden gekommen sein

CONDITIONAL

SUBJUNCTIVE

Present	**Present**	**Imperfect**
ich würde kommen	ich komme	ich käme
du würdest kommen	wir kommen	wir kämen
er/sie/es würde kommen		
wir würden kommen	**Perfect**	**Pluperfect**
ihr würdet kommen	ich sei gekommen	ich wäre gekommen
Sie/sie würden kommen	wir seien gekommen	wir wären gekommen

PARTICIPLES

IMPERATIVE

kommend
gekommen

komm! kommt!
kommen Sie? kommen wir!

Woher kommen Sie? *Where do you come from?*
Sind die Gäste schon alle gekommen? *Have all the guests arrived yet?*
Er kommt nie pünktlich. *He never comes on time.*
Meine Freunde kamen ganz unerwartet. *My friends came quite unexpectedly.*

Es kam anders, als wir dachten. *It didn't turn out as expected.*
So können Sie mir nicht kommen! *You must not do that to me!*
Er kommt nie zu kurz. *He never loses out.*
Das wird uns teuer zu stehen kommen. *We'll have to pay a high price for that.*
Ich lasse nichts auf ihn kommen. *I won't have him criticised.*
Wie kamen Sie auf diese Idee? *What made you think of that?*

das Abkommen *treaty, pact*	**das Einkommen** *income*
das Übereinkommen *agreement*	**vorankommen** *to make progress*

95 **können** *to be able to, know* intr. (tr.)

INDICATIVE

Present	**Imperfect**	**Perfect**
ich kann	ich konnte	ich habe gekonnt
du kannst	du konntest	du hast gekonnt
er/sie/es kann	er/sie/es konnte	er/sie/es hat gekonnt
wir können	wir konnten	wir haben gekonnt
ihr könnt	ihr konntet	ihr habt gekonnt
Sie/sie können	Sie/sie konnten	Sie/sie haben gekonnt

Pluperfect	**Future**	**Future Perfect**
ich hatte gekonnt	ich werde können	ich werde gekonnt haben
du hattest gekonnt	du wirst können	du wirst gekonnt haben
er/sie/es hatte gekonnt	er/sie/es wird können	er/sie/es wird gekonnt haben
wir hatten gekonnt	wir werden können	wir werden gekonnt haben
ihr hattet gekonnt	ihr werdet können	ihr werdet gekonnt haben
Sie/sie hatten gekonnt	Sie/sie werden können	Sie/sie werden gekonnt haben

CONDITIONAL   SUBJUNCTIVE

Present	**Present**	**Imperfect**
ich würde können	ich könne	ich könnte
du würdest können	wir können	wir könnten
er/sie/es würde können		
wir würden können	**Perfect**	**Pluperfect**
ihr würdet können	ich habe gekonnt	ich hätte gekonnt
Sie/sie würden können	wir haben gekonnt	wir hätten gekonnt

PARTICIPLES

könnend
gekonnt

Können Sie Deutsch? *Do you speak German?*
Er lief so schnell, wie er konnte. *He ran as fast as he could.*
Ich konnte das Auto nicht fahren. *I couldn't drive that car.*
Heute hat er seine Vokabeln nicht gekonnt. *He did not know his vocabulary today.*

Sie kann nicht aus ihrer Haut. *She can't change her ways.*
Ihm konnte ich nicht das Wasser reichen. *I could not compete with him.*
Ich könnte mich irren. *I might be mistaken.*
Nach einer Stunde konnten wir nicht mehr. *After one hour we were worn out.*
Ihr könnt nicht anders als lachen. *You can't help laughing.*
Er tut, als könnte er nicht bis drei zählen. *He pretends to be stupid.*

das Können *ability, knowledge*   **der Könner** *expert*

lachen *to laugh* intr.

INDICATIVE

Present	**Imperfect**	**Perfect**
ich lache	ich lachte	ich habe gelacht
du lachst	du lachtest	du hast gelacht
er/sie/es lacht	er/sie/es lachte	er/sie/es hat gelacht
wir lachen	wir lachten	wir haben gelacht
ihr lacht	ihr lachtet	ihr habt gelacht
Sie/sie lachen	Sie/sie lachten	Sie/sie haben gelacht

Pluperfect	**Future**	**Future Perfect**
ich hatte gelacht	ich werde lachen	ich werde gelacht haben
du hattest gelacht	du wirst lachen	du wirst gelacht haben
er/sie/es hatte gelacht	er/sie/es wird lachen	er/sie/es wird gelacht haben
wir hatten gelacht	wir werden lachen	wir werden gelacht haben
ihr hattet gelacht	ihr werdet lachen	ihr werdet gelacht haben
Sie/sie hatten gelacht	Sie/sie werden lachen	Sie/sie werden gelacht haben

CONDITIONAL   SUBJUNCTIVE

Present	**Present**	**Imperfect**
ich würde lachen	ich lache	ich lachte
du würdest lachen	wir lachen	wir lachten
er/sie/es würde lachen		
wir würden lachen	**Perfect**	**Pluperfect**
ihr würdet lachen	ich habe gelacht	ich hätte gelacht
Sie/sie würden lachen	wir haben gelacht	wir hätten gelacht

PARTICIPLES   IMPERATIVE

lachend	lach! lacht!
gelacht	lachen Sie! lachen wir!

Sie lacht immer ganz herzlich. *She has a hearty laugh.*
Den ganzen Abend lachten wir über seine Witze. *We were laughing at his jokes the whole evening.*
Über sein Mißgeschick wurde viel gelacht. *People laughed about his bad luck.*
Man würde ihn auslachen. *He would be laughed at.*

Wer zuletzt lacht, lacht am besten. *He who laughs last laughs loudest.*
In der Firma hat er nichts zu lachen. *He is having a hard time in that company.*
Das ist nicht zum Lachen! *That is no joke!*
Wir lachten uns krumm und schief. *We fell about laughing.*

lachhaft *laughable*　　　　　　　　**das Lachen** *laughter*
lächerlich *ridiculous*　　　　　　**das Lächeln** *smile*
die Lächerlichkeit *triviality*　　　**auslachen** *to laugh at, ridicule*
verlachen *to deride*

97 *lassen* *to stop, leave* tr. (refl., intr.)

INDICATIVE

Present	**Imperfect**	**Perfect**
ich lasse	ich ließ	ich habe gelassen
du läßt	du ließest	du hast gelassen
er/sie/es läßt	er/sie/es ließ	er/sie/es hat gelassen
wir lassen	wir ließen	wir haben gelassen
ihr laßt	ihr ließt	ihr habt gelassen
Sie/sie lassen	Sie/sie ließen	Sie/sie haben gelassen

Pluperfect	**Future**	**Future Perfect**
ich hatte gelassen	ich werde lassen	ich werde gelassen haben
du hattest gelassen	du wirst lassen	du wirst gelassen haben
er/sie/es hatte gelassen	er/sie/es wird lassen	er/sie/es wird gelassen haben
wir hatten gelassen	wir werden lassen	wir werden gelassen haben
ihr hattet gelassen	ihr werdet lassen	ihr werdet gelassen haben
Sie/sie hatten gelassen	Sie/sie werden lassen	Sie/sie werden gelassen haben

CONDITIONAL SUBJUNCTIVE

Present	**Present**	**Imperfect**
ich würde lassen	ich lasse	ich ließe
du würdest lassen	wir lassen	wir ließen
er/sie/es würde lassen		
wir würden lassen	**Perfect**	**Pluperfect**
ihr würdet lassen	ich habe gelassen	ich hätte gelassen
Sie/sie würden lassen	wir haben gelassen	wir hätten gelassen

PARTICIPLES IMPERATIVE

lassend laß! laßt!
gelassen lassen Sie! lassen wir!

Laß das, bitte! *Stop that!*
Er kann das Trinken nicht lassen. *He can't stop drinking.*
Sie ließ ihre Tasche im Bus. *She left her bag on the bus.*
Sie ließen sich nicht von uns helfen. *They did not let us help them.*

Ich ließ ihn den ganzen Tag schlafen. *I let him sleep all day.*
Er läßt sein Auto hier waschen. *He has his car washed here.*
Sie lassen uns die Ware billiger. *They are selling us the goods more cheaply.*
Er ist ein Könner, das muß man ihm lassen. *He is an expert, you have to give him that.*
Sie ließen sich viel Zeit. *They took their time.*
Das lasse ich mir nicht gefallen! *I won't put up with that!*
Laß mich in Ruhe! *Leave me alone!*

der Anlasser *starter motor*
sich niederlassen *to settle*

entlassen *to make redundant, dismiss*
sich verlassen auf *to rely on*

*laufen *to run, go* intr. (tr.)

INDICATIVE

Present	Imperfect	Perfect
ich laufe	ich lief	ich bin gelaufen
du läufst	du liefst	du bist gelaufen
er/sie/es läuft	er/sie/es lief	er/sie/es ist gelaufen
wir laufen	wir liefen	wir sind gelaufen
ihr lauft	ihr lieft	ihr seid gelaufen
Sie/sie laufen	Sie/sie liefen	Sie/sie sind gelaufen

Pluperfect	Future	Future Perfect
ich war gelaufen	ich werde laufen	ich werde gelaufen sein
du warst gelaufen	du wirst laufen	du wirst gelaufen sein
er/sie/es war gelaufen	er/sie/es wird laufen	er/sie/es wird gelaufen sein
wir waren gelaufen	wir werden laufen	wir werden gelaufen sein
ihr wart gelaufen	ihr werdet laufen	ihr werdet gelaufen sein
Sie/sie waren gelaufen	Sie/sie werden laufen	Sie/sie werden gelaufen sein

CONDITIONAL   SUBJUNCTIVE

Present	Present	Imperfect
ich würde laufen	ich laufe	ich liefe
du würdest laufen	wir laufen	wir liefen
er/sie/es würde laufen		
wir würden laufen	Perfect	Pluperfect
ihr würdet laufen	ich sei gelaufen	ich wäre gelaufen
Sie/sie würden laufen	wir seien gelaufen	wir wären gelaufen

PARTICIPLES   IMPERATIVE

laufend
gelaufen

lauf! lauft!
laufen Sie! laufen wir!

Er läuft wie der Wind. *He runs like the wind.*
Wir sind heute weit gelaufen. *We have walked a long way today.*
Das Wasser lief durch das Dach. *The water ran through the roof.*
Das Vertrag läuft nur bis nächstes Jahr. *The contract runs out next year.*

In der Stadt lief ich ihm in die Arme. *I ran into him in town.*
Es läuft mir kalt über den Rücken. *It makes my flesh creep.*
Wir laufen Gefahr, Verlust zu machen. *We are in danger of making a loss.*
Ihm ist eine Laus über die Leber gelaufen. *Something is biting him.*
Die Maschinen liefen wie am Schnürchen. *The machines were running well.*

der Lauf *run, race*
die Laufbahn *career*
das laufende Konto *current account*

der Läufer *runner*
der Laufpaß *marching orders*
der Ablauf der Ereignisse *cause of events*

99 leben *to live, exist* intr.

INDICATIVE

Present	Imperfect	Perfect
ich lebe	ich lebte	ich habe gelebt
du lebst	du lebtest	du hast gelebt
er/sie/es lebt	er/sie/es lebte	er/sie/es hat gelebt
wir leben	wir lebten	wir haben gelebt
ihr lebt	ihr lebtet	ihr habt gelebt
Sie/sie leben	Sie/sie lebten	Sie/sie haben gelebt

Pluperfect	Future	Future Perfect
ich hatte gelebt	ich werde leben	ich werde gelebt haben
du hattest gelebt	du wirst leben	du wirst gelebt haben
er/sie/es hatte gelebt	er/sie/es wird leben	er/sie/es wird gelebt haben
wir hatten gelebt	wir werden leben	wir werden gelebt haben
ihr hattet gelebt	ihr werdet leben	ihr werdet gelebt haben
Sie/sie hatten gelebt	Sie/sie werden leben	Sie/sie werden gelebt haben

CONDITIONAL / SUBJUNCTIVE

Present	Present	Imperfect
ich würde leben	ich lebe	ich lebte
du würdest leben	wir leben	wir lebten
er/sie/es würde leben		
wir würden leben	**Perfect**	**Pluperfect**
ihr würdet leben	ich habe gelebt	ich hätte gelebt
Sie/sie würden leben	wir haben gelebt	wir hätten gelebt

PARTICIPLES / IMPERATIVE

PARTICIPLES	IMPERATIVE
lebend	lebe! lebt!
gelebt	leben Sie! leben wir!

Leben Sie wohl! *Farewell!*
Er lebt schon lange im Ausland. *He has been living abroad for a long time.*
Sie hat nicht lange gelebt. *She did not live long.*
Sie lebten glücklich und zufrieden. *They lived happily ever after.*

Er weiß zu leben. *He is a man of the world.*
Ich konnte nicht leben und nicht sterben. *I was at death's door.*
Sie lebt nur von ihren Zinsen. *She lives on the interest from her investments.*
Er lebte auf großem Fuß. *He lived extravagantly.*
Sie hat nur für ihre Arbeit gelebt. *She lived for her work.*

das Leben *life*	**lebensfähig** *viable*
die Lebensgefahr *danger to life*	**der Lebenslauf** *curriculum vitae*
das Lebensmittel *food(stuff)*	**lebenslänglich** *for life*

legen *to lay, put* tr. (refl.)   **100**

INDICATIVE

Present	**Imperfect**	**Perfect**
ich lege	ich legte	ich habe gelegt
du legst	du legtest	du hast gelegt
er/sie/es legt	er/sie/es legte	er/sie/es hat gelegt
wir legen	wir legten	wir haben gelegt
ihr legt	ihr legtet	ihr habt gelegt
Sie/sie legen	Sie/sie legten	Sie/sie haben gelegt

Pluperfect	**Future**	**Future Perfect**
ich hatte gelegt	ich werde legen	ich werde gelegt haben
du hattest gelegt	du wirst legen	du wirst gelegt haben
er/sie/es hatte gelegt	er/sie/es wird legen	er/sie/es wird gelegt haben
wir hatten gelegt	wir werden legen	wir werden gelegt haben
ihr hattet gelegt	ihr werdet legen	ihr werdet gelegt haben
Sie/sie hatten gelegt	Sie/sie werden legen	Sie/sie werden gelegt haben

CONDITIONAL   SUBJUNCTIVE

Present	**Present**	**Imperfect**
ich würde legen	ich lege	ich legte
du würdest legen	wir legen	wir legten
er/sie/es würde legen		
wir würden legen	**Perfect**	**Pluperfect**
ihr würdet legen	ich habe gelegt	ich hätte gelegt
Sie/sie würden legen	wir haben gelegt	wir hätten gelegt

PARTICIPLES   IMPERATIVE

legend	leg! legt!
gelegt	legen Sie! legen wir!

Legen Sie bitte die Post auf den Tisch. *Please put the post on the table.*
Wohin hat er den Brief gelegt? *Where has he put the letter?*
Überall wurden Mienen gelegt. *Mines were being laid everywhere.*
Das Kind würde früh ins Bett gelegt werden. *The child would be put to bed early.*

Er legte sich auf die faule Haut. *He was being very lazy.*
Ihm wird diese Tat zur Last gelegt. *He is being blamed for this crime.*
Ich habe meinen Plan auf Eis gelegt. *I have shelved my plan.*
Sie legten Hand an sich. *They committed suicide.*
Darauf lege ich großen Wert. *I set great store by that.*

Geld anlegen *to invest*	**Geld auslegen** *pay for someone*
überlegen *to think, consider*	**Literatur auslegen** *to interpret* (literature)
die Lage *position, situation*	**die Anlage** *talent, park, plan, investment*

101 leiden *to suffer, endure* tr. (intr.)

INDICATIVE

Present	Imperfect	Perfect
ich leide	ich litt	ich habe gelitten
du leidest	du littest	du hast gelitten
er/sie/es leidet	er/sie/es litt	er/sie/es hat gelitten
wir leiden	wir litten	wir haben gelitten
ihr leidet	ihr littet	ihr habt gelitten
Sie/sie leiden	Sie/sie litten	Sie/sie haben gelitten

Pluperfect	Future	Future Perfect
ich hatte gelitten	ich werde leiden	ich werde gelitten haben
du hattest gelitten	du wirst leiden	du wirst gelitten haben
er/sie/es hatte gelitten	er/sie/es wird leiden	er/sie/es wird gelitten haben
wir hatten gelitten	wir werden leiden	wir werden gelitten haben
ihr hattet gelitten	ihr werdet leiden	ihr werdet gelitten haben
Sie/sie hatten gelitten	Sie/sie werden leiden	Sie/sie werden gelitten haben

CONDITIONAL · SUBJUNCTIVE

Present	Present	Imperfect
ich würde leiden	ich leide	ich litte
du würdest leiden	wir leiden	wir litten
er/sie/es würde leiden		
wir würden leiden	Perfect	Pluperfect
ihr würdet leiden	ich habe gelitten	ich hätte gelitten
Sie/sie würden leiden	wir haben gelitten	wir hätten gelitten

PARTICIPLES · IMPERATIVE

PARTICIPLES	IMPERATIVE
leidend	leide! leidet!
gelitten	leiden Sie! leiden wir!

Er leidet große Schmerzen. *He is suffering from great pain.*
Im Krieg haben viele Leute Hunger gelitten. *During the war many people suffered from hunger.*
An welcher Krankheit litt er? *Which illness did he suffer from?*
Wir würden dort unter der Hitze leiden. *We would suffer from the heat there.*

Ich kann diesen Mann nicht leiden. *I can't stand this man.*
Sie ist bei uns wohl gelitten. *She is very popular with us.*
Sein Ansehen hat erheblich gelitten. *His reputation has suffered considerably.*
Dort litt es mich nicht länger. *I could not bear to stay there any longer.*

das Leiden *suffering, illness*
das Herzleiden *heart condition*
die Leideform *passive voice*
verleiden *to spoil*

das Leid *pain, grief*
es tut mir leid *I'm sorry*
die Leidenschaft *passion*
leidig *tiresome*

leihen *to lend, borrow* tr. (refl.) **102**

INDICATIVE

Present	**Imperfect**	**Perfect**
ich leihe	ich lieh	ich habe geliehen
du leihst	du liehst	du hast geliehen
er/sie/es leiht	er/sie/es lieh	er/sie/es hat geliehen
wir leihen	wir liehen	wir haben geliehen
ihr leiht	ihr lieht	ihr habt geliehen
Sie/sie leihen	Sie/sie liehen	Sie/sie haben geliehen

Pluperfect	**Future**	**Future Perfect**
ich hatte geliehen	ich werde leihen	ich werde geliehen haben
du hattest geliehen	du wirst leihen	du wirst geliehen haben
er/sie/es hatte geliehen	er/sie/es wird leihen	er/sie/es wird geliehen haben
wir hatten geliehen	wir werden leihen	wir werden geliehen haben
ihr hattet geliehen	ihr werdet leihen	ihr werdet geliehen haben
Sie/sie hatten geliehen	Sie/sie werden leihen	Sie/sie werden geliehen haben

CONDITIONAL   SUBJUNCTIVE

Present	**Present**	**Imperfect**
ich würde leihen	ich leihe	ich liehe
du würdest leihen	wir leihen	wir liehen
er/sie/es würde leihen		
wir würden leihen	**Perfect**	**Pluperfect**
ihr würdet leihen	ich habe geliehen	ich hätte geliehen
Sie/sie würden leihen	wir haben geliehen	wir hätten geliehen

PARTICIPLES   IMPERATIVE

leihend   leih! leiht!
geliehen   leihen Sie! leihen wir!

Leihen Sie mir bitte einen Bleistift? *Would you lend me a pencil, please?*
Gestern habe ich ein Auto geliehen. *Yesterday I hired a car.*
Er lieh sich oft Geld von mir. *He often borrowed money from me.*
Dann wurde ihm nichts mehr geliehen. *No one lent him anything any more.*

Ich leihe dir mein Ohr. *I am listening to you carefully.*
Euch wird keine Aufmerksamkeit geliehen. *No one is paying attention to you.*
Alle liehen ihm ihren Beistand. *Everybody helped him.*
Ich hatte ihr mein Vertrauen geliehen. *I had trusted her.*

die Anleihe *loan*
die Leihzinsen *interest (on borrowed money)*
der Leihkauf *hire purchase*
der Autoverleih *car hire*

die Pfandleihe *pawn broker's (shop)*
die Leihbücherei *lending library*
verleihen *to rent out*
einen Preis verleihen *to give a prize*

103 lernen *to learn, study* tr. (intr.)

INDICATIVE

Present	Imperfect	Perfect
ich lerne	ich lernte	ich habe gelernt
du lernst	du lerntest	du hast gelernt
er/sie/es lernt	er/sie/es lernte	er/sie/es hat gelernt
wir lernen	wir lernten	wir haben gelernt
ihr lernt	ihr lerntet	ihr habt gelernt
Sie/sie lernen	Sie/sie lernten	Sie/sie haben gelernt

Pluperfect	Future	Future Perfect
ich hatte gelernt	ich werde lernen	ich werde gelernt haben
du hattest gelernt	du wirst lernen	du wirst gelernt haben
er/sie/es hatte gelernt	er/sie/es wird lernen	er/sie/es wird gelernt haben
wir hatten gelernt	wir werden lernen	wir werden gelernt haben
ihr hattet gelernt	ihr werdet lernen	ihr werdet gelernt haben
Sie/sie hatten gelernt	Sie/sie werden lernen	Sie/sie werden gelernt haben

CONDITIONAL   SUBJUNCTIVE

Present	Present	Imperfect
ich würde lernen	ich lerne	ich lernte
du würdest lernen	wir lernen	wir lernten
er/sie/es würde lernen		
wir würden lernen	**Perfect**	**Pluperfect**
ihr würdet lernen	ich habe gelernt	ich hätte gelernt
Sie/sie würden lernen	wir haben gelernt	wir hätten gelernt

PARTICIPLES   IMPERATIVE

lernend   lern! lernt!
gelernt   lernen Sie! lernen wir!

Er lernt schnell. *He is learning fast.*
Gestern haben wir ein Gedicht gelernt. *Yesterday we learnt a poem.*
Nie lernte er, selbstständig zu sein. *He never learnt to be independent.*
Diese Sprache lernt sich leicht. *This language is easy to learn.*

Reden will gelernt sein. *Making speeches only comes with practice.*
Er hat Kaufmann gelernt. *He trained to be a businessman.*
Wir haben segeln gelernt. *We have learnt to sail.*
Gelernt ist gelernt. *A skill does not come easy.*

das Lernen *process of learning*
der Lerneifer *eagerness to learn*
kennenlernen *to get to know*
umlernen *to retrain*

lernfähig *capable of learning*
jemanden anlernen *to train someone*
verlernen *to forget (something once learnt)*

lesen *to read* tr. (intr.) **104**

INDICATIVE

Present	**Imperfect**	**Perfect**
ich lese	ich las	ich habe gelesen
du liest	du lasest	du hast gelesen
er/sie/es liest	er/sie/es las	er/sie/es hat gelesen
wir lesen	wir lasen	wir haben gelesen
ihr lest	ihr last	ihr habt gelesen
Sie/sie lesen	Sie/sie lasen	Sie/sie haben gelesen

Pluperfect	**Future**	**Future Perfect**
ich hatte gelesen	ich werde lesen	ich werde gelesen haben
du hattest gelesen	du wirst lesen	du wirst gelesen haben
er/sie/es hatte gelesen	er/sie/es wird lesen	er/sie/es wird gelesen haben
wir hatten gelesen	wir werden lesen	wir werden gelesen haben
ihr hattet gelesen	ihr werdet lesen	ihr werdet gelesen haben
Sie/sie hatten gelesen	Sie/sie werden lesen	Sie/sie werden gelesen haben

CONDITIONAL SUBJUNCTIVE

Present	**Present**	**Imperfect**
ich würde lesen	ich lese	ich läse
du würdest lesen	wir lesen	wir läsen
er/sie/es würde lesen		
wir würden lesen	**Perfect**	**Pluperfect**
ihr würdet lesen	ich habe gelesen	ich hätte gelesen
Sie/sie würden lesen	wir haben gelesen	wir hätten gelesen

PARTICIPLES IMPERATIVE

lesend	lies! lest!
gelesen	lesen Sie! lesen wir!

Lies laut! *Read aloud!*
Er liest den ganzen Tag. *He reads all day.*
Hast du schon die Zeitung gelesen? *Have you already read the paper?*
Damals lasen die Leute viel mehr. *In those days people read more.*
Bis nächste Woche werde ich das Buch gelesen haben. *By next week I shall have read the book.*
Er hatte es nicht gelesen, als er es mir gab. *He had not read it when he gave it to me.*
Sie würden niemals solche Bücher lesen. *They would never read such books.*
Wenn er es gelesen hätte, würde er es verstehen. *If he had read it, he would understand.*

der Lesesaal *reading room*   **vorlesen** *to read aloud to someone*
die Lesung *reading of a bill in Parliament*   **lesbar, leserlich** *legible*

105 liegen *to lie, be situated* intr.

INDICATIVE

Present	Imperfect	Perfect
ich liege	ich lag	ich habe gelegen
du liegst	du lagst	du hast gelegen
er/sie/es liegt	er/sie/es lag	er/sie/es hat gelegen
wir liegen	wir lagen	wir haben gelegen
ihr liegt	ihr lagt	ihr habt gelegen
Sie/sie liegen	Sie/sie lagen	Sie/sie haben gelegen

Pluperfect	Future	Future Perfect
ich hatte gelegen	ich werde liegen	ich werde gelegen haben
du hattest gelegen	du wirst liegen	du wirst gelegen haben
er/sie/es hatte gelegen	er/sie/es wird liegen	er/sie/es wird gelegen haben
wir hatten gelegen	wir werden liegen	wir werden gelegen haben
ihr hattet gelegen	ihr werdet liegen	ihr werdet gelegen haben
Sie/sie hatten gelegen	Sie/sie werden liegen	Sie/sie werden gelegen haben

CONDITIONAL / SUBJUNCTIVE

Present	Present	Imperfect
ich würde liegen	ich liege	ich läge
du würdest liegen	wir liegen	wir lägen
er/sie/es würde liegen		
wir würden liegen	**Perfect**	**Pluperfect**
ihr würdet liegen	ich habe gelegen	ich hätte gelegen
Sie/sie würden liegen	wir haben gelegen	wir hätten gelegen

PARTICIPLES / IMPERATIVE

PARTICIPLES	IMPERATIVE
liegend	lieg! liegt!
gelegen	liegen Sie! liegen wir!

Wo liegt meine Brille? *Where are my glasses?*
Sie hat auf dem Tisch gelegen. *They were lying on the table.*
Er lag eine Woche im Krankenhaus. *He was in hospital for a week.*
Wenn ich Zeit hätte, würde ich länger im Bett liegen. *If I had time I would lie in bed longer.*

Mein Wagen liegt gut auf der Straße. *My car holds the road well.*
Entscheiden sie, es liegt ganz bei Ihnen! *Make your mind up; it is entirely up to you!*
An so einer Reise liegt mir nichts. *I am not interested in a journey like that.*
Die Antwort lag auf der Hand. *The answer was obvious.*
Er hat seinem Vater lange auf der Tasche gelegen. *He depended on his father's money for a long time.*
Diese Arbeit liegt mir nicht. *This type of work is not my cup of tea.*

naheliegen *to be close*	**der Anlieger** *resident*
unterliegen *to be defeated*	**die Unterlagen** (pl.) *documents, data*

INDICATIVE

Present	Imperfect	Perfect
ich lüge	ich log	ich habe gelogen
du lügst	du logst	du hast gelogen
er/sie/es lügt	er/sie/es log	er/sie/es hat gelogen
wir lügen	wir logen	wir haben gelogen
ihr lügt	ihr logt	ihr habt gelogen
Sie/sie lügen	Sie/sie logen	Sie/sie haben gelogen

Pluperfect	Future	Future Perfect
ich hatte gelogen	ich werde lügen	ich werde gelogen haben
du hattest gelogen	du wirst lügen	du wirst gelogen haben
er/sie/es hatte gelogen	er/sie/es wird lügen	er/sie/es wird gelogen haben
wir hatten gelogen	wir werden lügen	wir werden gelogen haben
ihr hattet gelogen	ihr werdet lügen	ihr werdet gelogen haben
Sie/sie hatten gelogen	Sie/sie werden lügen	Sie/sie werden gelogen haben

CONDITIONAL

SUBJUNCTIVE

Present	Present	Imperfect
ich würde lügen	ich lüge	ich löge
du würdest lügen	wir lügen	wir lögen
er/sie/es würde lügen		
wir würden lügen	**Perfect**	**Pluperfect**
ihr würdet lügen	ich habe gelogen	ich hätte gelogen
Sie/sie würden lügen	wir haben gelogen	wir hätten gelogen

PARTICIPLES

IMPERATIVE

lügend
gelogen

lüg! lügt!
lügen Sie! lügen wir!

Du lügst!   *You're lying!*
Er hat vor Gericht gelogen.   *He lied in court.*
Warum log er?   *Why did he lie?*
Vieles in den Zeitungen ist gelogen.   *A lot of what the papers say is untrue.*

Er lügt das Blaue vom Himmel herunter.   *He is a terrible liar.*
Sie lügen wie gedruckt.   *They are obviously lying like mad.*
Das war eine fromme Lüge.   *That was a white lie.*
Lügen haben kurze Beine.   *Lying will not get you very far.*
Damit strafte ich ihn Lügen.   *That was how I proved he was lying.*

die Lüge *lie*	**der Lügner** *liar*
der Lügenbold *habitual liar*	**ein Sack voll Lügen** *a pack of lies*
lügenhaft *deceitful*	**jemanden anlügen/belügen** *to tell someone a lie*

107 **machen** *to do, make* tr. (intr., refl.)

INDICATIVE

Present	**Imperfect**	**Perfect**
ich mache	ich machte	ich habe gemacht
du machst	du machtest	du hast gemacht
er/sie/es macht	er/sie/es machte	er/sie/es hat gemacht
wir machen	wir machten	wir haben gemacht
ihr macht	ihr machtet	ihr habt gemacht
Sie/sie machen	Sie/sie machten	Sie/sie haben gemacht

Pluperfect	**Future**	**Future Perfect**
ich hatte gemacht	ich werde machen	ich werde gemacht haben
du hattest gemacht	du wirst machen	du wirst gemacht haben
er/sie/es hatte gemacht	er/sie/es wird machen	er/sie/es wird gemacht haben
wir hatten gemacht	wir werden machen	wir werden gemacht haben
ihr hattet gemacht	ihr werdet machen	ihr werdet gemacht haben
Sie/sie hatten gemacht	Sie/sie werden machen	Sie/sie werden gemacht haben

CONDITIONAL   SUBJUNCTIVE

Present	**Present**	**Imperfect**
ich würde machen	ich mache	ich machte
du würdest machen	wir machen	wir machten
er/sie/es würde machen		
wir würden machen	**Perfect**	**Pluperfect**
ihr würdet machen	ich habe gemacht	ich hätte gemacht
Sie/sie würden machen	wir haben gemacht	wir hätte gemacht

PARTICIPLES   IMPERATIVE

machend	mach! macht!
gemacht	machen Sie! machen wir!

Was macht das?   *How much does that come to?*
Was haben Sie gestern gemacht?   *What did you do yesterday?*
Die Mutter machte das Essen.   *The mother was making lunch.*
Dieser Film ist gut gemacht.   *This film is well made.*

Das macht nichts.   *Never mind.*
Jetzt mach endlich einen Punkt!   *That will do! Stop!*
Machen Sie sich keine Gedanken!   *Don't worry!*
Wir machten uns früh auf die Beine.   *We set off early.*
Er hat sich schnell aus dem Staube gemacht.   *He quickly disappeared.*
Sie machten alles zu Geld.   *They sold everything.*
Dieser Schüler macht sich langsam.   *This pupil is slowly getting better.*
Bis morgen läßt sich die Arbeit nicht machen.   *The work can't be done by tomorrow.*

meinen *to believe, think* intr. (tr.) **108**

INDICATIVE

Present	**Imperfect**	**Perfect**
ich meine	ich meinte	ich habe gemeint
du meinst	du meintest	du hast gemeint
er/sie/es meint	er/sie/es meinte	er/sie/es hat gemeint
wir meinen	wir meinten	wir haben gemeint
ihr meint	ihr meintet	ihr habt gemeint
Sie/sie meinen	Sie/sie meinten	Sie/sie haben gemeint

Pluperfect	**Future**	**Future Perfect**
ich hatte gemeint	ich werde meinen	ich werde gemeint haben
du hattest gemeint	du wirst meinen	du wirst gemeint haben
er/sie/es hatte gemeint	er/sie/es wird meinen	er/sie/es wird gemeint haben
wir hatten gemeint	wir werden meinen	wir werden gemeint haben
ihr hattet gemeint	ihr werdet meinen	ihr werdet gemeint haben
Sie/sie hatten gemeint	Sie/sie werden meinen	Sie/sie werden gemeint haben

CONDITIONAL   SUBJUNCTIVE

Present	**Present**	**Imperfect**
ich würde meinen	ich meine	ich meinte
du würdest meinen	wir meinen	wir meinten
er/sie/es würde meinen		
wir würden meinen	**Perfect**	**Pluperfect**
ihr würdet meinen	ich habe gemeint	ich hätte gemeint
Sie/sie würden meinen	wir haben gemeint	wir hätten gemeint

PARTICIPLES   IMPERATIVE

meinend
gemeint

meine! meint!
meinen Sie! meinen wir!

Was meinen Sie dazu? *What do you think about that?*
Er hat es nicht so gemeint. *He did not mean it that way.*
Sie meinten es wirklich gut. *They meant well really.*
Mit dieser Bemerkung waren wir gemeint. *That remark was meant for us.*

Das will ich meinen! *I should think so!*
Er meinte sich im Recht. *He thought he was right.*
Heute meint die Sonne es gut mit uns. *Today the sun is spoiling us.*
Seine Worte waren ehrlich gemeint. *He really meant what he said.*

die Meinung *opinion*
jemandem die Meinung sagen *to give someone a piece of your mind*
einer Meinung sein *to agree*
der Meinungsaustausch *exchange of ideas*

die Meinungsäußerung *expression of opinion*
die öffentliche Meinung *public opinion*
die Meinungsverschiedenheit *difference of opinion*

109 melden *to inform, report* tr. (refl.)

INDICATIVE

Present	Imperfect	Perfect
ich melde	ich meldete	ich habe gemeldet
du meldest	du meldetest	du hast gemeldet
er/sie/es meldet	er/sie/es meldete	er/sie/es hat gemeldet
wir melden	wir meldeten	wir haben gemeldet
ihr meldet	ihr meldetet	ihr habt gemeldet
Sie/sie melden	Sie/sie meldeten	Sie/sie haben gemeldet

Pluperfect	Future	Future Perfect
ich hatte gemeldet	ich werde melden	ich werde gemeldet haben
du hattest gemeldet	du wirst melden	du wirst gemeldet haben
er/sie/es hatte gemeldet	er/sie/es wird melden	er/sie/es wird gemeldet haben
wir hatten gemeldet	wir werden melden	wir werden gemeldet haben
ihr hattet gemeldet	ihr werdet melden	ihr werdet gemeldet haben
Sie/sie hatten gemeldet	Sie/sie werden melden	Sie/sie werden gemeldet haben

CONDITIONAL   SUBJUNCTIVE

Present	Present	Imperfect
ich würde melden	ich melde	ich meldete
du würdest melden	wir melden	wir meldeten
er/sie/es würde melden		
wir würden melden	Perfect	Pluperfect
ihr würdet melden	ich habe gemeldet	ich hätte gemeldet
Sie/sie würden melden	wir haben gemeldet	wir hätten gemeldet

PARTICIPLES   IMPERATIVE

meldend	melde! meldet!
gemeldet	melden Sie! melden wir!

Ich möchte einen Diebstahl melden. *I would like to report a theft.*
Es werden Kämpfe in Bosnien gemeldet. *There are reports of fighting in Bosnia.*
Er hat sich noch nicht gemeldet. *He has not yet come forward.*
Sie wurden als vermißt gemeldet. *They were reported missing.*

Am Telefon hat sich niemand gemeldet. *Nobody answered the phone.*
Er wurde der Polizei gemeldet. *He was reported to the police.*
Ich melde mich bald zur Prüfung. *I'll enter for the exam soon.*
Der Hunger meldete sich bei uns. *We were getting hungry.*
Er hat nichts zu melden. *He has no say.*

die Meldung *announcement*
die Anmeldung *reception*
die Unfallmeldung *accident report*

der Meldeschluß *closing date*
die Meldepficht *obligation to notify the authorities*
die Abmeldung *notice of withdrawal*

merken *to notice, remember* intr. **110**

INDICATIVE

Present	**Imperfect**	**Perfect**
ich merke	ich merkte	ich habe gemerkt
du merkst	du merktest	du hast gemerkt
er/sie/es merkt	er/sie/es merkte	er/sie/es hat gemerkt
wir merken	wir merkten	wir haben gemerkt
ihr merkt	ihr merktet	ihr habt gemerkt
Sie/sie merken	Sie/sie merkten	Sie/sie haben gemerkt

Pluperfect	**Future**	**Future Perfect**
ich hatte gemerkt	ich werde merken	ich werde gemerkt haben
du hattest gemerkt	du wirst merken	du wirst gemerkt haben
er/sie/es hatte gemerkt	er/sie/es wird merken	er/sie/es wird gemerkt haben
wir hatten gemerkt	wir werden merken	wir werden gemerkt haben
ihr hattet gemerkt	ihr werdet merken	ihr werdet gemerkt haben
Sie/sie hatten gemerkt	Sie/sie werden merken	Sie/sie werden gemerkt haben

CONDITIONAL · SUBJUNCTIVE

Present	**Present**	**Imperfect**
ich würde merken	ich merke	ich merkte
du würdest merken	wir merken	wir merkten
er/sie/es würde merken		
wir würden merken	**Perfect**	**Pluperfect**
ihr würdet merken	ich habe gemerkt	ich hätte gemerkt
Sie/sie würden merken	wir haben gemerkt	wir hätten gemerkt

PARTICIPLES · IMPERATIVE

merkend	merke! merkt!
gemerkt	merken Sie! merken wir!

Er merkt alles. *He notices everything.*
Ich habe nichts davon gemerkt. *I did not notice anything.*
Er merkte nicht, daß er zu schnell fuhr. *He was not aware that he was driving too fast.*
Sie ließ ihn ihre Freude merken. *She let him see her joy.*

Ich kann mir keine Namen merken. *I can't remember names.*
Meine Telefonnummer ist leicht zu merken. *My telephone number is easy to remember.*
Das werde ich mir merken! *I shan't forget!*
Man merkte ihm seine Stimmung an. *It was easy to tell his mood.*

das Merkblatt *pamphlet*		**merkbar** *evident*	
das Merkmal *feature*		**bemerkenswert** *remarkable*	
die Merkwürdigkeit *curiosity*		**merklich** *noticeable*	
merkwürdig *peculiar*		**die Anmerkung** *annotation*	

111 messen *to measure* tr. (intr., refl.)

INDICATIVE

Present	**Imperfect**	**Perfect**
ich messe	ich maß	ich habe gemessen
du mißt	du maßt	du hast gemessen
er/sie/es mißt	er/sie/es maß	er/sie/es hat gemessen
wir messen	wir maßen	wir haben gemessen
ihr meßt	ihr maßt	ihr habt gemessen
Sie/sie messen	Sie/sie maßen	Sie/sie haben gemessen

Pluperfect	**Future**	**Future Perfect**
ich hatte gemessen	ich werde messen	ich werde gemessen haben
du hattest gemessen	du wirst messen	du wirst gemessen haben
er/sie/es hatte gemessen	er/sie/es wird messen	er/sie/es wird gemessen haben
wir hatten gemessen	wir werden messen	wir werden gemessen haben
ihr hattet gemessen	ihr werdet messen	ihr werdet gemessen haben
Sie/sie hatten gemessen	Sie/sie werden messen	Sie/sie werden gemessen haben

CONDITIONAL SUBJUNCTIVE

Present	**Present**	**Imperfect**
ich würde messen	ich messe	ich mäße
du würdest messen	wir messen	wir mäßen
er/sie/es würde messen		
wir würden messen	**Perfect**	**Pluperfect**
ihr würdet messen	ich habe gemessen	ich hätte gemessen
Sie/sie würden messen	wir haben gemessen	wir hätten gemessen

PARTICIPLES IMPERATIVE

messend	miß! meßt!
gemessen	messen Sie! messen wir!

Miß bitte die Temperatur! *Take the temperature, please!*
Die Polizei mißt die Geschwindigkeit *The police are measuring the speed.*
Wir haben die Fenster genau gemessen. *We have taken exact measurements of the windows.*
Die Wassertiefe wurde mit einem Lot gemessen. *The depth was measured with a plumb line.*

Er maß mich von Kopf bis Fuß. *He was summing me up.*
Ich kann mich nicht mit ihm messen. *I am no match for him.*
Er mißt 1,90m. *He is 1.90m tall.*
Sie maßen mit zweierlei Maß. *They applied different standards.*

das Maß *measure*	meßbar *measurable*
das Meßgerät *gauge*	unermeßlich *vast, immeasurable*
das Maßband *tape measure*	das Ausmaß *extent*
die Abmessung *dimension*	die Bemessung *calculation*

mieten *to hire, lease* tr. **112**

INDICATIVE

Present	**Imperfect**	**Perfect**
ich miete	ich mietete	ich habe gemietet
du mietest	du mietetest	du hast gemietet
er/sie/es mietet	er/sie/es mietete	er/sie/es hat gemietet
wir mieten	wir mieteten	wir haben gemietet
ihr mietet	ihr mietetet	ihr habt gemietet
Sie/sie mieten	Sie/sie mieteten	Sie/sie haben gemietet

Pluperfect	**Future**	**Future Perfect**
ich hatte gemietet	ich werde mieten	ich werde gemietet haben
du hattest gemietet	du wirst mieten	du wirst gemietet haben
er/sie/es hatte gemietet	er/sie/es wird mieten	er/sie/es wird gemietet haben
wir hatten gemietet	wir werden mieten	wir werden gemietet haben
ihr hattet gemietet	ihr werdet mieten	ihr werdet gemietet haben
Sie/sie hatten gemietet	Sie/sie werden mieten	Sie/sie werden gemietet haben

CONDITIONAL · SUBJUNCTIVE

Present	**Present**	**Imperfect**
ich würde mieten	ich miete	ich mietete
du würdest mieten	wir mieten	wir mieteten
er/sie/es würde mieten		
wir würden mieten	**Perfect**	**Pluperfect**
ihr würdet mieten	ich habe gemietet	ich hätte gemietet
Sie/sie würden mieten	wir haben gemietet	wir hätten gemietet

PARTICIPLES · IMPERATIVE

mietend · miete! mietet!
gemietet · mieten Sie! mieten wir!

Diese Wohnung miete ich. *I'll rent this flat.*
Das ist nicht mein Auto; ich habe es gemietet. *This is not my car; I have rented it.*
Für ein Jahr mietete er unser Haus. *He rented our house for a year.*
Ein Detektiv wurde gemietet. *A detective was hired.*
Wenn er mehr Geld gehabt hätte, hätte er ein größeres Haus gemietet. *If he had had more money, he would have rented a bigger house.*
Nachdem er es gemietet hatte, renovierte er es. *After he had rented it, he renovated it.*

die Miete *rent* · **der Mieter** *tenant*
der Mietpreis *rental charge* · **der Mietherr, Vermieter** *landlord*
der Mietvertrag *lease, contract* · **das Mietshaus** *block of flats*
vermieten *to rent out* · **der Mietkauf** *leasing*
die Autovermietung *car rental* · **das Mietauto** *taxi*

113 mögen *to want, like* tr. (intr.)

INDICATIVE

Present	Imperfect	Perfect
ich mag	ich mochte	ich habe gemocht
du magst	du mochtest	du hast gemocht
er/sie/es mag	er/sie/es mochte	er/sie/es hat gemocht
wir mögen	wir mochten	wir haben gemocht
ihr mögt	ihr mochtet	ihr habt gemocht
Sie/sie mögen	Sie/sie mochten	Sie/sie haben gemocht

Pluperfect	Future	Future Perfect
ich hatte gemocht	ich werde mögen	ich werde gemocht haben
du hattest gemocht	du wirst mögen	du wirst gemocht haben
er/sie/es hatte gemocht	er/sie/es wird mögen	er/sie/es wird gemocht haben
wir hatten gemocht	wir werden mögen	wir werden gemocht haben
ihr hattet gemocht	ihr werdet mögen	ihr werdet gemocht haben
Sie/sie hatten gemocht	Sie/sie werden mögen	Sie/sie werden gemocht haben

CONDITIONAL

SUBJUNCTIVE

Present	Present	Imperfect
ich würde mögen	ich möge	ich möchte
du würdest mögen	wir mögen	wir möchten
er/sie/es würde mögen		
wir würden mögen	**Perfect**	**Pluperfect**
ihr würdet mögen	ich habe gemocht	ich hätte gemocht
Sie/sie würden mögen	wir haben gemocht	wir hätten gemocht

PARTICIPLES

mögend
gemocht

Mögen Sie keinen Wein? *Don't you like wine?*
Er mag lieber Bier. *He prefers beer.*
Das Essen mochte ich nicht. *I did not like the food.*
Was möchten Sie, bitte? *What would you like?*
Sie mochten gerne Fleisch. *They liked eating meat.*

Das mag wohl sein! *That may be so!*
Wer mag das sein? *Who might that be?*
Der Fluß mochte etwa 100m breit sein. *The river must have been about 100m wide.*
Ich möchte aus der Haut fahren. *I am about to lose my temper.*

möglich *possible*
so schnell wie möglich *as fast as possible*
möglichst bald *as soon as possible*

die Möglichkeit *possibility*
keine Möglichkeit *no chance*
etwas möglich machen *to make something possible*

müssen *to have to* intr. **114**

INDICATIVE

Present	**Imperfect**	**Perfect**
ich muß	ich mußte	ich habe gemußt
du mußt	du mußtest	du hast gemußt
er/sie/es muß	er/sie/es mußte	er/sie/es hat gemußt
wir müssen	wir mußten	wir haben gemußt
ihr müßt	ihr mußtet	ihr habt gemußt
Sie/sie müssen	Sie/sie mußten	Sie/sie haben gemußt

Pluperfect	**Future**	**Future Perfect**
ich hatte gemußt	ich werde müssen	ich werde gemußt haben
du hattest gemußt	du wirst müssen	du wirst gemußt haben
er/sie/es hatte gemußt	er/sie/es wird müssen	er/sie/es wird gemußt haben
wir hatten gemußt	wir werden müssen	wir werden gemußt haben
ihr hattet gemußt	ihr werdet müssen	ihr werdet gemußt haben
Sie/sie hatten gemußt	Sie/sie werden müssen	Sie/sie werden gemußt haben

CONDITIONAL · SUBJUNCTIVE

Present	**Present**	**Imperfect**
ich würde müssen	ich müsse	ich müßte
du würdest müssen	wir müssen	wir müßten
er/sie/es würde müssen		
wir würden müssen	**Perfect**	**Pluperfect**
ihr würdet müssen	ich habe gemußt	ich hätte gemußt
Sie/sie würden müssen	wir haben gemußt	wir hätten gemußt

PARTICIPLES

müssend
gemußt

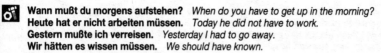

Wann mußt du morgens aufstehen? *When do you have to get up in the morning?*
Heute hat er nicht arbeiten müssen. *Today he did not have to work.*
Gestern mußte ich verreisen. *Yesterday I had to go away.*
Wir hätten es wissen müssen. *We should have known.*

Das muß man sagen! *That has to be said!*
Was sein muß, muß sein! *It simply has to be done.*
Er ist ein Schüler, wie er sein muß. *He is a model pupil.*
Sie müßten eigentlich bald kommen. *I reckon they will be here soon.*
Viel Zeit müßte man haben. *If only I had plenty of time.*
Das mußte ja so kommen! *That was predictable!*
Es ist kein Muß dabei. *There is no obligation.*
Muß ist eine harte Nuß. *Necessity is a harsh master.*

115 nehmen *to take, receive* tr.

INDICATIVE

Present	Imperfect	Perfect
ich nehme	ich nahm	ich habe genommen
du nimmst	du nahmst	du hast genommen
er/sie/es nimmt	er/sie/es nahm	er/sie/es hat genommen
wir nehmen	wir nahmen	wir haben genommen
ihr nehmt	ihr nahmt	ihr habt genommen
Sie/sie nehmen	Sie/sie nahmen	Sie/sie haben genommen

Pluperfect	Future	Future Perfect
ich hatte genommen	ich werde nehmen	ich werde genommen haben
du hattest genommen	du wirst nehmen	du wirst genommen haben
er/sie/es hatte genommen	er/sie/es wird nehmen	er/sie/es wird genommen haben
wir hatten genommen	wir werden nehmen	wir werden genommen haben
ihr hattet genommen	ihr werdet nehmen	ihr werdet genommen haben
Sie/sie hatten genommen	Sie/sie werden nehmen	Sie/sie werden genommen haben

CONDITIONAL   SUBJUNCTIVE

Present	Present	Imperfect
ich würde nehmen	ich nehme	ich nähme
du würdest nehmen	wir nehmen	wir nähmen
er/sie/es würde nehmen		
wir würden nehmen	Perfect	Pluperfect
ihr würdet nehmen	ich habe genommen	ich hätte genommen
Sie/sie würden nehmen	wir haben genommen	wir hätten genommen

PARTICIPLES   IMPERATIVE

nehmend   nimm! nehmt!
genommen   nehmen Sie! nehmen wir!

Nimm doch noch ein Stück Kuchen. *Have another piece of cake.*
Sie nimmt neben mir Platz. *She's taking the seat next to me.*
Er hat das Buch nicht vom Tisch genommen. *He has not taken the book off the table.*
Ich nahm meinen Hut und ging. *I got my hat and left.*

Sie nahmen sich einen Anwalt. *They engaged the services of a lawyer.*
Er hatte mir alle Hoffnung genommen. *He had destroyed all my hopes.*
Der Taxifahrer nahm 10 DM. *The taxi driver charged 10 Marks.*
Das nehme ich auf mich. *I accept responsibility for that.*
Nehmen Sie sich in acht! *Be careful!*
Wir nahmen die Sache in die Hand. *We organised the affair.*
Du nimmst ihn immer in Schutz. *You are protecting him too much.*
Ihr nehmt mich auf den Arm! *You are pulling my leg!*

INDICATIVE

Present	**Imperfect**	**Perfect**
ich nenne	ich nannte	ich habe genannt
du nennst	du nanntest	du hast genannt
er/sie/es nennt	er/sie/es nannte	er/sie/es hat genannt
wir nennen	wir nannten	wir haben genannt
ihr nennt	ihr nanntet	ihr habt genannt
Sie/sie nennen	Sie/sie nannten	Sie/sie haben genannt

Pluperfect	**Future**	**Future Perfect**
ich hatte genannt	ich werde nennen	ich werde genannt haben
du hattest genannt	du wirst nennen	du wirst genannt haben
er/sie/es hatte genannt	er/sie/es wird nennen	er/sie/es wird genannt haben
wir hatten genannt	wir werden nennen	wir werden genannt haben
ihr hattet genannt	ihr werdet nennen	ihr werdet genannt haben
Sie/sie hatten genannt	Sie/sie werden nennen	Sie/sie werden genannt haben

CONDITIONAL   SUBJUNCTIVE

Present	**Present**	**Imperfect**
ich würde nennen	ich nenne	ich nennte
du würdest nennen	wir nennen	wir nennten
er/sie/es würde nennen		
wir würden nennen	**Perfect**	**Pluperfect**
ihr würdet nennen	ich habe genannt	ich hätte genannt
Sie/sie würden nennen	wir haben genannt	wir hätten genannt

PARTICIPLES   IMPERATIVE

nennend	nenn! nennt!
genannt	nennen Sie! nennen wir!

Wie nennen Sie Ihr Baby?   *What are you going to call your baby?*
Man nannte ihn einen Helden.   *He was regarded as a hero.*
Welche Station hat der Schaffner genannt?   *Which station did the guard say?*
Er hieß Hans, aber man nannte ihn Hänschen.   *His name was Hans but he was called Hänschen.*

Er nennt sich Manager.   *He calls himself a manager.*
Sie nennen das Kind beim Namen.   *You call a spade a spade.*
Und das nannte sich ein gutes Restaurant!   *And that's supposed to be a good restaurant!*
Sie nannte mich beim Vernamen.   *She called me by my first name.*

der gemeinsame Nenner   *common denominator*
der Nennwert   *nominal value*
sogenannt   *so-called*
nennenswert   *worth mentioning*

117 öffnen *to open, unlock* tr.

INDICATIVE

Present	Imperfect	Perfect
ich öffne	ich öffnete	ich habe geöffnet
du öffnest	du öffnetest	du hast geöffnet
er/sie/es öffnet	er/sie/es öffnete	er/sie/es hat geöffnet
wir öffnen	wir öffneten	wir haben geöffnet
ihr öffnet	ihr öffnetet	ihr habt geöffnet
Sie/sie öffnen	Sie/sie öffneten	Sie/sie haben geöffnet

Pluperfect	Future	Future Perfect
ich hatte geöffnet	ich werde öffnen	ich werde geöffnet haben
du hattest geöffnet	du wirst öffnen	du wirst geöffnet haben
er/sie/es hatte geöffnet	er/sie/es wird öffnen	er/sie/es wird geöffnet haben
wir hatten geöffnet	wir werden öffnen	wir werden geöffnet haben
ihr hattet geöffnet	ihr werdet öffnen	ihr werdet geöffnet haben
Sie/sie hatten geöffnet	Sie/sie werden öffnen	Sie/sie werden geöffnet haben

CONDITIONAL

SUBJUNCTIVE

Present	Present	Imperfect
ich würde öffnen	ich öffne	ich öffnete
du würdest öffnen	wir öffnen	wir öffneten
er/sie/es würde öffnen		
wir würden öffnen	**Perfect**	**Pluperfect**
ihr würdet öffnen	ich habe geöffnet	ich hätte geöffnet
Sie/sie würden öffnen	wir haben geöffnet	wir hätten geöffnet

PARTICIPLES

IMPERATIVE

öffnend
geöffnet

öffne! öffnet!
öffnen Sie! öffnen wir!

Darf ich das Fenster öffnen? *May I open the window?*
Der Laden ist bis 7 Uhr geöffnet. *The shop is open till 7 o'clock.*
Vorsichtig öffnete sie den Brief. *She opened the letter carefully.*
Die Tür wurde gewaltsam geöffnet. *The door was forced open.*

Wir öffneten ihm alle Wege. *We paved the way for him.*
Das hat ihm die Augen geöffnet. *That has made him realise the truth.*
Damit wurden Tür und Tor geöffnet. *That opened all the doors.*
Nur damit werden Sie ihm den Mund öffnen. *Only that will make him talk.*

die **Öffnung** *opening*
die **Öffnungszeiten** *opening times*
die **Türöffnung** *doorway*
offenherzig *frank*

eröffnen (Geschäft, Konto) *to open (a business account)*
veröffentlichen *to publish, print*
offenbar *evident*
offensichtlich *obvious*

passen *to fit, suit* intr. **118**

INDICATIVE

Present	**Imperfect**	**Perfect**
ich passe	ich paßte	ich habe gepaßt
du paßt	du paßtest	du hast gepaßt
er/sie/es paßt	er/sie/es paßte	er/sie/es hat gepaßt
wir passen	wir paßten	wir haben gepaßt
ihr paßt	ihr paßtet	ihr habt gepaßt
Sie/sie passen	Sie/sie paßten	Sie/sie haben gepaßt

Pluperfect	**Future**	**Future Perfect**
ich hatte gepaßt	ich werde passen	ich werde gepaßt haben
du hattest gepaßt	du wirst passen	du wirst gepaßt haben
er/sie/es hatte gepaßt	er/sie/es wird passen	er/sie/es wird gepaßt haben
wir hatten gepaßt	wir werden passen	wir werden gepaßt haben
ihr hattet gepaßt	ihr werdet passen	ihr werdet gepaßt haben
Sie/sie hatten gepaßt	Sie/sie werden passen	Sie/sie werden gepaßt haben

CONDITIONAL   SUBJUNCTIVE

Present	**Present**	**Imperfect**
ich würde passen	ich passe	ich paßte
du würdest passen	wir passen	wir paßten
er/sie/es würde passen		
wir würden passen	**Perfect**	**Pluperfect**
ihr würdet passen	ich habe gepaßt	ich hätte gepaßt
Sie/sie würden passen	wir haben gepaßt	wir hätten gepaßt

PARTICIPLES   IMPERATIVE

passend	paß! paßt!
gepaßt	passen Sie! passen wir!

Paßt es Ihnen um 3 Uhr? *Would 3 o'clock suit you?*
Der Anzug paßte ihm nicht. *The suit did not fit him.*
Meine Kleider paßten ihr wie angegossen. *My clothes fitted her exactly.*
Der Koffer hat nicht ins Auto gepaßt. *The case did not fit into the car.*

Das paßt mir gar nicht. *I don't like that at all.*
Passen Sie auf! *Watch out!*
Er paßte zu ihr wie die Faust aufs Auge. *They were like chalk and cheese.*
Das würde gut in seinen Kram passen. *That would suit his purpose well.*
Er paßt nicht zum Priester. *He will never make a good priest.*
Das könnte Ihnen so passen! *I refuse to give in to you!*
Sie paßt nicht in diese Welt. *She can't cope with reality.*
Die beiden passen gut zu einander. *Those two are a perfect match.*

119 pflegen   *to tend, care for*   tr. (refl.)

INDICATIVE

Present	Imperfect	Perfect
ich pflege	ich pflegte	ich habe gepflegt
du pflegst	du pflegtest	du hast gepflegt
er/sie/es pflegt	er/sie/es pflegte	er/sie/es hat gepflegt
wir pflegen	wir pflegten	wir haben gepflegt
ihr pflegt	ihr pflegtet	ihr habt gepflegt
Sie/sie pflegen	Sie/sie pflegten	Sie/sie haben gepflegt

Pluperfect	Future	Future Perfect
ich hatte gepflegt	ich werde pflegen	ich werde gepflegt haben
du hattest gepflegt	du wirst pflegen	du wirst gepflegt haben
er/sie/es hatte gepflegt	er/sie/es wird pflegen	er/sie/es wird gepflegt haben
wir hatten gepflegt	wir werden pflegen	wir werden gepflegt haben
ihr hattet gepflegt	ihr werdet pflegen	ihr werdet gepflegt haben
Sie/sie hatten gepflegt	Sie/sie werden pflegen	Sie/sie werden gepflegt haben

CONDITIONAL / SUBJUNCTIVE

Present	Present	Imperfect
ich würde pflegen	ich pflege	ich pflegte
du würdest pflegen	wir pflegen	wir pflegten
er/sie/es würde pflegen		
wir würden pflegen	**Perfect**	**Pluperfect**
ihr würdet pflegen	ich habe gepflegt	ich hätte gepflegt
Sie/sie würden pflegen	wir haben gepflegt	wir hätten gepflegt

PARTICIPLES / IMPERATIVE

PARTICIPLES	IMPERATIVE
pflegend	pfleg! pflegt!
gepflegt	pflegen Sie! pflegen wir!

Sie pflegt ihre kranke Mutter schon lange.   *She has been looking after her sick mother for a long time.*
Er pflegte seinen Garten.   *He looked after his garden.*
Womit pflegen Sie Ihre Schuhe?   *What do you use to polish your shoes?*
Sie pflegten sich überhaupt nicht.   *They did not take care of their looks.*

Sie wurde gehegt und gepflegt.   *She was spoilt.*
In unserer Stadt pflegen wir die Musik.   *We promote music in our town.*
Er war eine gepflegte Erscheinung.   *He looked well turned out.*
Wir pflegten früh aufzustehen.   *We used to get up early.*
Sie hatten kaum Umgang mit Menschen gepflegt.   *They had little contact with other people.*

die Pflege *care*	**das Pflegeheim** *nursing home*
die Krankenpflege *nursing*	**pflegebedürftig** *in need of care*
die Pflegeeltern *foster parents*	**pflegeleicht** *easy-care, washable*

plaudern *to chat, gossip* intr. **120**

INDICATIVE

Present	Imperfect	Perfect
ich plaudere	ich plauderte	ich habe geplaudert
du plauderst	du plaudertest	du hast geplaudert
er/sie/es plaudert	er/sie/es plauderte	er/sie/es hat geplaudert
wir plaudern	wir plauderten	wir haben geplaudert
ihr plaudert	ihr plaudertet	ihr habt geplaudert
Sie/sie plaudern	Sie/sie plauderten	Sie/sie haben geplaudert

Pluperfect	Future	Future Perfect
ich hatte geplaudert	ich werde plaudern	ich werde geplaudert haben
du hattest geplaudert	du wirst plaudern	du wirst geplaudert haben
er/sie/es hatte geplaudert	er/sie/es wird plaudern	er/sie/es wird geplaudert haben
wir hatten geplaudert	wir werden plaudern	wir werden geplaudert haben
ihr hattet geplaudert	ihr werdet plaudern	ihr werdet geplaudert haben
Sie/sie hatten geplaudert	Sie/sie werden plaudern	Sie/sie werden geplaudert haben

CONDITIONAL

SUBJUNCTIVE

Present	Present	Imperfect
ich würde plaudern	ich plaudere	ich plauderte
du würdest plaudern	wir plaudern	wir plauderten
er/sie/es würde plaudern		
wir würden plaudern	**Perfect**	**Pluperfect**
ihr würdet plaudern	ich habe geplaudert	ich hätte geplaudert
Sie/sie würden plaudern	wir haben geplaudert	wir hätten geplaudert

PARTICIPLES

IMPERATIVE

plaudernd
geplaudert

plaudere! plaudert!
plaudern Sie! plaudern wir!

Ich plaudere oft mit der Nachbarin. *I often chat to my neighbour.*
Gestern haben wir stundenlang geplaudert. *Yesterday we chatted for hours.*
Er plauderte gern bei einem Glas Wein. *He liked to chat over a glass of wine.*
Man würde über sie plaudern. *There would be some gossip about them.*

Er plauderte aus der Schule. *He talked out of school.*
Sie plauderten alles aus. *They told all the secrets.*
Der Sträfling hat geplaudert. *The convict has talked.*
Sie plauderten von alten Zeiten. *They were reminiscing.*

die Plauderei *small talk*
plauderhaft *talkative*
das Plauderstündchen *cosy chat*

der Plauderer *talker*
die Plaudertasche *chatterbox*
der Plauderton *conversational, chatty tone*

121 prüfen *to try, examine* tr.

INDICATIVE

Present	**Imperfect**	**Perfect**
ich prüfe	ich prüfte	ich habe geprüft
du prüfst	du prüftest	du hast geprüft
er/sie/es prüft	er/sie/es prüfte	er/sie/es hat geprüft
wir prüfen	wir prüften	wir haben geprüft
ihr prüft	ihr prüftet	ihr habt geprüft
Sie/sie prüfen	Sie/sie prüften	Sie/sie haben geprüft

Pluperfect	**Future**	**Future Perfect**
ich hatte geprüft	ich werde prüfen	ich werde geprüft haben
du hattest geprüft	du wirst prüfen	du wirst geprüft haben
er/sie/es hatte geprüft	er/sie/es wird prüfen	er/sie/es wird geprüft haben
wir hatten geprüft	wir werden prüfen	wir werden geprüft haben
ihr hattet geprüft	ihr werdet prüfen	ihr werdet geprüft haben
Sie/sie hatten geprüft	Sie/sie werden prüfen	Sie/sie werden geprüft haben

CONDITIONAL

SUBJUNCTIVE

Present	**Present**	**Imperfect**
ich würde prüfen	ich prüfe	ich prüfte
du würdest prüfen	wir prüfen	wir prüften
er/sie/es würde prüfen		
wir würden prüfen	**Perfect**	**Pluperfect**
ihr würdet prüfen	ich habe geprüft	ich hätte geprüft
Sie/sie würden prüfen	wir haben geprüft	wir hätten geprüft

PARTICIPLES

IMPERATIVE

prüfend
geprüft

prüf! prüft!
prüfen Sie! prüfen wir!

Prüfen Sie bitte den Ölstand! *Please check the oil!*
Ich habe die Reifen noch nicht geprüft. *I haven't checked the tyres yet.*
Das Bier wird auf Reinheit geprüft. *The beer is tested for purity.*
Der Student ist gestern geprüft worden. *The student was tested yesterday.*

Man soll sich selber prüfen. *You should have a good look at yourself.*
Das Schicksal hat ihn hart geprüft. *He has had a hard life.*
Man prüfte ihn auf Herz und Nieren. *He was examined thoroughly.*
Er warf einen prüfenden Blick auf mich. *He checked me out.*

die Prüfung *exam*	**der Prüfer** *inspector*
der Prüfling *candidate*	**die Prüfungsarbeit** *test paper*
die Reifeprüfung *A-level exam*	**die Prüfungsordnung** *exam regulations*
die Fahrprüfung *driving test*	**der Prüfungsausschuß** *board of examiners*

*rasen *to speed, race* intr. **122**

INDICATIVE

Present	**Imperfect**	**Perfect**
ich rase	ich raste	ich bin gerast
du rast	du rastest	du bist gerast
er/sie/es rast	er/sie/es raste	er/sie/es ist gerast
wir rasen	wir rasten	wir sind gerast
ihr rast	ihr rastet	ihr seid gerast
Sie/sie rasen	Sie/sie rasten	Sie/sie sind gerast

Pluperfect	**Future**	**Future Perfect**
ich war gerast	ich werde rasen	ich werde gerast sein
du warst gerast	du wirst rasen	du wirst gerast sein
er/sie/es war gerast	er/sie/es wird gerast	er/sie/es wird gerast sein
wir waren gerast	wir werden rasen	wir werden gerast sein
ihr wart gerast	ihr werdet rasen	ihr werdet gerast sein
Sie/sie waren gerast	Sie/sie werden rasen	Sie/sie werden gerast sein

CONDITIONAL   SUBJUNCTIVE

Present	**Present**	**Imperfect**
ich würde rasen	ich rase	ich raste
du würdest rasen	wir rasen	wir rasten
er/sie/es würde rasen		
wir würden rasen	**Perfect**	**Pluperfect**
ihr würdet rasen	ich sei gerast	ich wäre gerast
Sie/sie würden rasen	wir seien gerast	wir wären gerast

PARTICIPLES   IMPERATIVE

rasend   ras! rast!
gerast   rasen Sie! rasen wir!

Ras nicht so! *Stop speeding!*
Er ist gegen den Baum gerast. *He crashed into the tree.*
Ein Sturm raste über das Land. *A storm raged across the country.*
Es wurde zu schnell gerast. *People were driving too fast.*

Rasten, nicht rasen! *Don't race, rest!* (notice on motorways)
Sein Herz raste wie wild. *His heart was beating madly.*
Alles ging rasend schnell. *Everything happened at once.*
Die Zuschauer rasten vor Begeisterung. *The spectators were raving.*
Seine Worte machten sie rasend. *His words made her furious.*

die Raserei *speeding, reckless driving, madness*
jemanden zur Raserei bringen *to drive someone mad*
rasant *classy, racy; terrifyingly fast*

123 raten *to advise, guess* intr. (tr.)

INDICATIVE

Present	Imperfect	Perfect
ich rate	ich riet	ich habe geraten
du rätst	du rietst	du hast geraten
er/sie/es rät	er/sie/es riet	er/sie/es hat geraten
wir raten	wir rieten	wir haben geraten
ihr ratet	ihr rietet	ihr habt geraten
Sie/sie raten	Sie/sie rieten	Sie/sie haben geraten

Pluperfect	Future	Future Perfect
ich hatte geraten	ich werde raten	ich werde geraten haben
du hattest geraten	du wirst raten	du wirst geraten haben
er/sie/es hatte geraten	er/sie/es wird raten	er/sie/es wird geraten haben
wir hatten geraten	wir werden raten	wir werden geraten haben
ihr hattet geraten	ihr werdet raten	ihr werdet geraten haben
Sie/sie hatten geraten	Sie/sie werden raten	Sie/sie werden geraten haben

CONDITIONAL SUBJUNCTIVE

Present	Present	Imperfect
ich würde raten	ich rate	ich riete
du würdest raten	wir raten	wir rieten
er/sie/es würde raten		
wir würden raten	**Perfect**	**Pluperfect**
ihr würdet raten	ich habe geraten	ich hätte geraten
Sie/sie würden raten	wir haben geraten	wir hätten geraten

PARTICIPLES IMPERATIVE

ratend rate! ratet!
geraten raten Sie! raten wir!

Was raten Sie mir? *What is your advice?*
Er rät mir, den Zug zu nehmen. *He advises me to go by train.*
Man hat uns nicht gut beraten. *We have been badly advised.*
Sie rieten mir, zu Hause zu bleiben. *They advised me to stay at home.*

Das möchte ich Ihnen geraten haben! *I am warning you!*
Damit ist mir nicht geraten. *That does not help me at all.*
Er läßt sich von niemandem raten. *He does not listen to anybody.*
Ich wußte mir nicht zu raten. *I was at my wits' end.*
Diese Photos sind mir gut geraten. *These photos turned out well.*

der Rat *advice*	**der Ratgeber** *adviser*
das Rathaus *town hall*	**erraten** *to guess*
ratsam *advisable*	**verraten** *to betray*

rechnen

to calculate, count on   tr. (intr.) **124**

INDICATIVE

Present	**Imperfect**	**Perfect**
ich rechne	ich rechnete	ich habe gerechnet
du rechnest	du rechnetest	du hast gerechnet
er/sie/es rechnet	er/sie/es rechnete	er/sie/es hat gerechnet
wir rechnen	wir rechneten	wir haben gerechnet
ihr rechnet	ihr rechnetet	ihr habt gerechnet
Sie/sie rechnen	Sie/sie rechneten	Sie/sie haben gerechnet

Pluperfect	**Future**	**Future Perfect**
ich hatte gerechnet	ich werde rechnen	ich werde gerechnet haben
du hattest gerechnet	du wirst rechnen	du wirst gerechnet haben
er/sie/es hatte gerechnet	er/sie/es wird rechnen	er/sie/es wird gerechnet haben
wir hatten gerechnet	wir werden rechnen	wir werden gerechnet haben
ihr hattet gerechnet	ihr werdet rechnen	ihr werdet gerechnet haben
Sie/sie hatten gerechnet	Sie/sie werden rechnen	Sie/sie werden gerechnet haben

CONDITIONAL   SUBJUNCTIVE

Present	**Present**	**Imperfect**
ich würde rechnen	ich rechne	ich rechnete
du würdest rechnen	wir rechnen	wir rechneten
er/sie/es würde rechnen		
wir würden rechnen	**Perfect**	**Pluperfect**
ihr würdet rechnen	ich habe gerechnet	ich hätte gerechnet
Sie/sie würden rechnen	wir haben gerechnet	wir hätten gerechnet

PARTICIPLES   IMPERATIVE

rechnend   rechne! rechnet!
gerechnet   rechnen Sie! rechnen wir!

Ich rechne es mit der Maschine. *I am working it out by machine.*
Dieser Preis ist rund gerechnet. *This price is only roughly calculated.*
Er rechnete falsch. *He calculated wrongly.*
Er würde mit seinem Geld rechnen müssen. *He would have to be careful with his money.*

Ich rechne mit Ihrem Besuch. *I am counting on your visit.*
Mit ihr ist nicht zu rechnen. *She can't be relied on.*
Wir müssen morgen mit Regen rechnen. *We have to be prepared for rain tomorrow.*
Alles in allem gerechnet . . . *all inclusive . . .*

die Rechnung *bill*
der Rechnungsbetrag *total sum*
der Rechnungsabschluß *balance sheet*
sich verrechnen *to make a mistake (in calculations)*

die Rechenaufgabe *sum, problem*
die Rechenschaft *account*
abrechnen *to settle an account, to get one's own back*

125 reden *to talk, speak* intr. (tr.)

INDICATIVE

Present	Imperfect	Perfect
ich rede	ich redete	ich habe geredet
du redest	du redetest	du hast geredet
er/sie/es redet	er/sie/es redete	er/sie/es hat geredet
wir reden	wir redeten	wir haben geredet
ihr redet	ihr redetet	ihr habt geredet
Sie/sie reden	Sie/sie redeten	Sie/sie haben geredet

Pluperfect	Future	Future Perfect
ich hatte geredet	ich werde reden	ich werde geredet haben
du hattest geredet	du wirst reden	du wirst geredet haben
er/sie/es hatte geredet	er/sie/es wird reden	er/sie/es wird geredet haben
wir hatten geredet	wir werden reden	wir werden geredet haben
ihr hattet geredet	ihr werdet reden	ihr werdet geredet haben
Sie/sie hatten geredet	Sie/sie werden reden	Sie/sie werden geredet haben

CONDITIONAL / SUBJUNCTIVE

Present	Present	Imperfect
ich würde reden	ich rede	ich redete
du würdest reden	wir reden	wir redeten
er/sie/es würde reden		
wir würden reden	**Perfect**	**Pluperfect**
ihr würdet reden	ich habe geredet	ich hätte geredet
Sie/sie würden reden	wir haben geredet	wir hätten geredet

PARTICIPLES / IMPERATIVE

PARTICIPLES	IMPERATIVE
redend	rede! redet!
geredet	reden Sie! reden wir!

Er redet zu laut. *He speaks too loudly.*
Wovon habt ihr geredet? *What have you been talking about?*
Wir redeten über das Wetter. *We were talking about the weather.*
Es wurde viel darüber geredet. *It was talked about a lot.*

Du hast gut reden! *You are in no position to judge! You can talk!*
Er redete mir ins Gewissen. *He appealed to my conscience.*
Darüber läßt sich noch reden. *That is negotiable.*
Sie ließ nicht mit sich reden. *There was no talking to her. She would not change her mind.*

die Rede *speech*	**der Redner** *speaker*
die Rederei *empty talk*	**die Redensart** *idiom*
anreden *to address someone*	**sich einreden** *to convince oneself*
sich verabreden *to arrange to meet*	**jemanden überreden** *to persuade someone*

reiben *to rub, grate* tr. (refl.)

INDICATIVE

Present	**Imperfect**	**Perfect**
ich reibe	ich rieb	ich habe gerieben
du reibst	du riebst	du hast gerieben
er/sie/es reibt	er/sie/es rieb	er/sie/es hat gerieben
wir reiben	wir rieben	wir haben gerieben
ihr reibt	ihr riebt	ihr habt gerieben
Sie/sie reiben	Sie/sie rieben	Sie/sie haben gerieben

Pluperfect	**Future**	**Future Perfect**
ich hatte gerieben	ich werde reiben	ich werde gerieben haben
du hattest gerieben	du wirst reiben	du wirst gerieben haben
er/sie/es hatte gerieben	er/sie/es wird reiben	er/sie/es wird gerieben haben
wir hatten gerieben	wir werden reiben	wir werden gerieben haben
ihr hattet gerieben	ihr werdet reiben	ihr werdet gerieben haben
Sie/sie hatten gerieben	Sie/sie werden reiben	Sie/sie werden gerieben haben

CONDITIONAL   SUBJUNCTIVE

Present	**Present**	**Imperfect**
ich würde reiben	ich reibe	ich riebe
du würdest reiben	wir reiben	wir rieben
er/sie/es würde reiben		
wir würden reiben	**Perfect**	**Pluperfect**
ihr würdet reiben	ich habe gerieben	ich hätte gerieben
Sie/sie würden reiben	wir haben gerieben	wir hätten gerieben

PARTICIPLES   IMPERATIVE

reibend   reib! reibt!
gerieben   reiben Sie! reiben wir!

Reiben Sie die Salbe auf die Haut. *Rub the cream on to the skin.*
Er hat den Käse gerieben. *He grated the cheese.*
Sie rieben sich die Augen. *They were rubbing their eyes.*
Man rieb ihm den Rücken. *His back was being rubbed.*

Er rieb es mir immer wieder unter die Nase. *He kept rubbing my nose in it.*
Sie reibt sich ständig an ihren Nachbarn. *She tends to quarrel with her neighbours.*
Es gab ständig Reibereien. *There was constant friction.*
Bei meinem Verlust rieb er sich freudig die Hände. *He was gloating over my loss.*

die Reibe *grater*	**das Reibeisen** *rasp*
die Reibung *friction*	**die Abreibung** *scolding*
die Reiberei *quarrel*	**reibungslos** *smooth*
sich aufreiben *to wear oneself out*	

127 *reisen* *to travel* intr.

INDICATIVE

Present	Imperfect	Perfect
ich reise	ich reiste	ich bin gereist
du reist	du reistest	du bist gereist
er/sie/es reist	er/sie/es reiste	er/sie/es ist gereist
wir reisen	wir reisten	wir sind gereist
ihr reist	ihr reistet	ihr seid gereist
Sie/sie reisen	Sie/sie reisten	Sie/sie sind gereist

Pluperfect	Future	Future Perfect
ich war gereist	ich werde reisen	ich werde gereist sein
du warst gereist	du wirst reisen	du wirst gereist sein
er/sie/es war gereist	er/sie/es wird reisen	er/sie/es wird gereist sein
wir waren gereist	wir werden reisen	wir werden gereist sein
ihr wart gereist	ihr werdet reisen	ihr werdet gereist sein
Sie/sie waren gereist	Sie/sie werden reisen	Sie/sie werden gereist sein

CONDITIONAL   SUBJUNCTIVE

Present	Present	Imperfect
ich würde reisen	ich reise	ich reiste
du würdest reisen	wir reisen	wir reisten
er/sie/es würde reisen		
wir würden reisen	**Perfect**	**Pluperfect**
ihr würdet reisen	ich sei gereist	ich wäre gereist
Sie/sie würden reisen	wir seien gereist	wir wären gereist

PARTICIPLES   IMPERATIVE

reisend   reise! reist!
gereist   reisen Sie! reisen wir!

Reisen Sie geschäftlich? *Are you travelling on business?*
Ich reise zum Vergnügen. *I am travelling for pleasure.*
Wir sind mit der Bahn gereist. *We travelled by train.*
Er reiste gern in fremde Länder. *He liked travelling to foreign countries.*
Wohin reist ihr im Urlaub? *Where are you going on holiday?*
Sie reisten von Köln über Berlin nach Moskau. *They travelled from Cologne via Berlin to Moscow.*
Ich würde gern viel mehr reisen. *I would like to travel much more.*

die Reise *journey*
die Reisegesellschaft *party of tourists*
die Hinreise/Rückreise *outward/return journey*
reiselustig *fond of travelling*

das Reisebüro *travel agency*
der Reisescheck *traveller's cheque*
der Reisepaß *passport*
sich auf die Reise machen *to set off*

reißen *to tear, rip, snatch* tr. (intr.)   **128**

INDICATIVE

Present	**Imperfect**	**Perfect**
ich reiße	ich riß	ich habe gerissen
du reißt	du rißt	du hast gerissen
er/sie/es reißt	er/sie/es riß	er/sie/es hat gerissen
wir reißen	wir rissen	wir haben gerissen
ihr reißt	ihr rißt	ihr habt gerissen
Sie/sie reißen	Sie/sie rissen	Sie/sie haben gerissen

Pluperfect	**Future**	**Future Perfect**
ich hatte gerissen	ich werde reißen	ich werde gerissen haben
du hattest gerissen	du wirst reißen	du wirst gerissen haben
er/sie/es hatte gerissen	er/sie/es wird reißen	er/sie/es wird gerissen haben
wir hatten gerissen	wir werden reißen	wir werden gerissen haben
ihr hattet gerissen	ihr werdet reißen	ihr werdet gerissen haben
Sie/sie hatten gerissen	Sie/sie werden reißen	Sie/sie werden gerissen haben

CONDITIONAL   SUBJUNCTIVE

Present	**Present**	**Imperfect**
ich würde reißen	ich reiße	ich risse
du würdest reißen	wir reißen	wir rissen
er/sie/es würde reißen		
wir würden reißen	**Perfect**	**Pluperfect**
ihr würdet reißen	ich habe gerissen	ich hätte gerissen
Sie/sie würden reißen	wir haben gerissen	wir hätten gerissen

PARTICIPLES   IMPERATIVE

reißend	reiß! reißt!
gerissen	reißen Sie! reißen wir!

Das Papier reißt sich schlecht. *The paper is difficult to tear.*
Der Bindfaden ist gerissen. *The string has broken.*
Wer hat das Loch in die Jacke gerissen? *Who has torn the jacket?*
Die Explosion riß uns zu Boden. *The explosion forced us to the ground.*

Das Telefon riß mich aus dem Schlaf. *The phone awakened me rudely from my sleep.*
Er reißt dauernd Witze. *He keeps cracking jokes.*
Schließlich riß mir die Geduld. *I finally lost my patience.*
Das reißt sehr ins Geld. *That will put a heavy strain on the budget.*
Sie hat sich den Schmuck unter den Nagel gerissen. *She managed to get all the jewellery for herself.*
Die Leute rissen sich um die billige Ware. *People scrambled for the cheap goods.*

abreißen *to tear off*	**ausreißen** *to tear out, run away*
sich zusammenreißen *to pull oneself together*	**zerreißen** *to tear up*
der Riß *crack*	**der Reißverschluß** *zip*

129 *rennen *to run, race* intr.

INDICATIVE

Present	Imperfect	Perfect
ich renne	ich rannte	ich bin gerannt
du rennst	du ranntest	du bist gerannt
er/sie/es rennt	er/sie/es rannte	er/sie/es ist gerannt
wir rennen	wir rannten	wir sind gerannt
ihr rennt	ihr ranntet	ihr seid gerannt
Sie/sie rennen	Sie/sie rannten	Sie/sie sind gerannt

Pluperfect	Future	Future Perfect
ich war gerannt	ich werde rennen	ich werde gerannt sein
du warst gerannt	du wirst rennen	du wirst gerannt sein
er/sie/es war gerannt	er/sie/es wird rennen	er/sie/es wird gerannt sein
wir waren gerannt	wir werden rennen	wir werden gerannt sein
ihr wart gerannt	ihr werdet rennen	ihr werdet gerannt sein
Sie/sie waren gerannt	Sie/sie werden rennen	Sie/sie werden gerannt sein

CONDITIONAL

SUBJUNCTIVE

Present	Present	Imperfect
ich würde rennen	ich renne	ich rennte
du würdest rennen	wir rennen	wir rennten
er/sie/es würde rennen		
wir würden rennen	Perfect	Pluperfect
ihr würdet rennen	ich sei gerannt	ich wäre gerannt
Sie/sie würden rennen	wir seien gerannt	wir wären gerannt

PARTICIPLES

IMPERATIVE

rennend
gerannt

renn! rennt!
rennen Sie! rennen wir!

Rennen Sie doch nicht so schnell! *Please don't run so fast!*
Heute morgen bin ich zum Bus gerannt. *This morning I ran for the bus.*
Er rannte so schnell er konnte. *He ran as fast as he could.*
Würden Sie eine Meile in fünf Minuten rennen? *Would you run a mile in five minutes?*

Sie rannte in ihr Verderben. *She was heading for disaster.*
Er rennt dauernd zum Arzt. *He keeps running to the doctor (unnecessarily).*
Sie rannten alles über den Haufen. *They pushed forward regardlessly.*
Diese Schuhmarke ist ein Renner. *This brand of shoe is a big seller.*

das Rennen *race*	**der Renner** *runner*
die Rennbahn *racecourse*	**der Rennfahrer** *racing driver*
das Autorennen *car race*	**das Pferderennen** *horse race*
das Wettrennen *contest*	**das Rennen machen** *to win (the race)*

reservieren *to reserve, book* tr. **130**

INDICATIVE

Present	**Imperfect**	**Perfect**
ich reserviere	ich reservierte	ich habe reserviert
du reservierst	du reserviertest	du hast reserviert
er/sie/es reserviert	er/sie/es reservierte	er/sie/es hat reserviert
wir reservieren	wir reservierten	wir haben reserviert
ihr reserviert	ihr reserviertet	ihr habt reserviert
Sie/sie reservieren	Sie/sie reservierten	Sie/sie haben reserviert

Pluperfect	**Future**	**Future Perfect**
ich hatte reserviert	ich werde reservieren	ich werde reserviert haben
du hattest reserviert	du wirst reservieren	du wirst reserviert haben
er/sie/es hatte reserviert	er/sie/es wird reservieren	er/sie/es wird reserviert haben
wir hatten reserviert	wir werden reservieren	wir werden reserviert haben
ihr hattet reserviert	ihr werdet reservieren	ihr werdet reserviert haben
Sie/sie hatten reserviert	Sie/sie werden reservieren	Sie/sie werden reserviert haben

CONDITIONAL   SUBJUNCTIVE

Present	**Present**	**Imperfect**
ich würde reservieren	ich reserviere	ich reservierte
du würdest reservieren	wir reservieren	wir reservierten
er/sie/es würde reservieren		
wir würden reservieren	**Perfect**	**Pluperfect**
ihr würdet reservieren	ich habe reserviert	ich hätte reserviert
Sie/sie würden reservieren	wir haben reserviert	wir hätten reserviert

PARTICIPLES   IMPERATIVE

reservierend   reservier! reserviert!
reserviert   reservieren Sie! reservieren wir!

Ich möchte bitte einen Tisch reservieren. *I would like to book a table.*
Haben Sie ein Hotelzimmer reserviert? *Have you booked a hotel room?*
Diese Platz ist für mich reserviert worden. *This seat has been reserved for me.*
Sie hat mir die Ware reserviert. *She has kept the goods for me.*

Sie hat eine sehr reservierte Art. *She is very reserved.*
Ich verhielt mich sehr reserviert. *I was very restrained.*
Er steht Ihrem Vorschlag reserviert gegenüber. *He is still considering your proposal.*
Reservieren Sie mir bitte eine Theaterkarte! *Please reserve me a theatre ticket!*

die Reserve *store*   **der Reservereifen** *spare tyre*
die Nahrungsreserve *stored food*   **das Reserverad** *spare wheel*
das Reservoir *reservoir*   **das Reserveteil** *spare part*

131 retten *to rescue, save* tr. (refl.)

INDICATIVE

Present	**Imperfect**	**Perfect**
ich rette	ich rettete	ich habe gerettet
du rettest	du rettetest	du hast gerettet
er/sie/es rettet	er/sie/es rettete	er/sie/es hat gerettet
wir retten	wir retteten	wir haben gerettet
ihr rettet	ihr rettetet	ihr habt gerettet
Sie/sie retten	Sie/sie retteten	Sie/sie haben gerettet

Pluperfect	**Future**	**Future Perfect**
ich hatte gerettet	ich werde retten	ich werde gerettet haben
du hattest gerettet	du wirst retten	du wirst gerettet haben
er/sie/es hatte gerettet	er/sie/es wird retten	er/sie/es wird gerettet haben
wir hatten gerettet	wir werden retten	wir werden gerettet haben
ihr hattet gerettet	ihr werdet retten	ihr werdet gerettet haben
Sie/sie hatten gerettet	Sie/sie werden retten	Sie/sie werden gerettet haben

CONDITIONAL · SUBJUNCTIVE

Present	**Present**	**Imperfect**
ich würde retten	ich rette	ich rettete
du würdest retten	wir retten	wir retteten
er/sie/es würde retten		
wir würden retten	**Perfect**	**Pluperfect**
ihr würdet retten	ich habe gerettet	ich hätte gerettet
Sie/sie würden retten	wir haben gerettet	wir hätten gerettet

PARTICIPLES · IMPERATIVE

rettend

gerettet

rette! rettet!

retten Sie! retten wir!

Rette sich, wer kann! *Every man for himself!*
Er hat das Kind vor dem Ertrinken gerettet. *He saved the child from drowning.*
Ich hatte ihm das Leben gerettet. *I had saved his life.*
Einige Gemälde wurden aus dem Feuer gerettet. *Some paintings were rescued from the fire.*

Ich hatte einen rettenden Einfall. *I had an idea how to solve the problem.*
Wir konnten uns vor Briefen nicht mehr retten. *We were swamped by letters.*
Bist du noch zu retten? *You must be mad!*
Es ist rettungslos verloren. *It is irretrievably lost, beyond hope.*

der Retter *rescuer*
das Rettungsboot *lifeboat*
der Rettungsdienst *rescue service*
das Rettungsmittel *remedy*

die Rettung *rescue*
der Rettungsgürtel *lifebelt*
die Rettungsstation *first-aid post*
der Lebensretter *life-saver, rescuer*

riechen *to smell, scent* tr. (intr.) **132**

INDICATIVE

Present	**Imperfect**	**Perfect**
ich rieche	ich roch	ich habe gerochen
du riechst	du rochst	du hast gerochen
er/sie/es riecht	er/sie/es roch	er/sie/es hat gerochen
wir riechen	wir rochen	wir haben gerochen
ihr riecht	ihr rocht	ihr habt gerochen
Sie/sie riechen	Sie/sie rochen	Sie/sie haben gerochen

Pluperfect	**Future**	**Future Perfect**
ich hatte gerochen	ich werde riechen	ich werde gerochen haben
du hattest gerochen	du wirst riechen	du wirst gerochen haben
er/sie/es hatte gerochen	er/sie/es wird riechen	er/sie/es wird gerochen haben
wir hatten gerochen	wir werden riechen	wir werden gerochen haben
ihr hattet gerochen	ihr werdet riechen	ihr werdet gerochen haben
Sie/sie hatten gerochen	Sie/sie werden riechen	Sie/sie werden gerochen haben

CONDITIONAL   SUBJUNCTIVE

Present	**Present**	**Imperfect**
ich würde riechen	ich rieche	ich röche
du würdest riechen	wir riechen	wir röchen
er/sie/es würde riechen		
wir würden riechen	**Perfect**	**Pluperfect**
ihr würdet riechen	ich habe gerochen	ich hätte gerochen
Sie/sie würden riechen	wir haben gerochen	wir hätten gerochen

PARTICIPLES   IMPERATIVE

riechend   riche! riecht!
gerochen   riechen Sie! riechen wir!

Riechst du den Duft der Blume? *Can you smell the flower's scent?*
Ich rieche am Wein, ehe ich ihn trinke. *I sniff the wine before I drink it.*
Warum hat niemand das Gas gerochen? *Why didn't anyone smell the gas?*
Der Käse roch sehr stark. *The cheese had a very strong smell.*

Er kann diese Frau nicht riechen. *He can't stand this woman.*
Das habe ich doch nicht riechen können! *I could not have known that!*
Wir haben den Braten gerochen. *We smelled a rat. We saw through it.*
Der Hund riecht aus dem Mund. *The dog's breath smells.*
Ich hatte einen guten Riecher. *I had guessed correctly.*

das Riechsalz *smelling salts*   **der Geruch** *smell, odour*
geruchsempfindlich *sensitive to smell*   **der Geruchssinn** *sense of smell*
geruchlos *odourless*

133 rufen *to call, shout* intr. (tr.)

INDICATIVE

Present	Imperfect	Perfect
ich rufe	ich rief	ich habe gerufen
du rufst	du riefst	du hast gerufen
er/sie/es ruft	er/sie/es rief	er/sie/es hat gerufen
wir rufen	wir riefen	wir haben gerufen
ihr ruft	ihr rieft	ihr habt gerufen
Sie/sie rufen	Sie/sie riefen	Sie/sie haben gerufen

Pluperfect	Future	Future Perfect
ich hatte gerufen	ich werde rufen	ich werde gerufen haben
du hattest gerufen	du wirst rufen	du wirst gerufen haben
er/sie/es hatte gerufen	er/sie/es wird rufen	er/sie/es wird gerufen haben
wir hatten gerufen	wir werden rufen	wir werden gerufen haben
ihr hattet gerufen	ihr werdet rufen	ihr werdet gerufen haben
Sie/sie hatten gerufen	Sie/sie werden rufen	Sie/sie werden gerufen haben

CONDITIONAL

SUBJUNCTIVE

Present	Present	Imperfect
ich würde rufen	ich rufe	ich riefe
du würdest rufen	wir rufen	wir riefen
er/sie/es würde rufen		
wir würden rufen	Perfect	Pluperfect
ihr würdet rufen	ich habe gerufen	ich hätte gerufen
Sie/sie würden rufen	wir haben gerufen	wir hätten gerufen

PARTICIPLES

IMPERATIVE

rufend	ruf! ruft!
gerufen	rufen Sie! rufen wir!

Er ruft mit lauter Stimme. *He is calling out loudly.*
Warum hast du mich gerufen? *Why did you call me?*
Sie rief um Hilfe. *She called for help.*
Der Arzt wurde zu dem Kranken gerufen. *The doctor was called to the patient.*
Das Kind ruft nach der Mutter. *The child is calling for its mother.*

Geschäfte riefen ihn nach Hause. *Business demanded his return.*
Sie rief ihm alles ins Gedächtnis. *She reminded him of everything.*
Das Geld kam wie gerufen. *The money came when it was needed most.*
Der Chef ließ mich zu sich rufen. *The boss summoned me.*
Dies Unternehmen wurde von mir ins Leben gerufen. *This firm was founded by me.*

der Ruf *call*   **im Rufe stehen** *to be reputed*
die Rufnummer *phone number*   **jemanden in schlechten Ruf**
                                          bringen *give someone a bad name*

ruhen *to rest, pause* intr.

INDICATIVE

Present	**Imperfect**	**Perfect**
ich ruhe	ich ruhte	ich habe geruht
du ruhst	du ruhtest	du hast geruht
er/sie/es ruht	er/sie/es ruhte	er/sie/es hat geruht
wir ruhen	wir ruhten	wir haben geruht
ihr ruht	ihr ruhtet	ihr habt geruht
Sie/sie ruhen	Sie/sie ruhten	Sie/sie haben geruht

Pluperfect	**Future**	**Future Perfect**
ich hatte geruht	ich werde ruhen	ich werde geruht haben
du hattest geruht	du wirst ruhen	du wirst geruht haben
er/sie/es hatte geruht	er/sie/es wird ruhen	er/sie/es wird geruht haben
wir hatten geruht	wir werden ruhen	wir werden geruht haben
ihr hattet geruht	ihr werdet ruhen	ihr werdet geruht haben
Sie/sie hatten geruht	Sie/sie werden ruhen	Sie/sie werden geruht haben

CONDITIONAL   SUBJUNCTIVE

Present	**Present**	**Imperfect**
ich würde ruhen	ich ruhe	ich ruhte
du würdest ruhen	wir ruhen	wir ruhten
er/sie/es würde ruhen		
wir würden ruhen	**Perfect**	**Pluperfect**
ihr würdet ruhen	ich habe geruht	ich hätte geruht
Sie/sie würden ruhen	wir haben geruht	wir hätten geruht

PARTICIPLES   IMPERATIVE

ruhend   ruh! ruht!
geruht   ruhen Sie! ruhen wir!

Nach der Arbeit ruhe ich.   *I rest after work.*
In der Fabrik hat die Arbeit geruht.   *Work stopped in the factory.*
Fast ruhte der Verkehr in der Stadt.   *Traffic practically came to a standstill in town.*
Hier ruht es sich gut.   *Here is a good place to rest.*

Er ruht nicht eher, bis er es schafft.   *He is not satisfied until he succeeds.*
Hier ruhen die Gefallenen.   *Here lie the fallen.*
Wir lassen die Sache ruhen.   *We'll drop the matter.*
Auf ihm ruht der Verdacht.   *He is under suspicion.*

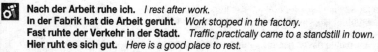

die Ruhe *rest*	**ruhig** *quiet, silent*
die Ruhepause *pause*	**ruhelos** *restless*
der Ruhetag *holiday*	**die Unruhe** *restlessness, disturbance*
Immer mit der Ruhe! *Don't panic! All in good time!*	**Angenehme Ruhe!** *Good night!*

135 sagen *to say, tell, speak* tr. (intr.)

INDICATIVE

Present	Imperfect	Perfect
ich sage	ich sagte	ich habe gesagt
du sagst	du sagtest	du hast gesagt
er/sie/es sagt	er/sie/es sagte	er/sie/es hat gesagt
wir sagen	wir sagten	wir haben gesagt
ihr sagt	ihr sagtet	ihr habt gesagt
Sie/sie sagen	Sie/sie sagten	Sie/sie haben gesagt

Pluperfect	Future	Future Perfect
ich hatte gesagt	ich werde sagen	ich werde gesagt haben
du hattest gesagt	du wirst sagen	du wirst gesagt haben
er/sie/es hatte gesagt	er/sie/es wird sagen	er/sie/es wird gesagt haben
wir hatten gesagt	wir werden sagen	wir werden gesagt haben
ihr hattet gesagt	ihr werdet sagen	ihr werdet gesagt haben
Sie/sie hatten gesagt	Sie/sie werden sagen	Sie/sie werden gesagt haben

CONDITIONAL / SUBJUNCTIVE

Present	Present	Imperfect
ich würde sagen	ich sage	ich sagte
du würdest sagen	wir sagen	wir sagten
er/sie/es würde sagen		
wir würden sagen	**Perfect**	**Pluperfect**
ihr würdet sagen	ich habe gesagt	ich hätte gesagt
Sie/sie würden sagen	wir haben gesagt	wir hätten gesagt

PARTICIPLES / IMPERATIVE

PARTICIPLES	IMPERATIVE
sagend	sag! sagt!
gesagt	sagen Sie! sagen wir!

Ich sage, was ich denke. *I say what I mean.*
Was hast du eben gesagt? *What did you say just now?*
Er sagte bestimmt die Wahrheit. *He was definitely telling the truth.*
Mir wurde nichts davon gesagt. *I was not told about it.*

Er sagte es mir ins Gesicht. *He told me quite frankly.*
Wir haben hier nichts zu sagen. *We carry no weight here.*
Sie läßt sich nichts sagen. *She will not listen to any advice.*
Sie können von Glück sagen. *They should consider themselves lucky.*
Dieses Bild sagt mir gar nichts. *This picture doesn't mean anything to me.*

die Sage *legend*
sagenhaft *fantastic, terrific*
die Ansage *announcement*
das Hörensagen *rumour*
die Aussage *statement*
die Wettervorhersage *weather forecast*

schaffen _to create, manage_ tr. **136**

Present	**Imperfect**	**Perfect**
ich schaffe	ich schaffte	ich habe geschafft
du schaffst	du schafftest	du hast geschafft
er/sie/es schafft	er/sie/es schaffte	er/sie/es hat geschafft
wir schaffen	wir schafften	wir haben geschafft
ihr schafft	ihr schafftet	ihr habt geschafft
Sie/sie schaffen	Sie/sie schafften	Sie/sie haben geschafft

Pluperfect	**Future**	**Future Perfect**
ich hatte geschafft	ich werde schaffen	ich werde geschafft haben
du hattest geschafft	du wirst schaffen	du wirst geschafft haben
er/sie/es hatte geschafft	er/sie/es wird schaffen	er/sie/es wird geschafft haben
wir hatten geschafft	wir werden schaffen	wir werden geschafft haben
ihr hattet geschafft	ihr werdet schaffen	ihr werdet geschafft haben
Sie/sie hatten geschafft	Sie/sie werden schaffen	Sie/sie werden geschafft haben

CONDITIONAL | SUBJUNCTIVE

Present	**Present**	**Imperfect**
ich würde schaffen	ich schaffe	ich schaffte
du würdest schaffen	wir schaffen	wir schafften
er/sie/es würde schaffen		
wir würden schaffen	**Perfect**	**Pluperfect**
ihr würdet schaffen	ich habe geschafft	ich hätte geschafft
Sie/sie würden schaffen	wir haben geschafft	wir hätten geschafft

PARTICIPLES | IMPERATIVE

schaffend   schaff! schafft!
geschafft   schaffen Sie! schaffen wir!

Ich schaffe es nicht. _I can't do it._
Heute haben wir viel geschafft. _Today we have accomplished a lot._
Er schaffte sofort Ordnung. _He instantly established order._
Sie würde die Prüfung nie schaffen. _She would never pass the exam._

Schaffen Sie bitte den Koffer zur Bahn! _Please get the trunk to the station!_
Man schaffte ihn still zur Seite. _He was killed secretly._
Ich habe nichts damit zu schaffen. _That has nothing to do with me._
Er schaffte sich die Schulden vom Halse. _He got rid of his debts._
Wir gaben ihm tüchtig zu schaffen. _We made trouble for him._

schaffen _to create_	**die Erschaffung** _creation_
der Schaffensdrang _creative urge_	**die Schaffenskraft** _creativity_
die Anschaffung _acquisition_	**sich etwas anschaffen** _to acquire something_

137 schauen *to see, view* intr. (tr.)

INDICATIVE

Present	**Imperfect**	**Perfect**
ich schaue	ich schaute	ich habe geschaut
du schaust	du schautest	du hast geschaut
er/sie/es schaut	er/sie/es schaute	er/sie/es hat geschaut
wir schauen	wir schauten	wir haben geschaut
ihr schaut	ihr schautet	ihr habt geschaut
Sie/sie schauen	Sie/sie schauten	Sie/sie haben geschaut

Pluperfect	**Future**	**Future Perfect**
ich hatte geschaut	ich werde schauen	ich werde geschaut haben
du hattest geschaut	du wirst schauen	du wirst geschaut haben
er/sie/es hatte geschaut	er/sie/es wird schauen	er/sie/es wird geschaut haben
wir hatten geschaut	wir werden schauen	wir werden geschaut haben
ihr hattet geschaut	ihr werdet schauen	ihr werdet geschaut haben
Sie/sie hatten geschaut	Sie/sie werden schauen	Sie/sie werden geschaut haben

CONDITIONAL

SUBJUNCTIVE

Present	**Present**	**Imperfect**
ich würde schauen	ich schaue	ich schaute
du würdest schauen	wir schauen	wir schauten
er/sie/es würde schauen		
wir würden schauen	**Perfect**	**Pluperfect**
ihr würdet schauen	ich habe geschaut	ich hätte geschaut
Sie/sie würden schauen	wir haben geschaut	wir hätten geschaut

PARTICIPLES

IMPERATIVE

schauend
geschaut

schau! schaut!
schauen Sie! schauen wir!

Schauen Sie mal! *Please have a look!*
Ich möchte nichts kaufen, ich schaue nur. *I am not buying, only looking.*
Sie schaute ängstlich um sich. *She looked around anxiously.*
Hast du geschaut, wer an der Tür war? *Did you see who was at the door?*

Ich schaue hoffnungsvoll in die Zukunft. *I am hopeful about the future.*
Wir schauten nach dem Kranken. *We looked after the patient.*
Er schaute sich die Augen aus dem Kopf. *He was straining his eyes to see something.*
Sie schauen dem Tod ins Auge. *They are facing death.*
Uns wurde streng auf die Finger geschaut. *A sharp eye was kept on us.*

die Schau *show*	**das Schaufenster** *shop window*
der Schauflug *air display*	**die Bootsschau** *boat show*
der Schauspieler *actor*	**das Schauspiel** *drama*

*scheiden *to leave, separate* intr. (tr.) **138**

INDICATIVE

Present	**Imperfect**	**Perfect**
ich scheide	ich schied	ich bin geschieden
du scheidest	du schiedst	du bist geschieden
er/sie/es scheidet	er/sie/es schied	er/sie/es ist geschieden
wir scheiden	wir schieden	wir sind geschieden
ihr scheidet	ihr schiedet	ihr seit geschieden
Sie/sie scheiden	Sie/sie schieden	Sie/sie sind geschieden

Pluperfect	**Future**	**Future Perfect**
ich war geschieden	ich werde scheiden	ich werde geschieden sein
du warst geschieden	du wirst scheiden	du wirst geschieden sein
er/sie/es war geschieden	er/sie/es wird scheiden	er/sie/es wird geschieden sein
wir waren geschieden	wir werden scheiden	wir werden geschieden sein
ihr wart geschieden	ihr werdet scheiden	ihr werdet geschieden sein
Sie/sie waren geschieden	Sie/sie werden scheiden	Sie/sie werden geschieden sein

CONDITIONAL

SUBJUNCTIVE

Present	**Present**	**Imperfect**
ich würde scheiden	ich scheide	ich schiede
du würdest scheiden	wir scheiden	wir schieden
er/sie/es würde scheiden		
wir würden scheiden	**Perfect**	**Pluperfect**
ihr würdet scheiden	ich bin geschieden	ich wäre geschieden
Sie/sie würden scheiden	wir sind geschieden	wir wären geschieden

PARTICIPLES

IMPERATIVE

scheidend
geschieden

scheide! scheidet!
scheiden Sie! scheiden wir!

Ich scheide nie von hier. *I shall never leave this place.*
Gestern ist er aus dem Dienst geschieden. *Yesterday he left his job.*
Sie schieden als Freunde. *They parted as friends.*
Ihre Ehe wurde letztes Jahr geschieden. *They were divorced last year.*

Er schied die Spreu vom Weizen. *He separated the wheat from the chaff.*
Seitdem waren sie geschiedene Leute. *Since then they have not been friends.*
Sie schied friedvoll aus dem Leben. *She died peacefully.*
Hier scheiden sich die Geister. *There is a distinct difference of opinion.*

die Scheidung *divorce*
der Scheidungsprozeß *divorce proceedings*
die Geschiedenen *divorced people*
der Scheidungsgrund *grounds for divorce*

die Entscheidung *decision*
sich entscheiden *to decide*
unterscheiden *to differentiate*
der Unterschied *difference*

139 scheinen *to shine, appear* intr.

INDICATIVE

Present	**Imperfect**	**Perfect**
ich scheine	ich schien	ich habe geschienen
du scheinst	du schienst	du hast geschienen
er/sie/es scheint	er/sie/es schien	er/sie/es hat geschienen
wir scheinen	wir schienen	wir haben geschienen
ihr scheint	ihr schient	ihr habt geschienen
Sie/sie scheinen	Sie/sie schienen	Sie/sie haben geschienen

Pluperfect	**Future**	**Future Perfect**
ich hatte geschienen	ich werde scheinen	ich werde geschienen haben
du hattest geschienen	du wirst scheinen	du wirst geschienen haben
er/sie/es hatte geschienen	er/sie/es wird scheinen	er/sie/es wird geschienen haben
wir hatten geschienen	wir werden scheinen	wir werden geschienen haben
ihr hattet geschienen	ihr werdet scheinen	ihr werdet geschienen haben
Sie/sie hatten geschienen	Sie/sie werden scheinen	Sie/sie werden geschienen haben

CONDITIONAL

Present
ich würde scheinen
du würdest scheinen
er/sie/es würde scheinen
wir würden scheinen
ihr würdet scheinen
Sie/sie würden scheinen

SUBJUNCTIVE

Present	**Imperfect**
ich scheine	ich schien
wir scheinen	wir schienen

Perfect	**Pluperfect**
ich habe geschienen	ich hätte geschienen
wir haben geschienen	wir hätten geschienen

PARTICIPLES

scheinend
geschienen

IMPERATIVE

scheine! scheint!
scheinen Sie! scheinen wir!

Scheint die Sonne? *Is the sun shining?*
Die ganze Nacht hat der Mond geschienen. *The moon shone all night.*
Das Licht schien ihm ins Gesicht. *The light was shining in his face.*
Er schien der richtige Mann dafür zu sein. *He seemed to be the right man.*
Du scheinst Recht zu haben. *You seem to be right.*
Wir schienen in die falsche Richtung zu fahren. *We seemed to be going in the wrong direction.*

Wie scheint dir die Geschichte? *What do you think of the story?*
Mir schien, er hatte zu viel getrunken. *I thought he had had too much to drink.*

der Schein *light, appearance*	**scheinbar** *apparent(ly)*
der Sonnenschein *sunshine*	**wahrscheinlich** *probably*
das Scheinbild *illusion*	**anscheinend** *seemingly*
der Scheinwerfer *headlamp*	

schenken *to give, present* tr. (intr.) **140**

INDICATIVE

Present	Imperfect	Perfect
ich schenke	ich schenkte	ich habe geschenkt
du schenkst	du schenktest	du hast geschenkt
er/sie/es schenkt	er/sie/es schenkte	er/sie/es hat geschenkt
wir schenken	wir schenkten	wir haben geschenkt
ihr schenkt	ihr schenktet	ihr habt geschenkt
Sie/sie schenken	Sie/sie schenkten	Sie/sie haben geschenkt

Pluperfect	Future	Future Perfect
ich hatte geschenkt	ich werde schenken	ich werde geschenkt haben
du hattest geschenkt	du wirst schenken	du wirst geschenkt haben
er/sie/es hatte geschenkt	er/sie/es wird schenken	er/sie/es wird geschenkt haben
wir hatten geschenkt	wir werden schenken	wir werden geschenkt haben
ihr hattet geschenkt	ihr werdet schenken	ihr werdet geschenkt haben
Sie/sie hatten geschenkt	Sie/sie werden schenken	Sie/sie werden geschenkt haben

CONDITIONAL   SUBJUNCTIVE

Present	Present	Imperfect
ich würde schenken	ich schenke	ich schenkte
du würdest schenken	wir schenken	wir schenkten
er/sie/es würde schenken		
wir würden schenken	**Perfect**	**Pluperfect**
ihr würdet schenken	ich habe geschenkt	ich hätte geschenkt
Sie/sie würden schenken	wir haben geschenkt	wir hätten geschenkt

PARTICIPLES   IMPERATIVE

schenkend	schenk! schenkt!
geschenkt	schenken Sie! schenken wir!

Was schenkst du ihm zum Geburtstag? *What are you giving him for his birthday?*
Ich habe ihr nichts geschenkt. *I have not given her anything.*
Ihnen schenkte sie alles, was sie hatte. *She gave them all she had.*
Bitte, schenken Sie uns Ihre Aufmerksamkeit. *Please give us your attention.*

Das Auto habe ich fast geschenkt bekommen. *I got the car for next to nothing.*
Den Besuch zum Museum kannst du dir schenken. *The museum is not worth visiting.*
Ihr ist im Leben nichts geschenkt worden. *She has had a hard life.*
Sie schenkte fünf Kindern das Leben. *She gave birth to five children.*

das Geschenk *present*
die Schenkung *donation*
das Weihnachtsgeschenk *Christmas present*
das Geschenkpapier *wrapping paper*

ausschenken *to serve drinks*
am Ausschank *at the bar*
einschenken *to fill (a glass, cup)*
die Schenke *inn, tavern*

141 schicken *to send* tr. (refl.)

INDICATIVE

Present	**Imperfect**	**Perfect**
ich schicke	ich schickte	ich habe geschickt
du schickst	du schicktest	du hast geschickt
er/sie/es schickt	er/sie/es schickte	er/sie/es hat geschickt
wir schicken	wir schickten	wir haben geschickt
ihr schickt	ihr schicktet	ihr habt geschickt
Sie/sie schicken	Sie/sie schickten	Sie/sie haben geschickt

Pluperfect	**Future**	**Future Perfect**
ich hatte geschickt	ich werde schicken	ich werde geschickt haben
du hattest geschickt	du wirst schicken	du wirst geschickt haben
er/sie/es hatte geschickt	er/sie/es wird schicken	er/sie/es wird geschickt haben
wir hatten geschickt	wir werden schicken	wir werden geschickt haben
ihr hattet geschickt	ihr werdet schicken	ihr werdet geschickt haben
Sie/sie hatten geschickt	Sie/sie werden schicken	Sie/sie werden geschickt haben

CONDITIONAL   SUBJUNCTIVE

Present	**Present**	**Imperfect**
ich würde schicken	ich schicke	ich schickte
du würdest schicken	wir schicken	wir schickten
er/sie/es würde schicken		
wir würden schicken	**Perfect**	**Pluperfect**
ihr würdet schicken	ich habe geschickt	ich hätte geschickt
Sie/sie würden schicken	wir haben geschickt	wir hätten geschickt

PARTICIPLES   IMPERATIVE

schickend

geschickt

schick! schickt!

schicken Sie! schicken wir!

Ich schicke die Briefe mit der Luftpost. *I am sending the letters by airmail.*
Er hat mich zur Post geschickt. *He sent me to the post office.*
Wir schickten die Ware nach Berlin. *We sent the goods to Berlin.*
Es wurde sofort nach einem Arzt geschickt. *A doctor was sent for immediately.*

Der Zufall schickte es, daß ... *It so happened that ...*
Das schickt sich nicht. *That is not appropriate behaviour.*
Schließlich schickte er sich in sein Schicksal. *He finally resigned himself to his fate.*
Wir schickten ihn zum Teufel. *We cursed him.*

das Schicksal *fate, destiny*
der Schicksalsschlag *heavy blow*
schicksalhaft *fateful*

schicklich *proper*
unschicklich *improper*
die Schicklichkeit *propriety*

schieben *to push* tr. (refl.) **142**

INDICATIVE

Present	Imperfect	Perfect
ich schiebe	ich schob	ich habe geschoben
du schiebst	du schobst	du hast geschoben
er/sie/es schiebt	er/sie/es schob	er/sie/es hat geschoben
wir schieben	wir schoben	wir haben geschoben
ihr schiebt	ihr schobt	ihr habt geschoben
Sie/sie schieben	Sie/sie schoben	Sie/sie haben geschoben

Pluperfect	Future	Future Perfect
ich hatte geschoben	ich werde schieben	ich werde geschoben haben
du hattest geschoben	du wirst schieben	du wirst geschoben haben
er/sie/es hatte geschoben	er/sie/es wird schieben	er/sie/es wird geschoben haben
wir hatten geschoben	wir werden schieben	wir werden geschoben haben
ihr hattet geschoben	ihr werdet schieben	ihr werdet geschoben haben
Sie/sie hatten geschoben	Sie/sie werden schieben	Sie/sie werden geschoben haben

CONDITIONAL　　SUBJUNCTIVE

Present	Present	Imperfect
ich würde schieben	ich schiebe	ich schöbe
du würdest schieben	wir schieben	wir schöben
er/sie/es würde schieben		
wir würden schieben	Perfect	Pluperfect
ihr würdet schieben	ich habe geschoben	ich hätte geschoben
Sie/sie würden schieben	wir haben geschoben	wir hätten geschoben

PARTICIPLES　　IMPERATIVE

schiebend　　schieb! schiebt!
geschoben　　schieben Sie! schieben wir!

Ich schiebe mein Fahrrad den Berg hinauf. *I am pushing my bike up the hill.*
Hast du das Brot in den Ofen geschoben? *Have you put the bread in the oven?*
Er schob den Hut in den Nacken. *He pushed his hat back.*
Man würde die Schuld auf ihn schieben. *He would be blamed.*

Er schiebt alles auf die lange Bank. *He keeps putting off everything.*
Bitte, schieb es nicht mir in die Schuhe. *Please don't blame me.*
Heute haben wir Kohldampf geschoben. *We were hungry today.*
Sie schoben eine ruhige Kugel. *They worked at a leisurely pace.*
Du schiebst dich gerne in den Vordergrund. *You like drawing attention to yourself.*

der Schieber *bolt, profiteer*　　　　**aufschieben** *to postpone*
die Schiebung *racketeering*　　　　**verschieben** *to displace, defer*
der Schub *thrust*　　　　　　　　　**abschieben** *to deport*

143 schießen *to shoot* intr. (tr.)

INDICATIVE

Present	Imperfect	Perfect
ich schieße	ich schoß	ich habe geschossen
du schießt	du schoßt	du hast geschossen
er/sie/es schießt	er/sie/es schoß	er/sie/es hat geschossen
wir schießen	wir schossen	wir haben geschossen
ihr schießt	ihr schoßt	ihr habt geschossen
Sie/sie schießen	Sie/sie schossen	Sie/sie haben geschossen

Pluperfect	Future	Future Perfect
ich hatte geschossen	ich werde schießen	ich werde geschossen haben
du hattest geschossen	du wirst schießen	du wirst geschossen haben
er/sie/es hatte geschossen	er/sie/es wird schießen	er/sie/es wird geschossen haben
wir hatten geschossen	wir werden schießen	wir werden geschossen haben
ihr hattet geschossen	ihr werdet schießen	ihr werdet geschossen haben
Sie/sie hatten geschossen	Sie/sie werden schießen	Sie/sie werden geschossen haben

CONDITIONAL   SUBJUNCTIVE

Present	Present	Imperfect
ich würde schießen	ich schieße	ich schösse
du würdest schießen	wir schießen	wir schössen
er/sie/es würde schießen		
wir würden schießen	**Perfect**	**Pluperfect**
ihr würdet schießen	ich habe geschossen	ich hätte geschossen
Sie/sie würden schießen	wir haben geschossen	wir hätten geschossen

PARTICIPLES   IMPERATIVE

schießend

geschossen

schieß! schießt!

schießen Sie! schießen wir!

Warum schießt er in die Luft? *Why is he firing into the air?*
Ich habe noch nie mit einem Revolver geschossen. *I have never fired a revolver.*
Er schoß wild um sich. *He fired indiscriminately around him.*
Er hatte sich eine Kugel in den Kopf geschossen. *He had shot himself in the head.*

Sie schießt wütende Blicke auf ihn. *She flashes furious glances at him.*
Ein Gedanke schoß mir durch den Kopf. *A thought struck me.*
Heute habe ich einen Bock geschossen. *I have made a great blunder today.*
Neue Geschäfte schossen wie Pilze aus der Erde. *New shops sprung up all over the place.*
Er hatte viele Tore geschossen. *He had scored many goals.*

der Schuß *shot*	**die Schießerei** *shooting*
die Schußwaffe *firearm*	**die Schießscheibe** *target*
das Geschoß *bullet*	**emporschießen** *to mushroom*

schlafen *to sleep* intr. **144**

INDICATIVE

Present	Imperfect	Perfect
ich schlafe	ich schlief	ich habe geschlafen
du schläfst	du schliefst	du hast geschlafen
er/sie/es schläft	er/sie/es schlief	er/sie/es hat geschlafen
wir schlafen	wir schliefen	wir haben geschlafen
ihr schlaft	ihr schlieft	ihr habt geschlafen
Sie/sie schlafen	Sie/sie schliefen	Sie/sie haben geschlafen

Pluperfect	Future	Future Perfect
ich hatte geschlafen	ich werde schlafen	ich werde geschlafen haben
du hattest geschlafen	du wirst schlafen	du wirst geschlafen haben
er/sie/es hatte geschlafen	er/sie/es wird schlafen	er/sie/es wird geschlafen haben
wir hatten geschlafen	wir werden schlafen	wir werden geschlafen haben
ihr hattet geschlafen	ihr werdet schlafen	ihr werdet geschlafen haben
Sie/sie hatten geschlafen	Sie/sie werden schlafen	Sie/sie werden geschlafen haben

CONDITIONAL   SUBJUNCTIVE

Present	Present	Imperfect
ich würde schlafen	ich schlafe	ich schliefe
du würdest schlafen	wir schlafen	wir schliefen
er/sie/es würde schlafen		
wir würden schlafen	**Perfect**	**Pluperfect**
ihr würdet schlafen	ich habe geschlafen	ich hätte geschlafen
Sie/sie würden schlafen	wir haben geschlafen	wir hätten geschlafen

PARTICIPLES   IMPERATIVE

schlafend   schlaf! schlaft!
geschlafen   schlafen Sie! schlafen wir!

Gute Nacht! Schlafen Sie gut! *Good night! Sleep well!*
Er schläft ganz fest. *He is fast asleep.*
Ich habe die ganze Nacht nicht geschlafen. *I did not sleep all night.*
Als wir in Berlin waren, schliefen wir bei Freunden. *We spent the night with friends in Berlin.*

Dieses Problem ließ mich nicht schlafen. *This problem kept me awake.*
Im Unterricht schliefen die meisten Schüler. *Most of the pupils were asleep during the lesson.*
Nun lassen wir die Sache schlafen. *Now we'll let the matter rest.*

der Schlaf *sleep*	**ausschlafen** *to sleep (as long as possible)*
der Schläfer *sleeping person*	**einschlafen** *to fall asleep*
das Schlafmittel *sleeping pill*	**verschlafen** *to oversleep*
das Schlafzimmer *bedroom*	**schlaflos** *sleepless*
der Schlafwagen *sleeper (on a train)*	**schläfrig** *sleepy*

145 schlagen *to hit, strike* tr. (intr.)

INDICATIVE

Present	Imperfect	Perfect
ich schlage	ich schlug	ich habe geschlagen
du schlägst	du schlugst	du hast geschlagen
er/sie/es schlägt	er/sie/es schlug	er/sie/es hat geschlagen
wir schlagen	wir schlugen	wir haben geschlagen
ihr schlagt	ihr schlugt	ihr habt geschlagen
Sie/sie schlagen	Sie/sie schlugen	Sie/sie haben geschlagen

Pluperfect	Future	Future Perfect
ich hatte geschlagen	ich werde schlagen	ich werde geschlagen haben
du hattest geschlagen	du wirst schlagen	du wirst geschlagen haben
er/sie/es hatte geschlagen	er/sie/es wird schlagen	er/sie/es wird geschlagen haben
wir hatten geschlagen	wir werden schlagen	wir werden geschlagen haben
ihr hattet geschlagen	ihr werdet schlagen	ihr werdet geschlagen haben
Sie/sie hatten geschlagen	Sie/sie werden schlagen	Sie/sie werden geschlagen haben

CONDITIONAL · SUBJUNCTIVE

Present	Present	Imperfect
ich würde schlagen	ich schlage	ich schlüge
du würdest schlagen	wir schlagen	wir schlügen
er/sie/es würde schlagen		
wir würden schlagen	**Perfect**	**Pluperfect**
ihr würdet schlagen	ich habe geschlagen	ich hätte geschlagen
Sie/sie würden schlagen	wir haben geschlagen	wir hätten geschlagen

PARTICIPLES · IMPERATIVE

PARTICIPLES	IMPERATIVE
schlagend	schlag! schlagt!
geschlagen	schlagen Sie! schlagen wir!

Die Uhr schlägt die Stunde.   *The clock is striking the hour.*
Er hat den Hund geschlagen.   *He hit the dog.*
Sie schlugen mit einem Hammer auf den Stein.   *They hit the stone with a hammer.*
Ihm wurde ins Gesicht geschlagen.   *He was hit in the face.*

Flammen schlugen aus dem brennenden Haus.   *Flames shot out of the burning house.*
Hier hat der Blitz eingeschlagen.   *Lightning has struck here.*
Der Junge ist völlig aus der Art geschlagen.   *The boy is totally different from his parents.*
Schlag dir diese Idee aus dem Kopf!   *Get that idea out of your head!*
Ich war wie vor den Kopf geschlagen.   *I was at a complete loss.*
Sie schlugen zwei Fliegen mit einer Klappe.   *They killed two birds with one stone.*
Nun schlägt es aber dreizehn!   *That really is the limit!*

 eine Bitte abschlagen *to deny a request*   **vorschlagen** *to suggest*

schließen *to shut, lock* tr. (intr.) **146**

INDICATIVE

Present	**Imperfect**	**Perfect**
ich schließe	ich schloß	ich habe geschlossen
du schließt	du schloßt	du hast geschlossen
er/sie/es schließt	er/sie/es schloß	er/sie/es hat geschlossen
wir schließen	wir schlossen	wir haben geschlossen
ihr schließt	ihr schloßt	ihr habt geschlossen
Sie/sie schließen	Sie/sie schlossen	Sie/sie haben geschlossen

Pluperfect	**Future**	**Future Perfect**
ich hatte geschlossen	ich werde schließen	ich werde geschlossen haben
du hattest geschlossen	du wirst schließen	du wirst geschlossen haben
er/sie/es hatte geschlossen	er/sie/es wird schließen	er/sie/es wird geschlossen haben
wir hatten geschlossen	wir werden schließen	wir werden geschlossen haben
ihr hattet geschlossen	ihr werdet schließen	ihr werdet geschlossen haben
Sie/sie hatten geschlossen	Sie/sie werden schließen	Sie/sie werden geschlossen haben

CONDITIONAL   SUBJUNCTIVE

Present	**Present**	**Imperfect**
ich würde schließen	ich schließe	ich schlösse
du würdest schließen	wir schließen	wir schlössen
er/sie/es würde schließen		
wir würden schließen	**Perfect**	**Pluperfect**
ihr würdet schließen	ich habe geschlossen	ich hätte geschlossen
Sie/sie würden schließen	wir haben geschlossen	wir hätten geschlossen

PARTICIPLES   IMPERATIVE

schließend | schließ! schließt!
geschlossen | schließen Sie! schließen wir!

Schließ bitte die Tür! *Please shut the door!*
Gestern hat er seinen Laden geschlossen. *Yesterday he closed his shop.*
Am Sonntag schlossen alle Geschäfte. *All the shops closed on Sunday.*
Die Schule wurde wegen Kälte geschlossen. *The school was closed because of the cold.*

Er schließt jetzt seine dritte Ehe. *He is getting married for the third time.*
Es wird Zeit, Frieden zu schließen. *It is time to make peace.*
Sie hat ihn in ihr Herz geschlossen. *She has become very fond of him.*
Endlich schloß er seine langweilige Rede. *At last he finished his boring speech.*

das Schloß *lock, castle*	**abschließen** *to turn the key, lock up*
der Schlosser *locksmith*	**eine Arbeit abschließen** *to complete a task*
das Schließfach *safe deposit box, locker*	
schließbar *lockable*	**einschließen** *to include, enclose, lock in*
	aufschließen *to unlock*

147 schneiden *to cut, trim* tr. (intr.)

INDICATIVE

Present	**Imperfect**	**Perfect**
ich schneide	ich schnitt	ich habe geschnitten
du schneidest	du schnittst	du hast geschnitten
er/sie/es schneidet	er/sie/es schnitt	er/sie/es hat geschnitten
wir schneiden	wir schnitten	wir haben geschnitten
ihr schneidet	ihr schnittet	ihr habt geschnitten
Sie/sie schneiden	Sie/sie schnitten	Sie/sie haben geschnitten

Pluperfect	**Future**	**Future Perfect**
ich hatte geschnitten	ich werde schneiden	ich werde geschnitten haben
du hattest geschnitten	du wirst schneiden	du wirst geschnitten haben
er/sie/es hatte geschnitten	er/sie/es wird schneiden	er/sie/es wird geschnitten haben
wir hatten geschnitten	wir werden schneiden	wir werden geschnitten haben
ihr hattet geschnitten	ihr werdet schneiden	ihr werdet geschnitten haben
Sie/sie hatten geschnitten	Sie/sie werden schneiden	Sie/sie werden geschnitten haben

CONDITIONAL

SUBJUNCTIVE

Present	**Present**	**Imperfect**
ich würde schneiden	ich schneide	ich schnitte
du würdest schneiden	wir schneiden	wir schnitten
er/sie/es würde schneiden		
wir würden schneiden	**Perfect**	**Pluperfect**
ihr würdet schneiden	ich habe geschnitten	ich hätte geschnitten
Sie/sie würden schneiden	wir haben geschnitten	wir hätten geschnitten

PARTICIPLES

IMPERATIVE

schneidend	schneid! schneidet!
geschnitten	schneiden Sie! schneiden wir!

Schneiden Sie bitte das Brot! *Please slice the bread!*
Ich habe mir in den Finger geschnitten. *I have cut my finger.*
Der Friseur schnitt seine Haare zu kurz. *The hairdresser cut his hair too short.*
Wann wurde der Rasen geschnitten? *When was the grass cut?*

Er schneidet oft komische Gesichter. *He often pulls funny faces.*
Der Wind schnitt mir ins Gesicht. *There was a biting wind in my face.*
Sie hat sich ins eigene Fleisch geschnitten. *She has cut off her nose to spite her face.*
Er ist seiner Mutter wie aus dem Gesicht geschnitten. *He is the spitting image of his mother.*

der Schneider *tailor*
schneidern *to dressmake, sew*
die Schneide *cutting edge*
das Schneidewerkzeug *cutting tool*

der Schnitt *cut*
der Haarschnitt *haircut*
abschneiden *to cut off*
der Aufschnitt *cold, sliced meat*

INDICATIVE

Present	Imperfect	Perfect
ich schreibe	ich schrieb	ich habe geschrieben
du schreibst	du schriebst	du hast geschrieben
er/sie/es schreibt	er/sie/es schrieb	er/sie/es hat geschrieben
wir schreiben	wir schrieben	wir haben geschrieben
ihr schreibt	ihr schriebt	ihr habt geschrieben
Sie/sie schreiben	Sie/sie schrieben	Sie/sie haben geschrieben

Pluperfect	Future	Future Perfect
ich hatte geschrieben	ich werde schreiben	ich werde geschrieben haben
du hattest geschrieben	du wirst schreiben	du wirst geschrieben haben
er/sie/es hatte geschrieben	er/sie/es wird schreiben	er/sie/es wird geschrieben haben
wir hatten geschrieben	wir werden schreiben	wir werden geschrieben haben
ihr hattet geschrieben	ihr werdet schreiben	ihr werdet geschrieben haben
Sie/sie hatten geschrieben	Sie/sie werden schreiben	Sie/sie werden geschrieben haben

CONDITIONAL

SUBJUNCTIVE

Present	Present	Imperfect
ich würde schreiben	ich schreibe	ich schriebe
du würdest schreiben	wir schreiben	wir schrieben
er/sie/es würde schreiben		
wir würden schreiben	Perfect	Pluperfect
ihr würdet schreiben	ich habe geschrieben	ich hätte geschrieben
Sie/sie würden schreiben	wir haben geschrieben	wir hätten geschrieben

PARTICIPLES

IMPERATIVE

schreibend
geschrieben

schreib! schreibt!
schreiben Sie! schreiben wir!

Er schreibt gerade einen Brief. *He is writing a letter.*
An wen hast du geschrieben? *Who have you written to?*
Aus dem Urlaub schrieb er mir viele Karten. *He wrote me many cards while he was on holiday.*
Es durfte nicht mit Bleistift geschrieben werden. *Writing in pencil was not allowed.*

Schreiben Sie sich das hinter die Ohren! *Take that to heart!*
Er hatte sage und schreibe zehn Häuser. *Believe it or not, he owned ten houses.*
Das Geld kannst du in den Wind schreiben. *Consider that money lost.*
Dieser Posten ist ihm wie auf den Leib geschrieben. *This job suits him perfectly.*

das Schreiben *letter, note* | **die Abschrift** *copy*
die Schreibmaschine *typewriter* | **abschreiben** *to copy*
der Schreibtisch *writing desk* | **die Anschrift** *address*
die Schreibwaren *stationery* | **schriftlich** *in writing*
| **die Handschrift** *handwriting*

149 †schwimmen *to swim, float* intr.

INDICATIVE

Present	**Imperfect**	**Perfect**
ich schwimme	ich schwamm	ich bin geschwommen
du schwimmst	du schwammst	du bist geschwommen
er/sie/es schwimmt	er/sie/es schwamm	er/sie/es ist geschwommen
wir schwimmen	wir schwammen	wir sind geschwommen
ihr schwimmt	ihr schwammt	ihr seid geschwommen
Sie/sie schwimmen	Sie/sie schwammen	Sie/sie sind geschwommen

Pluperfect	**Future**	**Future Perfect**
ich war geschwommen	ich werde schwimmen	ich werde geschwommen sein
du warst geschwommen	du wirst schwimmen	du wirst geschwommen sein
er/sie/es war geschwommen	er/sie/es wird schwimmen	er/sie/es wird geschwommen sein
wir waren geschwommen	wir werden schwimmen	wir werden geschwommen sein
ihr wart geschwommen	ihr werdet schwimmen	ihr werdet geschwommen sein
Sie/sie waren geschwommen	Sie/sie werden schwimmen	Sie/sie werden geschwommen sein

CONDITIONAL   SUBJUNCTIVE

Present	**Present**	**Imperfect**
ich würde schwimmen	ich schwimme	ich schwämme
du würdest schwimmen	wir schwimmen	wir schwämmen
er/sie/es würde schwimmen		
wir würden schwimmen	**Perfect**	**Pluperfect**
ihr würdet schwimmen	ich sei geschwommen	ich wäre geschwommen
Sie/sie würden schwimmen	wir seien geschwommen	wir wären geschwommen

PARTICIPLES   IMPERATIVE

schwimmend   schwimm! schwimmt!
geschwommen   schwimmen Sie! schwimmen wir!

Er schwimmt gerne auf dem Rücken. *He likes swimming on his back.*
Ich bin vorigen Sommer viel geschwommen. *I swam a lot last summer.*
Wir schwammen damals oft zur Insel. *We used to swim to the island.*
Einige Wrackteile hatten auf dem Wasser geschwommen. *Some parts of the wreck had been floating on the water.*

Der Keller schwamm vor Nässe. *The cellar was awash.*
Diese Leute schwimmen im Geld. *These people are rolling in money.*
Wir schwammen mit dem Strom. *We were swimming with the flow.*
Es schwimmt mir vor den Augen. *My head is spinning.*

der Schwimmer *swimmer, float*
das Schwimmbad *swimming pool*
die Schwimmweste *life jacket*

verschwimmen *to grow hazy, become blurred*
schwimmfähig *buoyant*
die Schwimmflosse *fin*

sehen *to see, realise* intr. (tr.)   **150**

INDICATIVE

Present	**Imperfect**	**Perfect**
ich sehe	ich sah	ich habe gesehen
du siehst	du sahst	du hast gesehen
er/sie/es sieht	er/sie/es sah	er/sie/es hat gesehen
wir sehen	wir sahen	wir haben gesehen
ihr seht	ihr saht	ihr habt gesehen
Sie/sie sehen	Sie/sie sahen	Sie/sie haben gesehen

Pluperfect	**Future**	**Future Perfect**
ich hatte gesehen	ich werde sehen	ich werde gesehen haben
du hattest gesehen	du wirst sehen	du wirst gesehen haben
er/sie/es hatte gesehen	er/sie/es wird sehen	er/sie/es wird gesehen haben
wir hatten gesehen	wir werden sehen	wir werden gesehen haben
ihr hattet gesehen	ihr werdet sehen	ihr werdet gesehen haben
Sie/sie hatten gesehen	Sie/sie werden sehen	Sie/sie werden gesehen haben

CONDITIONAL   SUBJUNCTIVE

Present	**Present**	**Imperfect**
ich würde sehen	ich sehe	ich sähe
du würdest sehen	wir sehen	wir sähen
er/sie/es würde sehen		
wir würden sehen	**Perfect**	**Pluperfect**
ihr würdet sehen	ich habe gesehen	ich hätte gesehen
Sie/sie würden sehen	wir haben gesehen	wir hätten gesehen

PARTICIPLES   IMPERATIVE

sehend	sieh! seht!
gesehen	sehen Sie! sehen wir!

Sieh mal! *Look here!*
Ohne Brille sieht sie nicht mehr gut. *She can't see very well without her glasses.*
Wo hat man ihn zuletzt gesehen? *Where was he last seen?*
Ich sah ihn schon von weitem. *I saw him from far away.*

Er konnte mir nicht in die Augen sehen. *He could not look me in the eye.*
Sie sah ihren Sohn schon als großen Künstler. *She pictured her son as a great artist.*
Mit dem Zeugnis kannst du dich sehen lassen. *You can be proud of your report.*
Ich kann dieses Bild nicht mehr sehen. *I can't stand this picture any more.*
Wir sahen der Gefahr ins Auge. *We faced the danger bravely.*

ansehen *to look at*	**aussehen** *to look like*
das Ansehen *reputation*	**das Aussehen** *looks*
die Nachsicht *leniency*	**die Einsicht** *insight, understanding*

151 *sein *to be, exist* intr.

INDICATIVE

Present	**Imperfect**	**Perfect**
ich bin	ich war	ich bin gewesen
du bist	du warst	du bist gewesen
er/sie/es ist	er/sie/es war	er/sie/es ist gewesen
wir sind	wir waren	wir sind gewesen
ihr seid	ihr wart	ihr seid gewesen
Sie/sie sind	Sie/sie waren	Sie/sie sind gewesen

Pluperfect	**Future**	**Future Perfect**
ich war gewesen	ich werde sein	ich werde gewesen sein
du warst gewesen	du wirst sein	du wirst gewesen sein
er/sie/es war gewesen	er/sie/es wird sein	er/sie/es wird gewesen sein
wir waren gewesen	wir werden sein	wir werden gewesen sein
ihr wart gewesen	ihr werdet sein	ihr werdet gewesen sein
Sie/sie waren gewesen	Sie/sie werden sein	Sie/sie werden gewesen sein

CONDITIONAL

SUBJUNCTIVE

Present	**Present**	**Imperfect**
ich würde sein	ich sei	ich wäre
du würdest sein	wir seien	wir wären
er/sie/es würde sein		
wir würden sein	**Perfect**	**Pluperfect**
ihr würdet sein	ich sei gewesen	ich wäre gewesen
Sie/sie würden sein	wir seien gewesen	wir wären gewesen

PARTICIPLES

IMPERATIVE

seiend	sei! seid!
gewesen	seien Sie! seien wir!

Sei still! *Be quiet!*
Sind Sie morgen zu Hause? *Will you be at home tomorrow?*
Wo bist du gewesen? *Where have you been?*
Er ist schon 80 Jahre alt. *He is already 80 years old.*
Sie war früher Lehrerin. *She used to be a teacher.*
Wenn er nicht gewesen wäre, wäre ich ertrunken. *Had it not been for him, I would have drowned.*

Muß das denn sein? *Is that absolutely necessary?*
Was ist mit ihm? *What is the matter with him?*
Mir ist heute nicht nach Arbeit. *I don't feel like working today.*
Das wär's! *That is all.*

das Kranksein *state of being ill*   **das Sein, das Dasein** *existence*
das Reichsein *state of being rich*

setzen *to put, place* tr. (refl.) **152**

INDICATIVE

Present	**Imperfect**	**Perfect**
ich setze	ich setzte	ich habe gesetzt
du setzt	du setztest	du hast gesetzt
er/sie/es setzt	er/sie/es setzte	er/sie/es hat gesetzt
wir setzen	wir setzten	wir haben gesetzt
ihr setzt	ihr setztet	ihr habt gesetzt
Sie/sie setzen	Sie/sie setzten	Sie/sie haben gesetzt

Pluperfect	**Future**	**Future Perfect**
ich hatte gesetzt	ich werde setzen	ich werde gesetzt haben
du hattest gesetzt	du wirst setzen	du wirst gesetzt haben
er/sie/es hatte gesetzt	er/sie/es wird setzen	er/sie/es wird gesetzt haben
wir hatten gesetzt	wir werden setzen	wir werden gesetzt haben
ihr hattet gesetzt	ihr werdet setzen	ihr werdet gesetzt haben
Sie/sie hatten gesetzt	Sie/sie werden setzen	Sie/sie werden gesetzt haben

CONDITIONAL　　SUBJUNCTIVE

Present	**Present**	**Imperfect**
ich würde setzen	ich setze	ich setzte
du würdest setzen	wir setzen	wir setzten
er/sie/es würde setzen		
wir würden setzen	**Perfect**	**Pluperfect**
ihr würdet setzen	ich habe gesetzt	ich hätte gesetzt
Sie/sie würden setzen	wir haben gesetzt	wir hätten gesetzt

PARTICIPLES　　IMPERATIVE

setzend
gesetzt

setz! setzt!
setzen Sie! setzen wir!

Bitte, setzten Sie sich doch! *Please sit down!*
Setzt bitte den Stuhl an den Tisch! *Please put the chair by the table!*
Hast du den Topf auf den Herd gesetzt? *Have you put the saucepan on the stove?*
Wir hatten uns gerade gesetzt, als er kam. *We had just sat down when he arrived.*

Das Gerücht wurde von ihm in die Welt gesetzt. *The rumour was spread by him.*
Er setzte alles daran zu gewinnen. *He risked everything in order to win.*
Die Gefangenen wurden auf freien Fuß gesetzt. *The prisoners were set free.*
Wann setzen Sie sich zur Ruhe? *When are you going to retire?*
Ich habe mein ganzes Geld auf dieses Pferd gesetzt. *I put all my money on this horse.*
Was hast du dir in den Kopf gesetzt? *What are you so determined about?*

sich durchsetzen *to make one's way,*
　succeed
übersetzen *to translate*

fortsetzen *to continue*
sich widersetzen *to resist*

153 singen *to sing* intr. (tr.)

INDICATIVE

Present	**Imperfect**	**Perfect**
ich singe	ich sang	ich habe gesungen
du singst	du sangst	du hast gesungen
er/sie/es singt	er/sie/es sang	er/sie/es hat gesungen
wir singen	wir sangen	wir haben gesungen
ihr singt	ihr sangt	ihr habt gesungen
Sie/sie singen	Sie/sie sangen	Sie/sie haben gesungen

Pluperfect	**Future**	**Future Perfect**
ich hatte gesungen	ich werde singen	ich werde gesungen haben
du hattest gesungen	du wirst singen	du wirst gesungen haben
er/sie/es hatte gesungen	er/sie/es wird singen	er/sie/es wird gesungen haben
wir hatten gesungen	wir werden singen	wir werden gesungen haben
ihr hattet gesungen	ihr werdet singen	ihr werdet gesungen haben
Sie/sie hatten gesungen	Sie/sie werden singen	Sie/sie werden gesungen haben

CONDITIONAL SUBJUNCTIVE

Present	**Present**	**Imperfect**
ich würde singen	ich singe	ich sänge
du würdest singen	wir singen	wir sängen
er/sie/es würde singen		
wir würden singen	**Perfect**	**Pluperfect**
ihr würdet singen	ich habe gesungen	ich hätte gesungen
Sie/sie würden singen	wir haben gesungen	wir hätten gesungen

PARTICIPLES IMPERATIVE

singend   sing! singt!
gesungen   singen Sie! singen wir!

Er singt gut. *He sings well.*
Sie hat im Chor gesungen. *She sang in the choir.*
Sie sangen nur nach Noten. *They only sang with music.*
Das Kind wurde in den Schlaf gesungen. *The child was being sung to sleep.*

Davon kann ich ein Lied singen. *I know from experience.*
Er sang sein eigenes Lob. *He was singing his own praises.*
Das ist ihm nicht an der Wiege gesungen worden. *He was not expected to come to this.*
Ich hörte die Engel im Himmel singen. *It hurt like hell.*

der Sänger *singer*	**der Singvogel** *songbird*
der Gesang *singing*	**der Gesanglehrer** *singing teacher*
das Gesangbuch *hymn book*	**der Gesangverein** *choral society*

sitzen *to sit, stay* intr. **154**

INDICATIVE

Present	**Imperfect**	**Perfect**
ich sitze	ich saß	ich habe gesessen
du sitzt	du saßt	du hast gesessen
er/sie/es sitzt	er/sie/es saß	er/sie/es hat gesessen
wir sitzen	wir saßen	wir haben gesessen
ihr sitzt	ihr saßt	ihr habt gesessen
Sie/sie sitzen	Sie/sie saßen	Sie/sie haben gesessen

Pluperfect	**Future**	**Future Perfect**
ich hatte gesessen	ich werde sitzen	ich werde gesessen haben
du hattest gesessen	du wirst sitzen	du wirst gesessen haben
er/sie/es hatte gesessen	er/sie/es wird sitzen	er/sie/es wird gesessen haben
wir hatten gesessen	wir werden sitzen	wir werden gesessen haben
ihr hattet gesessen	ihr werdet sitzen	ihr werdet gesessen haben
Sie/sie hatten gesessen	Sie/sie werden sitzen	Sie/sie werden gesessen haben

CONDITIONAL / SUBJUNCTIVE

Present	**Present**	**Imperfect**
ich würde sitzen	ich sitze	ich säße
du würdest sitzen	wir sitzen	wir säßen
er/sie/es würde sitzen		
wir würden sitzen	**Perfect**	**Pluperfect**
ihr würdet sitzen	ich habe gesessen	ich hätte gesessen
Sie/sie würden sitzen	wir haben gesessen	wir hätten gesessen

PARTICIPLES / IMPERATIVE

sitzend	sitz! sitzt!
gesessen	sitzen Sie! sitzen wir!

Sitzen Sie bequem? *Are you sitting comfortably?*
Ich habe heute eine Stunde beim Doktor gesessen. *I have been sitting at the doctor's for one hour today.*
Auf diesem Stuhl saß er jeden Tag. *He used to sit on this chair every day.*
Ich würde gern den ganzen Tag in der Sonne sitzen. *I would love to sit in the sun all day.*

Er sitzt schon seit drei Jahren. *He has been in prison for three years.*
Der Schreck saß mir in den Gliedern. *The shock paralysed me.*
Wir sitzen hier in einem winzigen Dorf. *We are stuck here in a tiny village.*
Dein Kleid sitzt tadellos. *Your dress fits perfectly.*
Er saß am längeren Hebel. *He had the greater influence.*
Wir sitzen alle in einem Boot. *We are all in the same boat.*

der Sitz *seat*
die Sitzung *meeting, conference*
sitzenbleiben *to remain seated, to repeat a class*
sitzenlassen *leave in the lurch*

155 sollen *to be supposed to* intr.

INDICATIVE

Present	**Imperfect**	**Perfect**
ich soll	ich sollte	ich habe gesollt
du sollst	du solltest	du hast gesollt
er/sie/es soll	er/sie/es sollte	er/sie/es hat gesollt
wir sollen	wir sollten	wir haben gesollt
ihr sollt	ihr solltet	ihr habt gesollt
Sie/sie sollen	Sie/sie sollten	Sie/sie haben gesollt

Pluperfect	**Future**	**Future Perfect**
ich hatte gesollt	ich werde sollen	ich werde gesollt haben
du hattest gesollt	du wirst sollen	du wirst gesollt haben
er/sie/es hatte gesollt	er/sie/es wird sollen	er/sie/es wird gesollt haben
wir hatten gesollt	wir werden sollen	wir werden gesollt haben
ihr hattet gesollt	ihr werdet sollen	ihr werdet gesollt haben
Sie/sie hatten gesollt	Sie/sie werden sollen	Sie/sie werden gesollt haben

CONDITIONAL

SUBJUNCTIVE

Present	**Present**	**Imperfect**
ich würde sollen	ich solle	ich sollte
du würdest sollen	wir sollen	wir sollten
er/sie/es würde sollen		
wir würden sollen	**Perfect**	**Pluperfect**
ihr würdet sollen	ich habe gesollt	ich hätte gesollt
Sie/sie würden sollen	wir haben gesollt	wir hätten gesollt

PARTICIPLES

sollend
gesollt

Du sollst sofort kommen! *You are to come at once!*
Er sollte eigentlich zu Hause bleiben. *He ought to stay at home.*
Das hätte er nicht tun sollen. *He should not have done that.*
Sollte es regnen, dann bleiben wir hier. *Should it rain, we'll stay here.*
Der Film soll sehr gut sein. *The film is supposed to be very good.*
Er sagte, ich sollte nicht auf ihn warten. *He said I should not wait for him.*
Sie sollten sich schämen. *You should be ashamed.*
Sollte das wahr sein? *Could that be true?*
Was soll das heißen? *What is the meaning of this?*
Sie sollen es getan haben. *They are said to have done it.*
Was soll's! *Let's not get upset!/Never mind!*

das Soll *debit, duty, obligation*

sparen *to save* tr. (intr.) **156**

INDICATIVE

Present	**Imperfect**	**Perfect**
ich spare	ich sparte	ich habe gespart
du sparst	du spartest	du hast gespart
er/sie/es spart	er/sie/es sparte	er/sie/es hat gespart
wir sparen	wir sparten	wir haben gespart
ihr spart	ihr spartet	ihr habt gespart
Sie/sie sparen	Sie/sie sparten	Sie/sie haben gespart

Pluperfect	**Future**	**Future Perfect**
ich hatte gespart	ich werde sparen	ich werde gespart haben
du hattest gespart	du wirst sparen	du wirst gespart haben
er/sie/es hatte gespart	er/sie/es wird sparen	er/sie/es wird gespart haben
wir hatten gespart	wir werden sparen	wir werden gespart haben
ihr hattet gespart	ihr werdet sparen	ihr werdet gespart haben
Sie/sie hatten gespart	Sie/sie werden sparen	Sie/sie werden gespart haben

CONDITIONAL SUBJUNCTIVE

Present	**Present**	**Imperfect**
ich würde sparen	ich spare	ich sparte
du würdest sparen	wir sparen	wir sparten
er/sie/es würde sparen		
wir würden sparen	**Perfect**	**Pluperfect**
ihr würdet sparen	ich habe gespart	ich hätte gespart
Sie/sie würden sparen	wir haben gespart	wir hätten gespart

PARTICIPLES IMPERATIVE

sparend	spar! spart!
gespart	sparen Sie! sparen wir!

Sparen Sie Energie! *Save energy!*
Er hat viel Geld gespart. *He has saved a lot of money.*
Wir sparten lange auf das Haus. *We saved for the house for a long time.*
Ich hatte mit jedem Pfennig gespart. *I had watched every penny.*

Damit haben wir viel Mühe gespart. *That meant we saved a lot of trouble.*
Bei dem Haus war an nichts gespart worden. *No expense had been spared in the house.*
Den Weg hättest du dir sparen können. *You could have saved yourself the journey.*
Spare dir deine Bemerkung! *Hold your tongue!*

die Sparkasse *savings bank*	**sparsam** *thrifty*
das Sparbuch *savings book*	**spärlich** *sparse, meagre*
die Sparmaßnahme *economy drive*	**das Sparkonto** *savings account*

157 speisen *to eat, feed* intr. (tr.)

INDICATIVE

Present	**Imperfect**	**Perfect**
ich speise	ich speiste	ich habe gespeist
du speist	du speistest	du hast gespeist
er/sie/es speist	er/sie/es speiste	er/sie/es hat gespeist
wir speisen	wir speisten	wir haben gespeist
ihr speist	ihr speistet	ihr habt gespeist
Sie/sie speisen	Sie/sie speisten	Sie/sie haben gespeist

Pluperfect	**Future**	**Future Perfect**
ich hatte gespeist	ich werde speisen	ich werde gespeist haben
du hattest gespeist	du wirst speisen	du wirst gespeist haben
er/sie/es hatte gespeist	er/sie/es wird speisen	er/sie/es wird gespeist haben
wir hatten gespeist	wir werden speisen	wir werden gespeist haben
ihr hattet gespeist	ihr werdet speisen	ihr werdet gespeist haben
Sie/sie hatten gespeist	Sie/sie werden speisen	Sie/sie werden gespeist haben

CONDITIONAL · SUBJUNCTIVE

Present	**Present**	**Imperfect**
ich würde speisen	ich speise	ich speiste
du würdest speisen	wir speisen	wir speisten
er/sie/es würde speisen		
wir würden speisen	**Perfect**	**Pluperfect**
ihr würdet speisen	ich habe gespeist	ich hätte gespeist
Sie/sie würden speisen	wir haben gespeist	wir hätten gespeist

PARTICIPLES · IMPERATIVE

speisend
gespeist

speise! speist!
speisen Sie! speisen wir!

Wo sollen wir heute speisen? *Where shall we eat today?*
Habt ihr gut gespeist? *Have you had a good meal?*
Im Urlaub speisten wir immer im gleichen Restaurant. *We always ate in the same restaurant on holiday.*
Im Lager wurden täglich 3000 Leute gespeist. *3000 people were fed every day in the camp.*

Er speiste uns nur mit leeren Hoffnungen. *He gave us nothing but vain hopes.*
Der Fluß wird von den Bergbächen gespeist. *The river is fed by the mountain streams.*

die Speise *food, dish*	**die Speisereste** *left-overs*
die Speisekarte *menu*	**der Speisewagen** *restaurant car*
die Speisekammer *larder*	**die Vorspeise** *starter*
die Speisenfolge *courses (of a menu)*	**die Nachspeise** *dessert*

spielen *to play, act* intr. (tr.) **158**

INDICATIVE

Present	Imperfect	Perfect
ich spiele	ich spielte	ich habe gespielt
du spielst	du spieltest	du hast gespielt
er/sie/es spielt	er/sie/es spielte	er/sie/es hat gespielt
wir spielen	wir spielten	wir haben gespielt
ihr spielt	ihr spieltet	ihr habt gespielt
Sie/sie spielen	Sie/sie spielten	Sie/sie haben gespielt

Pluperfect	Future	Future Perfect
ich hatte gespielt	ich werde spielen	ich werde gespielt haben
du hattest gespielt	du wirst spielen	du wirst gespielt haben
er/sie/es hatte gespielt	er/sie/es wird spielen	er/sie/es wird gespielt haben
wir hatten gespielt	wir werden spielen	wir werden gespielt haben
ihr hattet gespielt	ihr werdet spielen	ihr werdet gespielt haben
Sie/sie hatten gespielt	Sie/sie werden spielen	Sie/sie werden gespielt haben

CONDITIONAL | SUBJUNCTIVE

Present	Present	Imperfect
ich würde spielen	ich spiele	ich spielte
du würdest spielen	wir spielen	wir spielten
er/sie/es würde spielen		
wir würden spielen	**Perfect**	**Pluperfect**
ihr würdet spielen	ich habe gespielt	ich hätte gespielt
Sie/sie würden spielen	wir haben gespielt	wir hätten gespielt

PARTICIPLES | IMPERATIVE

spielend	spiel! spielt!
gespielt	spielen Sie! spielen wir!

Spielen Sie Bridge? *Do you play bridge?*
Die Kinder haben Ball gespielt. *The children were playing ball.*
Er spielte falsch. *He cheated (at cards).*
Die Hauptrolle im Film wurde von ihm gespielt. *The leading role was played by him.*

Geld spielt bei ihm eine große Rolle. *Money is very important to him.*
Sie spielte gerne die erste Geige. *She liked being in charge.*
Mir wurde ein böser Streich gespielt. *A nasty trick was played on me.*
Ich spielte mit dem Gedanken, ein Haus zu bauen. *I played with the idea of building a house.*
Das spielt keine Rolle! *That is of no importance!*

das Spiel *game*	**auf etwas anspielen** *to hint at something*
das Spielzeug *toy*	**Geld verspielen** *to lose money gambling*
der Spielverderber *spoilsport*	**bei jemandem verspielt haben** *to have lost someone's trust*
die Spielerei *trifle, child's play*	**mitspielen** *to join in*

159 **sprechen** *to speak, talk* intr. (tr.)

INDICATIVE

Present	**Imperfect**	**Perfect**
ich spreche	ich sprach	ich habe gesprochen
du sprichst	du sprachst	du hast gesprochen
er/sie/es spricht	er/sie/es sprach	er/sie/es hat gesprochen
wir sprechen	wir sprachen	wir haben gesprochen
ihr sprecht	ihr spracht	ihr habt gesprochen
Sie/sie sprechen	Sie/sie sprachen	Sie/sie haben gesprochen

Pluperfect	**Future**	**Future Perfect**
ich hatte gesprochen	ich werde sprechen	ich werde gesprochen haben
du hattest gesprochen	du wirst sprechen	du wirst gesprochen haben
er/sie/es hatte gesprochen	er/sie/es wird sprechen	er/sie/es wird gesprochen haben
wir hatten gesprochen	wir werden sprechen	wir werden gesprochen haben
ihr hattet gesprochen	ihr werdet sprechen	ihr werdet gesprochen haben
Sie/sie hatten gesprochen	Sie/sie werden sprechen	Sie/sie werden gesprochen haben

CONDITIONAL SUBJUNCTIVE

Present	**Present**	**Imperfect**
ich würde sprechen	ich spreche	ich spräche
du würdest sprechen	wir sprechen	wir sprächen
er/sie/es würde sprechen		
wir würden sprechen	**Perfect**	**Pluperfect**
ihr würdet sprechen	ich habe gesprochen	ich hätte gesprochen
Sie/sie würden sprechen	wir haben gesprochen	wir hätten gesprochen

PARTICIPLES IMPERATIVE

sprechend
gesprochen

sprich! sprecht!
sprechen Sie! sprechen wir!

Sprich bitte etwas lauter! *Please speak up!*
Er spricht mehrere Sprachen fließend. *He speaks several languages fluently.*
Wir sprachen gerade über dich. *We were just talking about you.*
Ich habe ihn nur am Telefon gesprochen. *I have only talked to him on the phone.*

Heute bin ich für niemanden zu sprechen. *I am not at home to anyone today.*
Er ist nicht gut auf mich zu sprechen. *He is not well-disposed towards me.*
Dein Glück hat sich herumgesprochen. *Your luck has been the talk of the town.*
Darüber werden wir uns noch sprechen! *We shall see about that!*

der Sprecher *speaker*
die Sprechstunde *surgery (hours)*
das Sprichwort *proverb*
der Spruch *motto*
der Urteilsspruch *verdict*

die Sprache *language*
die Ansprache *address, speech*
die Absprache *agreement*
sprachlos *speechless*

*springen *to jump, leap* intr. **160**

INDICATIVE

Present	**Imperfect**	**Perfect**
ich springe	ich sprang	ich bin gesprungen
du springst	du sprangst	du bist gesprungen
er/sie/es springt	er/sie/es sprang	er/sie/es ist gesprungen
wir springen	wir sprangen	wir sind gesprungen
ihr springt	ihr sprangt	ihr seid gesprungen
Sie/sie springen	Sie/sie sprangen	Sie/sie sind gesprungen

Pluperfect	**Future**	**Future Perfect**
ich war gesprungen	ich werde springen	ich werde gesprungen sein
du warst gesprungen	du wirst springen	du wirst gesprungen sein
er/sie/es war gesprungen	er/sie/es wird springen	er/sie/es wird gesprungen sein
wir waren gesprungen	wir werden springen	wir werden gesprungen sein
ihr wart gesprungen	ihr werdet springen	ihr werdet gesprungen sein
Sie/sie waren gesprungen	Sie/sie werden springen	Sie/sie werden gesprungen sein

CONDITIONAL · SUBJUNCTIVE

Present	**Present**	**Imperfect**
ich würde springen	ich springe	ich spränge
du würdest springen	wir springen	wir sprängen
er/sie/es würde springen		
wir würden springen	**Perfect**	**Pluperfect**
ihr würdet springen	ich sei gesprungen	ich wäre gesprungen
Sie/sie würden springen	wir seien gesprungen	wir wären gesprungen

PARTICIPLES · IMPERATIVE

springend
gesprungen

spring! springt!
springen Sie! springen wir!

Springen Sie nicht aus dem fahrenden Zug! *Don't jump off the train while it's moving!*
Beim Feuer sind die Leute aus dem Fenster gesprungen. *During the fire people jumped out of the window.*
Ohne zu zögern sprang er ins Wasser. *Without hesitating he jumped into the water.*
Er würde nie wieder springen. *He would never jump again.*

Diese Reklame springt sofort ins Auge. *This advertisement attracts the eye.*
Ich lasse eine Runde springen. *I'll buy a round.*
Der letzte Wagen des Zuges sprang aus den Schienen. *The last carriage came off the rails.*
Die Fensterscheibe ist gesprungen. *The window pane is cracked.*

der Springer *parachutist*
der Sprung *jump*
die Sprungschanze *ski jump*
sprunghaft *erratic, sudden*

anspringen *to jump at, start (the engine)*
jemandem beispringen *to help*
für jemanden einspringen *to stand in for someone*
mit jemandem (etwas) umspringen *to deal with someone (something)*

161 stehen *to stand, stop* intr.

INDICATIVE

Present	**Imperfect**	**Perfect**
ich stehe	ich stand	ich habe gestanden
du stehst	du standst	du hast gestanden
er/sie/es steht	er/sie/es stand	er/sie/es hat gestanden
wir stehen	wir standen	wir haben gestanden
ihr steht	ihr standet	ihr habt gestanden
Sie/sie stehen	Sie/sie standen	Sie/sie haben gestanden

Pluperfect	**Future**	**Future Perfect**
ich hatte gestanden	ich werde stehen	ich werde gestanden haben
du hattest gestanden	du wirst stehen	du wirst gestanden haben
er/sie/es hatte gestanden	er/sie/es wird stehen	er/sie/es wird gestanden haben
wir hatten gestanden	wir werden stehen	wir werden gestanden haben
ihr hattet gestanden	ihr werdet stehen	ihr werdet gestanden haben
Sie/sie hatten gestanden	Sie/sie werden stehen	Sie/sie werden gestanden haben

CONDITIONAL SUBJUNCTIVE

Present	**Present**	**Imperfect**
ich würde stehen	ich stehe	ich stände
du würdest stehen	wir stehen	wir ständen
er/sie/es würde stehen		
wir würden stehen	**Perfect**	**Pluperfect**
ihr würdet stehen	ich habe gestanden	ich hätte gestanden
Sie/sie würden stehen	wir haben gestanden	wir hätten gestanden

PARTICIPLES IMPERATIVE

stehend
gestanden

steh! steht!
stehen Sie! stehen wir!

Steh gerade! *Stand up straight!*
Wir haben lange an der Bushaltestelle gestanden. *We have been standing at the bus stop for a long time.*
Das Haus stand am Rande der Klippe. *The house stood at the edge of the cliff.*
Es würde nicht mehr lange dort stehen. *It would not be there for much longer.*

Er steht auf der Höhe seines Ruhmes. *He is at the height of his career.*
Das Pfund steht auf 2.50 DM. *Sterling stands at 2 Marks 50.*
Für mich stand alles auf dem Spiel. *There was a lot at stake for me.*
Das wird dir (dich) teuer zu stehen kommen. *You will have to pay dearly for that.*
Ihm standen die Haare zu Berge. *His hair stood on end.*
Uns stand das Wasser bis zum Hals. *We were almost bankrupt.*
Sie standen uns Rede und Antwort. *They justified their actions.*

der Stand *condition, position, class*   **widerstehen** *to resist*

teilen *to divide, share* tr. (refl.) **162**

INDICATIVE

Present	**Imperfect**	**Perfect**
ich teile	ich teilte	ich habe geteilt
du teilst	du teiltest	du hast geteilt
er/sie/es teilt	er/sie/es teilte	er/sie/es hat geteilt
wir teilen	wir teilten	wir haben geteilt
ihr teilt	ihr teiltet	ihr habt geteilt
Sie/sie teilen	Sie/sie teilten	Sie/sie haben geteilt

Pluperfect	**Future**	**Future Perfect**
ich hatte geteilt	ich werde teilen	ich werde geteilt haben
du hattest geteilt	du wirst teilen	du wirst geteilt haben
er/sie/es hatte geteilt	er/sie/es wird teilen	er/sie/es wird geteilt haben
wir hatten geteilt	wir werden teilen	wir werden geteilt haben
ihr hattet geteilt	ihr werdet teilen	ihr werdet geteilt haben
Sie/sie hatten geteilt	Sie/sie werden teilen	Sie/sie werden geteilt haben

CONDITIONAL   SUBJUNCTIVE

Present	**Present**	**Imperfect**
ich würde teilen	ich teile	ich teilte
du würdest teilen	wir teilen	wir teilten
er/sie/es würde teilen		
wir würden teilen	**Perfect**	**Pluperfect**
ihr würdet teilen	ich habe geteilt	ich hätte geteilt
Sie/sie würden teilen	wir haben geteilt	wir hätten geteilt

PARTICIPLES   IMPERATIVE

teilend	teil! teilt!
geteilt	teilen Sie! teilen wir!

Wir teilen die Kosten. *We are sharing the cost.*
Er hat die Erbschaft gerecht geteilt. *He divided the inheritance fairly.*
Ich teilte meine Zigaretten mit ihm. *I shared my cigarettes with him.*
Das Land wurde nach dem Kriege geteilt. *The country was divided after the war.*

Ich teile seine Meinung nicht. *I don't share his opinion.*
Hier teilten sich die Meinungen. *Opinions differed on this.*
Geteilter Schmerz ist halber Schmerz. *A trouble shared is a trouble halved.*
Ich las den Brief mit geteilten Gefühlen. *I read the letter with mixed feelings.*

der Teil *part, component*	**austeilen** *to hand out, give*
der Teilhaber *partner*	**verteilen** *to distribute*
die Teilnahme *participation*	**zuteilen** *allocate*
die Teilzahlung *instalment*	**teilnahmslos** *indifferent*

163 tragen *to carry, bear* tr. (intr.)

INDICATIVE

Present	**Imperfect**	**Perfect**
ich trage	ich trug	ich habe getragen
du trägst	du trugst	du hast getragen
er/sie/es trägt	er/sie/es trug	er/sie/es hat getragen
wir tragen	wir trugen	wir haben getragen
ihr tragt	ihr trugt	ihr habt getragen
Sie/sie tragen	Sie/sie trugen	Sie/sie haben getragen

Pluperfect	**Future**	**Future Perfect**
ich hatte getragen	ich werde tragen	ich werde getragen haben
du hattest getragen	du wirst tragen	du wirst getragen haben
er/sie/es hatte getragen	er/sie/es wird tragen	er/sie/es wird getragen haben
wir hatten getragen	wir werden tragen	wir werden getragen haben
ihr hattet getragen	ihr werdet tragen	ihr werdet getragen haben
Sie/sie hatten getragen	Sie/sie werden tragen	Sie/sie werden getragen haben

CONDITIONAL · SUBJUNCTIVE

Present	**Present**	**Imperfect**
ich würde tragen	ich trage	ich trüge
du würdest tragen	wir tragen	wir trügen
er/sie/es würde tragen		
wir würden tragen	**Perfect**	**Pluperfect**
ihr würdet tragen	ich habe getragen	ich hätte getragen
Sie/sie würden tragen	wir haben getragen	wir hätten getragen

PARTICIPLES · IMPERATIVE

tragend	trag! tragt!
getragen	tragen Sie! tragen wir!

Trägst du bitte den schweren Koffer für mich? *Would you carry the heavy case for me?*
Wer hat den Koffer zum Bahnhof getragen? *Who carried the suitcase to the station?*
Sie trug einen warmen Mantel. *She was wearing a warm coat.*
Das Dach wurde von Säulen getragen. *The roof was supported by pillars.*

Er trug schwer an seiner Verantwortung. *He struggled with his burden of responsibility.*
Wer trägt die Schuld an dem Unfall? *Who is to be blamed for the accident?*
Meine Füße trugen mich nicht mehr. *I was ready to drop.*
Er hat seine Frau auf Händen getragen. *He adored and spoilt his wife.*

der Träger *carrier, bearer*	**ertragen** *to bear*
die Tragbahre *stretcher*	**zu etwas beitragen** *to contribute to*
die Tragweite *range, importance*	*something*
tragbar *bearable, wearable*	**sich betragen** *to behave*
	übertragen *to transfer, broadcast*

treffen *to meet, hit* tr.

INDICATIVE

Present	**Imperfect**	**Perfect**
ich treffe	ich traf	ich habe getroffen
du triffst	du trafst	du hast getroffen
er/sie/es trifft	er/sie/es traf	er/sie/es hat getroffen
wir treffen	wir trafen	wir haben getroffen
ihr trefft	ihr traft	ihr habt getroffen
Sie/sie treffen	Sie/sie trafen	Sie/sie haben getroffen

Pluperfect	**Future**	**Future Perfect**
ich hatte getroffen	ich werde treffen	ich werde getroffen haben
du hattest getroffen	du wirst treffen	du wirst getroffen haben
er/sie/es hatte getroffen	er/sie/es wird treffen	er/sie/es wird getroffen haben
wir hatten getroffen	wir werden treffen	wir werden getroffen haben
ihr hattet getroffen	ihr werdet treffen	ihr werdet getroffen haben
Sie/sie hatten getroffen	Sie/sie werden treffen	Sie/sie werden getroffen haben

CONDITIONAL · SUBJUNCTIVE

Present	**Present**	**Imperfect**
ich würde treffen	ich treffe	ich träfe
du würdest treffen	wir treffen	wir träfen
er/sie/es würde treffen		
wir würden treffen	**Perfect**	**Pluperfect**
ihr würdet treffen	ich habe getroffen	ich hätte getroffen
Sie/sie würden treffen	wir haben getroffen	wir hätten getroffen

PARTICIPLES · IMPERATIVE

treffend	triff! trefft!
getroffen	treffen Sie! treffen wir!

Wo treffen wir Sie wieder? *Where are we going to meet you again?*
Er trifft gut. *He is a good shot.*
Wir trafen ihn auf unserer Wanderung. *We met him on our walk.*
Er wurde tödlich von der Kugel getroffen. *He was fatally wounded by the bullet.*

Dein Vorwurf hat ihn tief getroffen. *Your reproach hurt him deeply.*
Sie war wie vom Blitz getroffen. *She was thunderstruck.*
Morgen trifft er seine Entscheidung. *He is going to decide tomorrow.*
Das traf den Nagel auf den Kopf. *That hit the nail on the head.*
Der Maler hat Sie gut getroffen. *The painter has achieved a good likeness of you.*
Das trifft sich gut, daß Sie heute kommen. *It is most convenient that you have come today.*

das Treffen *meeting*	**treffend** *appropriate*
der Treffer *lucky hit*	**vortrefflich** *excellent*

165 trinken *to drink, absorb* tr. (intr.)

INDICATIVE

Present
ich trinke
du trinkst
er/sie/es trinkt
wir trinken
ihr trinkt
Sie/sie trinken

Imperfect
ich trank
du trankst
er/sie/es trank
wir tranken
ihr trankt
Sie/sie tranken

Perfect
ich habe getrunken
du hast getrunken
er/sie/es hat getrunken
wir haben getrunken
ihr habt getrunken
Sie/sie haben getrunken

Pluperfect
ich hatte getrunken
du hattest getrunken
er/sie/es hatte getrunken
wir hatten getrunken
ihr hattet getrunken
Sie/sie hatten getrunken

Future
ich werde trinken
du wirst trinken
er/sie/es wird trinken
wir werden trinken
ihr werdet trinken
Sie/sie werden trinken

Future Perfect
ich werde getrunken haben
du wirst getrunken haben
er/sie/es wird getrunken haben
wir werden getrunken haben
ihr werdet getrunken haben
Sie/sie werden getrunken haben

CONDITIONAL

SUBJUNCTIVE

Present
ich würde trinken
du würdest trinken
er/sie/es würde trinken
wir würden trinken
ihr würdet trinken
Sie/sie würden trinken

Present
ich trinke
wir trinken

Perfect
ich habe getrunken
wir haben getrunken

Imperfect
ich tränke
wir tränken

Pluperfect
ich hätte getrunken
wir hätten getrunken

PARTICIPLES

IMPERATIVE

trinkend
getrunken

trink! trinkt!
trinken Sie! trinken wir!

Trinken Sie lieber Bier oder Wein? *Do you prefer beer or wine?*
Er trinkt lieber Wein. *He prefers wine.*
Früher hat er nur Bier getrunken. *He only used to drink beer.*
Sie tranken ihre Gläser in einem Zug leer. *They drank their drinks in one go.*

Er hat sich um seinen Verstand getrunken. *He drank himself stupid.*
Abwarten und Tee trinken! *Let us be patient!*
Er trinkt gern einen über den Durst. *He is too fond of alcohol.*
Sie tranken ihn unter den Tisch. *They drank him under the table.*

das Trinkwasser *drinking water*
das Trinkgeld *tip*
der Trinker *drunkard*
trinkbar *drinkable*

das Getränk *drink, beverage*
tränken *to water cattle, to soak*
der Trunk *drink, gulp*
betrunken *drunk*

tun *to do, make* tr. (intr.) **166**

INDICATIVE

Present	**Imperfect**	**Perfect**
ich tue	ich tat	ich habe getan
du tust	du tatst	du hast getan
er/sie/es tut	er/sie/es tat	er/sie/es hat getan
wir tun	wir taten	wir haben getan
ihr tut	ihr tatet	ihr habt getan
Sie/sie tun	Sie/sie taten	Sie/sie haben getan

Pluperfect	**Future**	**Future Perfect**
ich hatte getan	ich werde tun	ich werde getan haben
du hattest getan	du wirst tun	du wirst getan haben
er/sie/es hatte getan	er/sie/es wird tun	er/sie/es wird getan haben
wir hatten getan	wir werden tun	wir werden getan haben
ihr hattet getan	ihr werdet tun	ihr werdet getan haben
Sie/sie hatten getan	Sie/sie werden tun	Sie/sie werden getan haben

CONDITIONAL   SUBJUNCTIVE

Present	**Present**	**Imperfect**
ich würde tun	ich tue	ich täte
du würdest tun	wir tuen	wir täten
er/sie/es würde tun		
wir würden tun	**Perfect**	**Pluperfect**
ihr würdet tun	ich habe getan	ich hätte getan
Sie/sie würden tun	wir haben getan	wir hätten getan

PARTICIPLES   IMPERATIVE

tuend	tu! tut!
getan	tun Sie! tun wir!

Was tun Sie morgen? *What are you doing tomorrow?*
Er hat den ganzen Tag nichts getan. *He has not done anything all day.*
Wir taten, was wir konnten. *We did what we could.*
Ihm wurde Unrecht getan. *He was wronged.*

Ich habe heute alle Hände voll zu tun. *I'll have my hands full today.*
Das tut mir aber leid! *I am sorry!*
Damit ist die Sache nicht getan. *The matter does not end here.*
Sie täten besser daran zu gehen. *You had better go.*
Das alte Auto tat uns gute Dienste. *The old car served us well.*
Das tut nichts zur Sache. *That is unimportant.*
Wo tut es Ihnen weh? *Where does it hurt?*
Sie haben mir einen großen Gefallen getan. *You have done me a great favour.*

 die Tat *deed*   **der Täter** *culprit, criminal*

167 üben *to practise* intr. (tr., refl.)

INDICATIVE

Present	Imperfect	Perfect
ich übe	ich übte	ich habe geübt
du übst	du übtest	du hast geübt
er/sie/es übt	er/sie/es übte	er/sie/es hat geübt
wir üben	wir übten	wir haben geübt
ihr übt	ihr übtet	ihr habt geübt
Sie/sie üben	Sie/sie übten	Sie/sie haben geübt

Pluperfect	Future	Future Perfect
ich hatte geübt	ich werde üben	ich werde geübt haben
du hattest geübt	du wirst üben	du wirst geübt haben
er/sie/es hatte geübt	er/sie/es wird üben	er/sie/es wird geübt haben
wir hatten geübt	wir werden üben	wir werden geübt haben
ihr hattet geübt	ihr werdet üben	ihr werdet geübt haben
Sie/sie hatten geübt	Sie/sie werden üben	Sie/sie werden geübt haben

CONDITIONAL

SUBJUNCTIVE

Present	Present	Imperfect
ich würde üben	ich übe	ich übte
du würdest üben	wir üben	wir übten
er/sie/es würde üben		
wir würden üben	Perfect	Pluperfect
ihr würdet üben	ich habe geübt	ich hätte geübt
Sie/sie würden üben	wir habe geübt	wir hätten geübt

PARTICIPLES

IMPERATIVE

übend
geübt

üb! übt!
üben Sie! üben wir!

Ich übe täglich auf dem Klavier. *I practise playing the piano every day.*
Wir haben heute unsere Rollen geübt. *We have been practising our parts today.*
Er übte sein Gedächtnis. *He racked his brains.*
Das Sprechen muß geübt werden. *Speaking (well) only comes with practice.*

Sie würden Rache an uns üben. *They would take revenge on us.*
Bitte, üben Sie Geduld! *Please be patient!*
Er übt immer viel Nachsicht mit uns. *He always shows us a lot of consideration.*
Welchen Beruf üben Sie aus? *What is your profession?*
Sie sind ein geübter Fahrer. *You are a skilful driver.*

die Übung *exercise*
üblich *usual, the custom*

ausüben *to carry out*
verüben *to commit*

überlegen · *to consider, cover* · tr. (intr.) **168**

INDICATIVE

Present	**Imperfect**	**Perfect**
ich überlege	ich überlegte	ich habe überlegt
du überlegst	du überlegtest	du hast überlegt
er/sie/es überlegt	er/sie/es überlegte	er/sie/es hat überlegt
wir überlegen	wir überlegten	wir haben überlegt
ihr überlegt	ihr überlegtet	ihr habt überlegt
Sie/sie überlegen	Sie/sie überlegten	Sie/sie haben überlegt

Pluperfect	**Future**	**Future Perfect**
ich hatte überlegt	ich werde überlegen	ich werde überlegt haben
du hattest überlegt	du wirst überlegen	du wirst überlegt haben
er/sie/es hatte überlegt	er/sie/es wird überlegen	er/sie/es wird überlegt haben
wir hatten überlegt	wir werden überlegen	wir werden überlegt haben
ihr hattet überlegt	ihr werdet überlegen	ihr werdet überlegt haben
Sie/sie hatten überlegt	Sie/sie werden überlegen	Sie/sie werden überlegt haben

CONDITIONAL | SUBJUNCTIVE

Present	**Present**	**Imperfect**
ich würde überlegen	ich überlege	ich überlegte
du würdest überlegen	wir überlegen	wir überlegten
er/sie/es würde überlegen		
wir würden überlegen	**Perfect**	**Pluperfect**
ihr würdet überlegen	ich habe überlegt	ich hätte überlegt
Sie/sie würden überlegen	wir haben überlegt	wir hätten überlegt

PARTICIPLES | IMPERATIVE

überlegend
überlegt

überleg! überlegt!
überlegen Sie! überlegen wir!

Das muß ich mir gründlich überlegen. *I'll have to think about that carefully.*
Er hat es hin und her überlegt. *He has looked at it from all sides.*
Ich überlegte, was zu tun sei. *I wondered what to do.*
Der Kauf eines Autos wäre zu überlegen. *It would be possible to consider the purchase of a car.*

Ich habe es mir anders überlegt. *I have changed my mind.*
Das war eine wohlüberlegte Handlung. *That was a premeditated act.*
Er hatte alles wohl überlegt. *He had taken everything into account.*
Bei nochmaliger Überlegung ... *On second thoughts ...*
Er handelte ohne zu überlegen. *He acted inconsiderately.*

die Überlegung *consideration*
die Überlegenheit *superiority*
überlegen sein *to be superior*

unüberlegt *inconsiderate*
die Überlegtheit *deliberation*

169 verbessern *to improve* tr. (refl.)

INDICATIVE

Present
ich verbessere
du verbesserst
er/sie/es verbessert
wir verbessern
ihr verbessert
Sie/sie verbessern

Imperfect
ich verbesserte
du verbessertest
er/sie/es verbesserte
wir verbesserten
ihr verbessertet
Sie/sie verbesserten

Perfect
ich habe verbessert
du hast verbessert
er/sie/es hat verbessert
wir haben verbessert
ihr habt verbessert
Sie/sie haben verbessert

Pluperfect
ich hatte verbessert
du hattest verbessert
er/sie/es hatte verbessert
wir hatten verbessert
ihr hattet verbessert
Sie/sie hatten verbessert

Future
ich werde verbessern
du wirst verbessern
er/sie/es wird verbessern
wir werden verbessern
ihr werdet verbessern
Sie/sie werden verbessern

Future Perfect
ich werde verbessert haben
du wirst verbessert haben
er/sie/es wird verbessert haben
wir werden verbessert haben
ihr werdet verbessert haben
Sie/sie werden verbessert haben

CONDITIONAL

Present
ich würde verbessern
du würdest verbessern
er/sie/es würde verbessern
wir würden verbessern
ihr würdet verbessern
Sie/sie würden verbessern

SUBJUNCTIVE

Present
ich verbessere
wir verbesseren

Perfect
ich habe verbessert
wir haben verbessert

Imperfect
ich verbesserte
wir verbesserten

Pluperfect
ich hätte verbessert
wir hätten verbessert

PARTICIPLES

verbessernd
verbessert

IMPERATIVE

verbessere! verbessert!
verbessern Sie! verbessern wir!

Ich möchte meine Sprachkenntnisse verbessern. *I want to improve my knowledge of the language.*
Verbessern Sie bitte den Fehler! *Please correct the mistake!*
Er hat seine Lage verbessert. *He improved his position.*
Die Straße wurde voriges Jahr verbessert. *The road was improved last year.*
In seiner Rede verbesserte er sich mehrmals. *In his speech he corrected himself several times.*
Er wechselte den Beruf, um sich zu verbessern. *He changed his job to better himself.*
Die wirtschaftliche Lage hat sich verbessert. *The economy has been improving.*
Es paßt ihm nicht, wenn man ihn verbessert. *He doesn't like being put right.*

die Verbesserung *improvement*
die Besserung *healing*
gute Besserung! *get well!*

sich bessern *to mend one's ways*
gut, besser, am besten *good, better, best*

verbieten *to prohibit, forbid* tr. **170**

INDICATIVE

Present	**Imperfect**	**Perfect**
ich verbiete	ich verbot	ich habe verboten
du verbietest	du verbotst	du hast verboten
er/sie/es verbietet	er/sie/es verbot	er/sie/es hat verboten
wir verbieten	wir verboten	wir haben verboten
ihr verbietet	ihr verbotet	ihr habt verboten
Sie/sie verbieten	Sie/sie verboten	Sie/sie haben verboten

Pluperfect	**Future**	**Future Perfect**
ich hatte verboten	ich werde verbieten	ich werde verboten haben
du hattest verboten	du wirst verbieten	du wirst verboten haben
er/sie/es hatte verboten	er/sie/es wird verbieten	er/sie/es wird verboten haben
wir hatten verboten	wir werden verbieten	wir werden verboten haben
ihr hattet verboten	ihr werdet verbieten	ihr werdet verboten haben
Sie/sie hatten verboten	Sie/sie werden verbieten	Sie/sie werden verboten haben

CONDITIONAL SUBJUNCTIVE

Present	**Present**	**Imperfect**
ich würde verbieten	ich verbiete	ich verböte
du würdest verbieten	wir verbieten	wir verböten
er/sie/es würde verbieten		
wir würden verbieten	**Perfect**	**Pluperfect**
ihr würdet verbieten	ich habe verboten	ich hätte verboten
Sie/sie würden verbieten	wir haben verboten	wir hätten verboten

PARTICIPLES IMPERATIVE

verbietend verbiete! verbietet!
verboten verbieten Sie! verbieten wir!

Rauchen verboten! *No smoking!*
Er verbietet ihr, sein Auto zu benutzen. *He won't let her use his car.*
Der Arzt verbot ihm das Trinken. *The doctor told him not to drink.*
Mir wurde die Durchfahrt verboten. *I was not allowed through.*

Man hat ihm das Haus verboten. *He is not allowed to go into the house again.*
Mein Geldbeutel verbietet es mir, es zu kaufen. *I haven't got sufficient funds to buy it.*
Mit diesem Hut sieht er ganz verboten aus. *He looks awful in that hat.*
Sie verboten mir den Mund. *They shut me up.*
Das verbietet sich von selbst. *It's quite clear that that is out of the question.*
Du hast mir nichts zu verbieten. *You have no authority over me.*

das Verbot *prohibition*   **das Parkverbot** *no parking.*

171 verbinden *to join* tr. (refl.)

INDICATIVE

Present	**Imperfect**	**Perfect**
ich verbinde	ich verband	ich habe verbunden
du verbindest	du verbandst	du hast verbunden
er/sie/es verbindet	er/sie/es verband	er/sie/es hat verbunden
wir verbinden	wir verbanden	wir haben verbunden
ihr verbindet	ihr verbandet	ihr habt verbunden
Sie/sie verbinden	Sie/sie verbanden	Sie/sie haben verbunden

Pluperfect	**Future**	**Future Perfect**
ich hatte verbunden	ich werde verbinden	ich werde verbunden haben
du hattest verbunden	du wirst verbinden	du wirst verbunden haben
er/sie/es hatte verbunden	er/sie/es wird verbinden	er/sie/es wird verbunden haben
wir hatten verbunden	wir werden verbinden	wir werden verbunden haben
ihr hattet verbunden	ihr werdet verbinden	ihr werdet verbunden haben
Sie/sie hatten verbunden	Sie/sie werden verbinden	Sie/sie werden verbunden haben

CONDITIONAL

SUBJUNCTIVE

Present	**Present**	**Imperfect**
ich würde verbinden	ich verbinde	ich verbände
du würdest verbinden	wir verbinden	wir verbänden
er/sie/es würde verbinden		
wir würden verbinden	**Perfect**	**Pluperfect**
ihr würdet verbinden	ich habe verbunden	ich hätte verbunden
Sie/sie würden verbinden	wir haben verbunden	wir hätten verbunden

PARTICIPLES

IMPERATIVE

verbindend
verbunden

verbinde! verbindet!
verbinden Sie! verbinden wir!

Verbinden Sie mich bitte mit der Verkaufsabteilung. *Please give me the sales department.*
Hat der Arzt Sie verbunden? *Has the doctor dressed your wound?*
Man hatte mir die Augen verbunden. *I had been blindfolded.*
Im Experiment wurden die zwei Substanzen verbunden. *In the experiment the two substances were combined.*

Ich bin Ihnen sehr verbunden. *I am much obliged to you.*
Diese Aufgabe ist mit großen Mühen verbunden. *This task involves a lot of effort.*
Er verband sich geschäftlich mit uns. *He went into partnership with us.*
Sie wird sich bald ehelich verbinden. *She is going to get married soon.*

verbindlich *obliging, friendly*
unverbindlich *without obligation*
die Verbindlichkeit *obligation, politeness*

die Verbindung *connection; compound*
der Verbindungsmann *mediator*
die Verkehrsverbindung *transport (link)*

verderben *to spoil, go bad* tr. (*intr.) **172**

INDICATIVE

Present	**Imperfect**	**Perfect**
ich verderbe	ich verdarb	ich habe verdorben
du verdirbst	du verdarbst	du hast verdorben
er/sie/es verdirbt	er/sie/es verdarb	er/sie/es hat verdorben
wir verderben	wir verdarben	wir haben verdorben
ihr verderbt	ihr verdarbt	ihr habt verdorben
Sie/sie verderben	Sie/sie verdarben	Sie/sie haben verdorben

Pluperfect	**Future**	**Future Perfect**
ich hatte verdorben	ich werde verderben	ich werde verdorben haben
du hattest verdorben	du wirst verderben	du wirst verdorben haben
er/sie/es hatte verdorben	er/sie/es wird verderben	er/sie/es wird verdorben haben
wir hatten verdorben	wir werden verderben	wir werden verdorben haben
ihr hattet verdorben	ihr werdet verderben	ihr werdet verdorben haben
Sie/sie hatten verdorben	Sie/sie werden verderben	Sie/sie werden verdorben haben

CONDITIONAL   SUBJUNCTIVE

Present	**Present**	**Imperfect**
ich würde verderben	ich verderbe	ich verdürbe
du würdest verderben	wir verderben	wir verdürben
er/sie/es würde verderben		
wir würden verderben	**Perfect**	**Pluperfect**
ihr würdet verderben	ich habe verdorben	ich hätte verdorben
Sie/sie würden verderben	wir haben verdorben	wir hätten verdorben

PARTICIPLES   IMPERATIVE

verderbend	verdirb! verderbt!
verdorben	verderben Sie! verderben wir!

Fleisch verdirbt schnell. *Meat goes off quickly.*
Ich habe mein Essen mit zuviel Salz verdorben. *I have spoilt my meal by adding too much salt.*
Er verdarb seine Augen mit vielem Lesen. *He ruined his eyes by reading too much.*
Unser Abend wurde durch seine schlechte Laune verdorben. *Our evening was spoilt by his bad mood.*

Zu viele Köche verderben den Brei. *Too many cooks spoil the broth.*
Seine Freunde haben ihn verdorben. *His friends were a bad influence on him.*
Sie verdirbt uns immer unser Spiel. *She keeps spoiling our games.*
Ich habe es mit ihm verdorben. *I have made an enemy of him.*

das Verderben *perish, fail*   **verderblich** *perishable*
die Verdorbenheit *rottenness*   **die Verderblichkeit** *corruptibility*

173 verdienen *to win, earn* tr.

INDICATIVE

Present	Imperfect	Perfect
ich verdiene	ich verdiente	ich habe verdient
du verdienst	du verdientest	du hast verdient
er/sie/es verdient	er/sie/es verdiente	er/sie/es hat verdient
wir verdienen	wir verdienten	wir haben verdient
ihr verdient	ihr verdientet	ihr habt verdient
Sie/sie verdienen	Sie/sie verdienten	Sie/sie haben verdient

Pluperfect	Future	Future Perfect
ich hatte verdient	ich werde verdienen	ich werde verdient haben
du hattest verdient	du wirst verdienen	du wirst verdient haben
er/sie/es hatte verdient	er/sie/es wird verdienen	er/sie/es wird verdient haben
wir hatten verdient	wir werden verdienen	wir werden verdient haben
ihr hattet verdient	ihr werdet verdienen	ihr werdet verdient haben
Sie/sie hatten verdient	Sie/sie werden verdienen	Sie/sie werden verdient haben

CONDITIONAL / SUBJUNCTIVE

Present	Present	Imperfect
ich würde verdienen	ich verdiene	ich verdiente
du würdest verdienen	wir verdienen	wir verdienten
er/sie/es würde verdienen		
wir würden verdienen	**Perfect**	**Pluperfect**
ihr würdet verdienen	ich habe verdient	ich hätte verdient
Sie/sie würden verdienen	wir haben verdient	wir hätten verdient

PARTICIPLES / IMPERATIVE

verdienend
verdient

verdien! verdient!
verdienen Sie! verdienen wir!

Er verdient sehr gut in seinem Beruf. *His job pays well.*
Früher habe ich weniger verdient. *I used to earn less.*
Nächstes Jahr verdienen Sie mehr. *Next year you will earn more.*
In dieser Firma wird gut verdient. *The pay is good in this company.*

Er bekommt seinen verdienten Lohn. *He gets what he deserves.*
Sie verdient ihren Unterhalt durch Übersetzen. *She earns her living by translating.*
In meiner Familie verdienen drei Personen. *There are three breadwinners in my family.*
Er hat sich um sein Land verdient gemacht. *He has done great things for his country.*

der Verdienst *pay*
das Verdienst *merit*
die Verdienstspanne *profit margin*
der Verdienstausfall *loss of wages*

verdient *deserved*
verdienstvoll *deserving*
unverdient *undeserved*

vergessen *to forget* tr. (refl.) **174**

INDICATIVE

Present	Imperfect	Perfect
ich vergesse	ich vergaß	ich habe vergessen
du vergißt	du vergaßt	du hast vergessen
er/sie/es vergißt	er/sie/es vergaß	er/sie/es hat vergessen
wir vergessen	wir vergaßen	wir haben vergessen
ihr vergeßt	ihr vergaßt	ihr habt vergessen
Sie/sie vergessen	Sie/sie vergaßen	Sie/sie haben vergessen

Pluperfect	Future	Future Perfect
ich hatte vergessen	ich werde vergessen	ich werde vergessen haben
du hattest vergessen	du wirst vergessen	du wirst vergessen haben
er/sie/es hatte vergessen	er/sie/es wird vergessen	er/sie/es wird vergessen haben
wir hatten vergessen	wir werden vergessen	wir werden vergessen haben
ihr hattet vergessen	ihr werdet vergessen	ihr werdet vergessen haben
Sie/sie hatten vergessen	Sie/sie werden vergessen	Sie/sie werden vergessen haben

CONDITIONAL   SUBJUNCTIVE

Present	Present	Imperfect
ich würde vergessen	ich vergesse	ich vergäße
du würdest vergessen	wir vergessen	wir vergäßen
er/sie/es würde vergessen		
wir würden vergessen	**Perfect**	**Pluperfect**
ihr würdet vergessen	ich habe vergessen	ich hätte vergessen
Sie/sie würden vergessen	wir haben vergessen	wir hätten vergessen

PARTICIPLES   IMPERATIVE

vergessend   vergiß! vergeßt!
vergessen   vergessen Sie! vergessen wir!

Vergiß den Schlüssel nicht! *Don't forget the key!*
Ich habe seinen Namen vergessen. *I have forgotten his name.*
Sie vergißt sehr leicht. *She tends to forget things.*
Ich vergaß meinen Schirm im Zug. *I left my umbrella on the train.*
Sein Kummer war bald vergessen. *His troubles were soon forgotten.*

In seinem Zorn vergaß er sich völlig. *In his anger he lost control.*
Das werde ich Ihnen nie vergessen. *I will never forget this.*

in Vergessenheit geraten *to fall into*   **das Vergißmeinnicht** *forget-me-not*
   oblivion   **die Vergeßlichkeit** *forgetfulness*
vergeßlich *forgetful*
unvergeßlich *unforgettable*

175 verkaufen *to sell* tr. (refl.)

INDICATIVE

Present	**Imperfect**	**Perfect**
ich verkaufe	ich verkaufte	ich habe verkauft
du verkaufst	du verkauftest	du hast verkauft
er/sie/es verkauft	er/sie/es verkaufte	er/sie/es hat verkauft
wir verkaufen	wir verkauften	wir haben verkauft
ihr verkauft	ihr verkauftet	ihr habt verkauft
Sie/sie verkaufen	Sie/sie verkauften	Sie/sie haben verkauft

Pluperfect	**Future**	**Future Perfect**
ich hatte verkauft	ich werde verkaufen	ich werde verkauft haben
du hattest verkauft	du wirst verkaufen	du wirst verkauft haben
er/sie/es hatte verkauft	er/sie/es wird verkaufen	er/sie/es wird verkauft haben
wir hatten verkauft	wir werden verkaufen	wir werden verkauft haben
ihr hattet verkauft	ihr werdet verkaufen	ihr werdet verkauft haben
Sie/sie hatten verkauft	Sie/sie werden verkaufen	Sie/sie werden verkauft haben

CONDITIONAL

SUBJUNCTIVE

Present	**Present**	**Imperfect**
ich würde verkaufen	ich verkaufe	ich verkaufte
du würdest verkaufen	wir verkaufen	wir verkauften
er/sie/es würde verkaufen		
wir würden verkaufen	**Perfect**	**Pluperfect**
ihr würdet verkaufen	ich habe verkauft	ich hätte verkauft
Sie/sie würden verkaufen	wir haben verkauft	wir hätten verkauft

PARTICIPLES

IMPERATIVE

verkaufend
verkauft

verkauf! verkauft!
verkaufen Sie! verkaufen wir!

Verkaufen Sie Ihr Auto? *Are you selling your car?*
Ich habe es an meinen Freund verkauft. *I have sold it to my friend.*
Er verkaufte alles, was er hatte. *He sold everything he had.*
Der Besitz wurde an den Staat verkauft. *The property was sold to the state.*

Diese Ware verkauft sich gut. *This item sells well.*
Bei diesem Auto verkaufen Sie sich nicht. *You are getting a good deal with this car.*
Wie kann er sich nur so verkaufen! *How can he let himself be bought like that!*
Ich lasse mich nicht für dumm verkaufen. *I am no idiot.*
In dieser Lage war er verraten und verkauft. *He was in a hopeless situation.*

der Verkauf *sale*
der Verkäufer *shop assistant*
verkäuflich *for sale*

der Ausverkauf *clearance sale*
der Verkaufswert *market value*
der Verkaufspreis *selling price*

verlangen *to demand, desire* tr. (intr.) **176**

INDICATIVE

Present	Imperfect	Perfect
ich verlange	ich verlangte	ich habe verlangt
du verlangst	du verlangtest	du hast verlangt
er/sie/es verlangt	er/sie/es verlangte	er/sie/es hat verlangt
wir verlangen	wir verlangten	wir haben verlangt
ihr verlangt	ihr verlangtet	ihr habt verlangt
Sie/sie verlangen	Sie/sie verlangten	Sie/sie haben verlangt

Pluperfect	Future	Future Perfect
ich hatte verlangt	ich werde verlangen	ich werde verlangt haben
du hattest verlangt	du wirst verlangen	du wirst verlangt haben
er/sie/es hatte verlangt	er/sie/es wird verlangen	er/sie/es wird verlangt haben
wir hatten verlangt	wir werden verlangen	wir werden verlangt haben
ihr hattet verlangt	ihr werdet verlangen	ihr werdet verlangt haben
Sie/sie hatten verlangt	Sie/sie werden verlangen	Sie/sie werden verlangt haben

CONDITIONAL

SUBJUNCTIVE

Present	Present	Imperfect
ich würde verlangen	ich verlange	ich verlangte
du würdest verlangen	wir verlangen	wir verlangten
er/sie/es würde verlangen		
wir würden verlangen	**Perfect**	**Pluperfect**
ihr würdet verlangen	ich habe verlangt	ich hätte verlangt
Sie/sie würden verlangen	wir haben verlangt	wir hätten verlangt

PARTICIPLES

IMPERATIVE

verlangend
verlangt

verlang! verlangt!
verlangen Sie! verlangen wir!

Ich verlange eine Erklärung. *I demand an explanation.*
Das ist zu viel verlangt. *That is asking too much.*
Er verlangte einen zu hohen Preis. *He asked too high a price.*
Man verlangt zu wissen. *Information is required.*

Was verlangen Sie von mir? *What do you want of me?*
Du hast gar nichts zu verlangen! *You are in no position to make demands!*
Mehr kann man nicht verlangen. *One cannot wish for more.*
Diese Arbeit verlangte Geduld. *This job required patience.*
Sie werden am Telefon verlangt. *You are wanted on the phone.*
Das Kind schaute verlangend auf das Spielzeug. *The child looked longingly at the toy.*

das Verlangen *desire, demand*   **verlangenswert** *desirable*
zurückverlangen *to demand back*

177 verlassen *to leave, rely on* tr. (refl.)

INDICATIVE

Present	**Imperfect**	**Perfect**
ich verlasse	ich verließ	ich habe verlassen
du verläßt	du verließt	du hast verlassen
er/sie/es verläßt	er/sie/es verließ	er/sie/es hat verlassen
wir verlassen	wir verließen	wir haben verlassen
ihr verlaßt	ihr verließt	ihr habt verlassen
Sie/sie verlassen	Sie/sie verließen	Sie/sie haben verlassen

Pluperfect	**Future**	**Future Perfect**
ich hatte verlassen	ich werde verlassen	ich werde verlassen haben
du hattest verlassen	du wirst verlassen	du wirst verlassen haben
er/sie/es hatte verlassen	er/sie/es wird verlassen	er/sie/es wird verlassen haben
wir hatten verlassen	wir werden verlassen	wir werden verlassen haben
ihr hattet verlassen	ihr werdet verlassen	ihr werdet verlassen haben
Sie/sie hatten verlassen	Sie/sie werden verlassen	Sie/sie werden verlassen haben

CONDITIONAL   SUBJUNCTIVE

Present	**Present**	**Imperfect**
ich würde verlassen	ich verlasse	ich verließe
du würdest verlassen	wir verlassen	wir verließen
er/sie/es würde verlassen		
wir würden verlassen	**Perfect**	**Pluperfect**
ihr würdet verlassen	ich habe verlassen	ich hätte verlassen
Sie/sie würden verlassen	wir haben verlassen	wir hätten verlassen

PARTICIPLES   IMPERATIVE

verlassend

verlassen

verlaß! verlaßt!

verlassen Sie! verlassen wir!

Morgen verläßt er das Land. *Tomorrow he is leaving the country.*
Warum haben Sie Ihren Platz verlassen? *Why did you leave your seat?*
Er verließ seine Frau. *He left his wife.*
Ich werde mich ganz auf Ihre Kenntnisse verlassen. *I am going to rely on your skills completely.*

Seine Kräfte verließen ihn. *His strength failed him.*
Darauf kannst du dich verlassen. *You can bet on that.*
Sie fühlte sich von aller Welt verlassen. *She felt deserted by everyone.*
Er handelte wie von allen guten Geistern verlassen. *He was acting quite irrationally.*

der Verlaß *trust*   **das Verlies** *dungeon, keep*
auf ihn ist kein Verlaß *he can't be relied on*
verlässig, verläßlich *reliable*
die Verläßlichkeit *reliability*

verlieren *to lose* tr./intr. (refl.) **178**

INDICATIVE

Present	**Imperfect**	**Perfect**
ich verliere	ich verlor	ich habe verloren
du verlierst	du verlorst	du hast verloren
er/sie/es verliert	er/sie/es verlor	er/sie/es hat verloren
wir verlieren	wir verloren	wir haben verloren
ihr verliert	ihr verlort	ihr habt verloren
Sie/sie verlieren	Sie/sie verloren	Sie/sie haben verloren

Pluperfect	**Future**	**Future Perfect**
ich hatte verloren	ich werde verlieren	ich werde verloren haben
du hattest verloren	du wirst verlieren	du wirst verloren haben
er/sie/es hatte verloren	er/sie/es wird verlieren	er/sie/es wird verloren haben
wir hatten verloren	wir werden verlieren	wir werden verloren haben
ihr hattet verloren	ihr werdet verlieren	ihr werdet verloren haben
Sie/sie hatten verloren	Sie/sie werden verlieren	Sie/sie werden verloren haben

CONDITIONAL   SUBJUNCTIVE

Present	**Present**	**Imperfect**
ich würde verlieren	ich verliere	ich verlöre
du würdest verlieren	wir verlieren	wir verlören
er/sie/es würde verlieren		
wir würden verlieren	**Perfect**	**Pluperfect**
ihr würdet verlieren	ich habe verloren	ich hätte verloren
Sie/sie würden verlieren	wir haben verloren	wir hätten verloren

PARTICIPLES   IMPERATIVE

verlierend   verlier! verliert!
verloren   verlieren Sie! verlieren wir!

Verlieren Sie keine Zeit! *Don't lose any time!*
Er hat im Krieg ein Bein verloren. *He lost a leg in the war.*
Wir verloren den Mut nicht. *We did not lose courage.*
Alles ist noch nicht verloren. *Everything is not lost yet.*

Sie kam sich in der Stadt ganz verloren vor. *She felt very lonely in the city.*
Er verlor den Boden unter den Füßen. *He got out of his depth.*
An ihm ist Hopfen und Malz verloren. *He is utterly hopeless.*
Ich verliere nicht gerne mein Gesicht. *I don't like losing face.*
Sie haben hier nichts verloren! *You don't belong here!*
Ich verliere kein Wort darüber. *I won't waste my breath on that.*
Wir hatten uns aus den Augen verloren. *We had lost sight of each other.*

der Verlust *loss*   **der Verlierer** *loser*

179 versichern *to insure* tr. (refl.)

INDICATIVE

Present	**Imperfect**	**Perfect**
ich versichere	ich versicherte	ich habe versichert
du versicherst	du versichertest	du hast versichert
er/sie/es versichert	er/sie/es versicherte	er/sie/es hat versichert
wir versichern	wir versicherten	wir haben versichert
ihr versichert	ihr versichertet	ihr habt versichert
Sie/sie versichern	Sie/sie versicherten	Sie/sie haben versichert

Pluperfect	**Future**	**Future Perfect**
ich hatte versichert	ich werde versichern	ich werde versichert haben
du hattest versichert	du wirst versichern	du wirst versichert haben
er/sie/es hatte versichert	er/sie/es wir versichern	er/sie/es wird versichert haben
wir hatten versichert	wir werden versichern	wir werden versichert haben
ihr hattet versichert	ihr werdet versichern	ihr werdet versichert haben
Sie/sie hatten versichert	Sie/sie werden versichern	Sie/sie werden versichert haben

CONDITIONAL | SUBJUNCTIVE

Present	**Present**	**Imperfect**
ich würde versichern	ich versichere	ich versicherte
du würdest versichern	wir versicheren	wir versicherten
er/sie/es würd versichern		
wir würden versichern	**Perfect**	**Pluperfect**
ihr würdet versichern	ich habe versichert	ich hätte versichert
Sie/sie würden versichern	wir haben versichert	wir hätten versichert

PARTICIPLES | IMPERATIVE

versichernd
versichert

versichere! versichert!
versichern Sie! versichern wir!

Sind Sie versichert? *Are you insured?*
Er versicherte mir das Gegenteil *He assured me that it was not so.*
Er wollte sich unserer Hilfe versichern. *He wanted to be sure of our help.*
Ich habe mein Gepäck gegen Diebstahl versichert. *I have insured my luggage against theft.*
Wir versichern Ihr Haus für 100 000 DM. *We'll insure your house for 100 000 Marks.*
Ich habe mich seiner Zustimmung versichert. *I have made sure that he would agree.*
Er versicherte, daß er nicht der Täter war. *He maintained that he was not the culprit.*
Sie müssen eine Versicherung abschließen. *You must take out insurance.*

die Versicherung *insurance*
der Versicherer *insurer*
der Versicherungsbetrag *amount insured*

die Versicherungspolice *insurance policy*
die Versicherungsgesellschaft *insurance company*
die Krankenversicherung *health insurance*

versprechen *to promise* tr. (refl.) **180**

INDICATIVE

Present	**Imperfect**	**Perfect**
ich verspreche	ich versprach	ich habe versprochen
du versprichst	du versprachst	du hast versprochen
er/sie/es verspricht	er/sie/es versprach	er/sie/es hat versprochen
wir versprechen	wir versprachen	wir haben versprochen
ihr versprecht	ihr verspracht	ihr habt versprochen
Sie/sie versprechen	Sie/sie versprachen	Sie/sie haben versprochen

Pluperfect	**Future**	**Future Perfect**
ich hatte versprochen	ich werde versprechen	ich werde versprochen haben
du hattest versprochen	du wirst versprechen	du wirst versprochen haben
er/sie/es hatte versprochen	er/sie/es wird versprechen	er/sie/es wird versprochen haben
wir hatten versprochen	wir werden versprechen	wir werden versprochen haben
ihr hattet versprochen	ihr werdet versprechen	ihr werdet versprochen haben
Sie/sie hatten versprochen	Sie/sie werden versprechen	Sie/sie werden versprochen haben

CONDITIONAL	SUBJUNCTIVE	

Present	**Present**	**Imperfect**
ich würde versprechen	ich verspreche	ich verspräche
du würdest versprechen	wir versprechen	wir versprächen
er/sie/es würde versprechen		
wir würden versprechen	**Perfect**	**Pluperfect**
ihr würdet versprechen	ich habe versprochen	ich hätte versprochen
Sie/sie würden versprechen	wir haben versprochen	wir hätten versprochen

PARTICIPLES	IMPERATIVE
versprechend	versprich! versprecht!
versprochen	versprechen Sie! versprechen wir!

Versprich mir, daß du mich besuchst. *Promise to visit me.*
Er hat uns versprochen, vorsichtig zu sein. *He promised us to be careful.*
Sie versprachen ihm eine Belohnung. *They promised him a reward.*
Uns wurde Hilfe versprochen. *We were promised help.*

Er verspricht sich viel von dieser Sache. *He expects a lot from this.*
Sie versprach eine berühmte Tänzerin zu werden. *She had the makings of a brilliant dancer.*
Dieses Geschäft verspricht etwas. *This business shows promise.*
Davon verspreche ich mir nicht viel. *I don't expect much from it.*
Du hast mir das Blaue vom Himmel versprochen. *You promised me the earth.*
Ich habe mich nur versprochen. *It was only a slip of the tongue on my part.*

das Versprechen *promise*

181 verstehen *to understand* tr. (intr.)

INDICATIVE

Present	**Imperfect**	**Perfect**
ich verstehe	ich verstand	ich habe verstanden
du verstehst	du verstandst	du hast verstanden
er/sie/es versteht	er/sie/es verstand	er/sie/es hat verstanden
wir verstehen	wir verstanden	wir haben verstanden
ihr versteht	ihr verstandet	ihr habt verstanden
Sie/sie verstehen	Sie/sie verstanden	Sie/sie haben verstanden

Pluperfect	**Future**	**Future Perfect**
ich hatte verstanden	ich werde verstehen	ich werde verstanden haben
du hattest verstanden	du wirst verstehen	du wirst verstanden haben
er/sie/es hatte verstanden	er/sie/es wird verstehen	er/sie/es wird verstanden haben
wir hatten verstanden	wir werden verstehen	wir werden verstanden haben
ihr hattet verstanden	ihr werdet verstehen	ihr werdet verstanden haben
Sie/sie hatten verstanden	Sie/sie werden verstehen	Sie/sie werden verstanden haben

CONDITIONAL   SUBJUNCTIVE

Present	**Present**	**Imperfect**
ich würde verstehen	ich verstehe	ich verstände
du würdest verstehen	wir verstehen	wir verständen
er/sie/es würde verstehen		
wir würden verstehen	**Perfect**	**Pluperfect**
ihr würdet verstehen	ich habe verstanden	ich hätte verstanden
Sie/sie würden verstehen	wir haben verstanden	wir hätten verstanden

PARTICIPLES   IMPERATIVE

verstehend	versteh! versteht!
verstanden	verstehen Sie! verstehen wir!

Verstehen Sie, was er sagt? *Do you understand what he is saying?*
Ich habe kein Wort von der Rede verstanden. *I have not understood one word of the speech.*
Er verstand Deutsch, aber er konnte es nicht sprechen. *He understood German but could not speak it.*
Sie wurden falsch verstanden. *They were misunderstood.*

Er versteht keinen Spaß. *He cannot take a joke.*
Sie verstanden sich gut. *They got on well with each other.*
Sie verstehen sich auf Ihren Job. *You are an expert at your job.*
Natürlich komme ich, das versteht sich von selbst. *It goes without saying that I'll come.*

der Verstand *intelligence, sense, mind*	**verständig** *sensible, reasonable*
das Verständnis *comprehension*	**verständigen** *to inform*
verständlich *comprehensible*	**die Verständigung** *agreement*
verständnisvoll *sympathetic*	

versuchen *to attempt, try* tr. (refl.) **182**

INDICATIVE

Present	**Imperfect**	**Perfect**
ich versuche	ich versuchte	ich habe versucht
du versuchst	du versuchtest	du hast versucht
er/sie/es versucht	er/sie/es versuchte	er/sie/es hat versucht
wir versuchen	wir versuchten	wir haben versucht
ihr versucht	ihr versuchtet	ihr habt versucht
Sie/sie versuchen	Sie/sie versuchten	Sie/sie haben versucht

Pluperfect	**Future**	**Future Perfect**
ich hatte versucht	ich werde versuchen	ich werde versucht haben
du hattest versucht	du wirst versuchen	du wirst versucht haben
er/sie/es hatte versucht	er/sie/es wird versuchen	er/sie/es wird versucht haben
wir hatten versucht	wir werden versuchen	wir werden versucht haben
ihr hattet versucht	ihr werdet versuchen	ihr werdet versucht haben
Sie/sie hatten versucht	Sie/sie werden versuchen	Sie/sie werden versucht haben

CONDITIONAL / SUBJUNCTIVE

Present	**Present**	**Imperfect**
ich würde versuchen	ich versuche	ich versuchte
du würdest versuchen	wir versuchen	wir versuchten
er/sie/es würde versuchen		
wir würden versuchen	**Perfect**	**Pluperfect**
ihr würdet versuchen	ich habe versucht	ich hätte versucht
Sie/sie würden versuchen	wir haben versucht	wir hätten versucht

PARTICIPLES / IMPERATIVE

versuchend	versuch! versucht!
versucht	versuchen Sie! versuchen wir!

Versuchen Sie mal diesen Wein. *Will you try this wine?*
Sie haben mehrmals versucht zu fliehen. *They have tried to flee several times.*
Er versuchte sein Äußerstes. *He did his utmost.*
Man hatte vergeblich versucht, sie zu retten. *Vain attempts had been made to save her.*

An diesem Problem haben sich schon viele versucht. *This problem has been tested by many.*
Ich versuchte mich in der Malerei. *I had a go at painting.*
Er wollte sein Glück versuchen. *He wanted to seek his fortune.*
Ich war versucht, ihm zu glauben. *I was tempted to believe him.*

der Versuch *attempt, trial, test*
die Versuchsanstalt *research institute*
das Versuchskaninchen *guinea-pig*
der Testversuch *test run*

die Versuchung *temptation*
in Versuchung führen *to lead into temptation*
in Versuchung fallen *to be tempted*
der Versucher *seducer*

183 vertrauen *to trust* intr.

INDICATIVE

Present	**Imperfect**	**Perfect**
ich vertraue	ich vertraute	ich habe vertraut
du vertraust	du vertrautest	du hast vertraut
er/sie/es vertraut	er/sie/es vertraute	er/sie/es hat vertraut
wir vertrauen	wir vertrauten	wir haben vertraut
ihr vertraut	ihr vertrautet	ihr habt vertraut
Sie/sie vertrauen	Sie/sie vertrauten	Sie/sie haben vertraut

Pluperfect	**Future**	**Future Perfect**
ich hatte vertraut	ich werde vertrauen	ich werde vertraut haben
du hattest vertraut	du wirst vertrauen	du wirst vertraut haben
er/sie/es hatte vertraut	er/sie/es wird vertrauen	er/sie/es wird vertraut haben
wir hatten vertraut	wir werden vertrauen	wir werden vertraut haben
ihr hattet vertraut	ihr werdet vertrauen	ihr werdet vertraut haben
Sie/sie hatten vertraut	Sie/sie werden vertrauen	Sie/sie werden vertraut haben

CONDITIONAL   SUBJUNCTIVE

Present	**Present**	**Imperfect**
ich würde vertrauen	ich vertraue	ich vertraute
du würdest vertrauen	wir vertrauen	wir vertrauten
er/sie/es würde vertrauen		
wir würden vertrauen	**Perfect**	**Pluperfect**
ihr würdet vertrauen	ich habe vertraut	ich hätte vertraut
Sie/sie würden vertrauen	wir haben vertraut	wir hätten vertraut

PARTICIPLES   IMPERATIVE

vertrauend   vertrau! vertraut!
vertraut   vertrauen Sie! vertrauen wir!

Vertrauen Sie mir ruhig! *Trust me!*
Wir haben ihm rückhaltlos vertraut. *We trusted him completely.*
Er vertraute niemandem. *He did not trust anybody.*
Man vertraute seinem Können. *His skill was relied upon.*

Er sagte es mir im Vertrauen. *He told me in confidence.*
Ich habe großes Vertrauen zu Ihren Fähigkeiten. *I have great faith in your ability.*
Das Parlament sprach ihm das Vertrauen aus. *Parliament passed a vote of confidence in him.*
Sie zog uns sofort ins Vertrauen. *She immediately took us into her confidence.*

das Vertrauen *confidence*
vertrauenswürdig *trustworthy*
die Vertrauenssache *confidential matter*
vertrauensvoll *full of confidence*

vertraulich *familiar, intimate*
die Vertraulichkeit *intimacy*
der Vertraute *confidant*
die Vertrautheit *familiarity, intimacy*

vertreten   *to represent, replace*   tr.   **184**

INDICATIVE

Present	**Imperfect**	**Perfect**
ich vertrete	ich vertrat	ich habe vertreten
du vertrittst	du vertratst	du hast vertreten
er/sie/es vertritt	er/sie/es vertrat	er/sie/es hat vertreten
wir vertreten	wir vertraten	wir haben vertreten
ihr vertretet	ihr vertratet	ihr habt vertreten
Sie/sie vertreten	Sie/sie vertraten	Sie/sie haben vertreten

Pluperfect	**Future**	**Future Perfect**
ich hatte vertreten	ich werde vertreten	ich werde vertreten haben
du hattest vertreten	du wirst vertreten	du wirst vertreten haben
er/sie/es hatte vertreten	er/sie/es wird vertreten	er/sie/es wird vertreten haben
wir hatten vertreten	wir werden vertreten	wir werden vertreten haben
ihr hattet vertreten	ihr werdet vertreten	ihr werdet vertreten haben
Sie/sie hatten vertreten	Sie/sie werden vertreten	Sie/sie werden vertreten haben

CONDITIONAL   SUBJUNCTIVE

Present	**Present**	**Imperfect**
ich würde vertreten	ich vertrete	ich verträte
du würdest vertreten	wir vertreten	wir verträten
er/sie/es würde vertreten		
wir würden vertreten	**Perfect**	**Pluperfect**
ihr würdet vertreten	ich habe vertreten	ich hätte vertreten
Sie/sie würden vertreten	wir haben vertreten	wir hätten vertreten

PARTICIPLES   IMPERATIVE

vertretend   vertritt! vertretet!
vertreten   vertreten Sie! vertreten wir!

Wer vertritt heute unseren erkrankten Lehrer?   *Who is standing in for our sick teacher today?*
Als Rechtsanwalt vertrete ich den Angeklagten.   *As a lawyer I am representing the accused.*
Niemand hat unsere Interessen bei der Versammlung vertreten.   *Nobody represented our interests at the meeting.*
Er vertrat seine Firma auf der Messe.   *He represented his firm at the trade fair.*

Sie vertraten mir den Weg.   *They were blocking my path.*
Welche Meinung vertreten Sie?   *What is your opinion?*
Kannst du das mit gutem Gewissen vertreten?   *Can you really support that with a clear conscience?*
Man kann diese Ausgaben nicht länger vertreten.   *These expenses are no longer justifiable.*

der Vertreter   *representative, salesman*   **sich die Beine vertreten**   *to stretch one's*
die Vertretung   *representation,*   *legs*
   replacement
vertretbar   *justifiable*

185 verzeihen *to forgive* tr. (intr.)

INDICATIVE

Present	Imperfect	Perfect
ich verzeihe	ich verzieh	ich habe verziehen
du verzeihst	du verziehst	du hast verziehen
er/sie/es verzeiht	er/sie/es verzieh	er/sie/es hat verziehen
wir verzeihen	wir verziehen	wir haben verziehen
ihr verzeiht	ihr verzieht	ihr habt verziehen
Sie/sie verzeihen	Sie/sie verziehen	Sie/sie haben verziehen

Pluperfect	Future	Future Perfect
ich hatte verziehen	ich werde verzeihen	ich werde verziehen haben
du hattest verziehen	du wirst verzeihen	du wirst verziehen haben
er/sie/es hatte verziehen	er/sie/es wird verzeihen	er/sie/es wird verziehen haben
wir hatten verziehen	wir werden verzeihen	wir werden verziehen haben
ihr hattet verziehen	ihr werdet verzeihen	ihr werdet verziehen haben
Sie/sie hatten verziehen	Sie/sie werden verzeihen	Sie/sie werden verziehen haben

CONDITIONAL   SUBJUNCTIVE

Present	Present	Imperfect
ich würde verzeihen	ich verzeihe	ich verziehe
du würdest verzeihen	wir verzeihen	wir verziehen
er/sie/es würde verzeihen		
wir würden verzeihen	**Perfect**	**Pluperfect**
ihr würdet verzeihen	ich habe verziehen	ich hätte verziehen
Sie/sie würden verzeihen	wir haben verziehen	wir hätten verziehen

PARTICIPLES   IMPERATIVE

verzeihend	verzeih! verzeiht!
verziehen	verzeihen Sie! verzeihen wir!

Verzeihen Sie, bitte! *Excuse me, please!*
Ich habe ihm noch einmal verzeihen. *I have forgiven him once more.*
Sie verzieh ihm seinen Fehler. *She forgave him his mistake.*
Diese Bemerkung wird er mir nie verzeihen. *He will never forgive me for that remark.*

Ich kann es mir nicht verzeihen, daß ich schwieg. *I can't forgive myself for keeping quiet.*
Könnten Sie ihm nicht verzeihen? *Couldn't you forgive him?*
Alles wurde ihnen verziehen. *They were forgiven for everything.*
Ich hätte es ihm verziehen, wenn er ein Kind wäre. *I would have forgiven him if he had been a child.*
Bald wird man alles verziehen haben. *Soon everything will have been forgiven.*
Sie wird ihnen verzeihen, wenn sie sich bessern. *She will forgive them if they improve.*

die Verzeihung *pardon, forgiveness*   **verzeihlich** *excusable, pardonable*
jemanden um Verzeihung bitten *to beg*   **unverzeihlich** *inexcusable*
  someone's pardon

*wachsen *to grow, increase* intr. **186**

INDICATIVE

Present	Imperfect	Perfect
ich wachse	ich wuchs	ich bin gewachsen
du wächst	du wuchst	du bist gewachsen
er/sie/es wächst	er/sie/es wuchs	er/sie/es ist gewachsen
wir wachsen	wir wuchsen	wir sind gewachsen
ihr wachst	ihr wuchst	ihr seid gewachsen
Sie/sie wachsen	Sie/sie wuchsen	Sie/sie sind gewachsen

Pluperfect	Future	Future Perfect
ich war gewachsen	ich werde wachsen	ich werde gewachsen sein
du warst gewachsen	du wirst wachsen	du wirst gewachsen sein
er/sie/es war gewachsen	er/sie/es wird wachsen	er/sie/es wird gewachsen sein
wir waren gewachsen	wir werden wachsen	wir werden gewachsen sein
ihr wart gewachsen	ihr werdet wachsen	ihr werdet gewachsen sein
Sie/sie waren gewachsen	Sie/sie werden wachsen	Sie/sie werden gewachsen sein

CONDITIONAL

SUBJUNCTIVE

Present	Present	Imperfect
ich würde wachsen	ich wachse	ich wüchse
du würdest wachsen	wir wachsen	wir wüchsen
er/sie/es würde wachsen		
wir würden wachsen	Perfect	Pluperfect
ihr würdet wachsen	ich sei gewachsen	ich wäre gewachsen
Sie/sie würden wachsen	wir seien gewachsen	wir wären gewachsen

PARTICIPLES

IMPERATIVE

wachsend
gewachsen

wachse! wachst!
wachsen Sie! wachsen wir!

Dieser Baum wächst sehr langsam. *This tree is growing very slowly.*
Wie ist das Kind gewachsen! *Hasn't the child grown!*
Wo würde diese Pflanze am besten wachsen? *Where would this plant grow best?*
Der Arzt sagte, er wäre zu schnell gewachsen. *The doctor said that he had grown too fast.*

Sein Reichtum war ständig gewachsen. *His wealth had been increasing steadily.*
Ich bin ihm nicht länger gewachsen. *I am no match for him any more.*
Diese Kinder sind mir ans Herz gewachsen. *I have grown attached to these children.*
Den Anforderungen sind viele nicht gewachsen. *Many people are not up to the requirements.*
Unsere Spannung wuch ins Unerträgliche. *Our suspense became unbearable.*
Über diese Sache wächst sicher bald Gras. *This matter will soon be forgotten.*
Laß dir deswegen keine grauen Haare wachsen! *Don't worry your pretty little head about that!*

aufwachsen *to grow up*   **der Erwachsene** *adult, grown up*

187 wagen *to dare, risk* tr. (intr.)

INDICATIVE

Present	**Imperfect**	**Perfect**
ich wage	ich wagte	ich habe gewagt
du wagst	du wagtest	du hast gewagt
er/sie/es wagt	er/sie/es wagte	er/sie/es hat gewagt
wir wagen	wir wagten	wir haben gewagt
ihr wagt	ihr wagtet	ihr habt gewagt
Sie/sie wagen	Sie/sie wagten	Sie/sie haben gewagt

Pluperfect	**Future**	**Future Perfect**
ich hatte gewagt	ich werde wagen	ich werde gewagt haben
du hattest gewagt	du wirst wagen	du wirst gewagt haben
er/sie/es hatte gewagt	er/sie/es wird wagen	er/sie/es wird gewagt haben
wir hatten gewagt	wir werden wagen	wir werden gewagt haben
ihr hattet gewagt	ihr werdet wagen	ihr werdet gewagt haben
Sie/sie hatten gewagt	Sie/sie werden wagen	Sie/sie werden gewagt haben

CONDITIONAL · SUBJUNCTIVE

Present	**Present**	**Imperfect**
ich würde wagen	ich wage	ich wagte
du würdest wagen	wir wagen	wir wagten
er/sie/es würde wagen		
wir würden wagen	**Perfect**	**Pluperfect**
ihr würdet wagen	ich habe gewagt	ich hätte gewagt
Sie/sie würden wagen	wir haben gewagt	wir hätten gewagt

PARTICIPLES · IMPERATIVE

wagend	wag! wagt!
gewagt	wagen Sie! wagen wir!

Wagst du es, auf den Berg zu steigen? *Would you dare to climb the mountain?*
Er hat für seinen Freund sein Leben gewagt. *He risked his life for his friend.*
Sie wagte es nicht, ihn anzusprechen. *She did not dare to speak to him.*
Sie hätten nie gewagt anzugreifen. *They would never have dared attack.*

Frisch gewagt ist halb gewonnen. *Nothing ventured, nothing gained.*
Er wagte Kopf und Kragen. *He risked everything.*
Ich hatte mich in die Höhle des Löwen gewagt. *I entered the lion's den.*

das Wagnis *chance, risk*	**waghalsig** *daring, rash*
der Wagemut *courage*	**die Waghalsigkeit** *recklessness*

wählen *to choose, select* tr. (intr.) 188

INDICATIVE

Present	Imperfect	Perfect
ich wähle	ich wählte	ich habe gewählt
du wählst	du wähltest	du hast gewählt
er/sie/es wählt	er/sie/es wählte	er/sie/es hat gewählt
wir wählen	wir wählten	wir haben gewählt
ihr wählt	ihr wähltet	ihr habt gewählt
Sie/sie wählen	Sie/sie wählten	Sie/sie haben gewählt

Pluperfect	Future	Future Perfect
ich hatte gewählt	ich werde wählen	ich werde gewählt haben
du hattest gewählt	du wirst wählen	du wirst gewählt haben
er/sie/es hatte gewählt	er/sie/es wird wählen	er/sie/es wird gewählt haben
wir hatten gewählt	wir werden wählen	wir werden gewählt haben
ihr hattet gewählt	ihr werdet wählen	ihr werdet gewählt haben
Sie/sie hatten gewählt	Sie/sie werden wählen	Sie/sie werden gewählt haben

CONDITIONAL   SUBJUNCTIVE

Present	Present	Imperfect
ich würde wählen	ich wähle	ich wählte
du würdest wählen	wir wählen	wir wählten
er/sie/es würde wählen		
wir würden wählen	**Perfect**	**Pluperfect**
ihr würdet wählen	ich habe gewählt	ich hätte gewählt
Sie/sie würden wählen	wir haben gewählt	wir hätten gewählt

PARTICIPLES   IMPERATIVE

wählend
gewählt

wähl! wählt!
wählen Sie! wählen wir!

Wählen Sie 999! *Dial 999!*
Haben Sie schon gewählt? *Have you chosen yet?*
Welches Gericht würden Sie wählen? *Which dish would you choose?*
Für diesen Politiker habe ich nicht gewählt. *I did not vote for that politician.*
Er wurde ins Parlament gewählt. *He was elected to parliament.*

Er wählte seine Worte mit Bedacht. *He chose his words carefully.*
Sie wählten lange, ehe sie sich entschlossen. *They thought about it for a long time before deciding.*
Du hast den falschen Augenblick gewählt. *You have chosen the wrong moment.*
Morgen gehe ich wählen. *I'll go and vote tomorrow.*

dir Wahl *choice, election*
der Wahlkampf *election campaign*
das Wahlergebnis *election result*

wählerisch *difficult to please, choosy*
wahllos *indiscriminate*

189 **warten** *to wait, look after* intr. (tr.)

INDICATIVE

Present	**Imperfect**	**Perfect**
ich warte	ich wartete	ich habe gewartet
du wartest	du wartetest	du hast gewartet
er/sie/es wartet	er/sie/es wartete	er/sie/es hat gewartet
wir warten	wir warteten	wir haben gewartet
ihr wartet	ihr wartetet	ihr habt gewartet
Sie/sie warten	Sie/sie warteten	Sie/sie haben gewartet

Pluperfect	**Future**	**Future Perfect**
ich hatte gewartet	ich werde warten	ich werde gewartet haben
du hattest gewartet	du wirst warten	du wirst gewartet haben
er/sie/es hatte gewartet	er/sie/es wird warten	er/sie/es wird gewartet haben
wir hatten gewartet	wir werden warten	wir werden gewartet haben
ihr hattet gewartet	ihr werdet warten	ihr werdet gewartet haben
Sie/sie hatten gewartet	Sie/sie werden warten	Sie/sie werden gewartet haben

CONDITIONAL   SUBJUNCTIVE

Present	**Present**	**Imperfect**
ich würde warten	ich warte	ich wartete
du würdest warten	wir warten	wir warteten
er/sie/es würde warten		
wir würden warten	**Perfect**	**Pluperfect**
ihr würdet warten	ich habe gewartet	ich hätte gewartet
Sie/sie würden warten	wir haben gewartet	wir hätten gewartet

PARTICIPLES   IMPERATIVE

wartend	warte! wartet!
gewartet	warten Sie! warten wir!

Wir warten schon ungeduldig auf Sie. *We have been waiting impatiently for you.*
Er hat vergeblich auf sie gewartet. *He waited in vain for her.*
Sie warteten auf besseres Wetter. *They were waiting for better weather.*
Viel länger hätten wir nicht gewartet. *We would not have waited much longer.*

Zu Hause wartete eine Überraschung auf uns. *A surprise was awaiting us at home.*
Er ließ uns lange warten. *He kept us waiting.*
Darauf können Sie lange warten. *You'll be lucky! You'll have a long wait!*
Der Erfolg ließ nicht lange auf sich warten. *Success came sooner than expected.*
Na warte! *Just you wait!*

der Wartesaal *waiting room (station)*   **ein Gerät warten** *to service (an*
das Wartezimmer *waiting room*   *appliance)*
    (doctor's)   **die Wartung** *service, maintenance*

waschen *to wash* tr. (intr., refl.)

INDICATIVE

Present	**Imperfect**	**Perfect**
ich wasche	ich wusch	ich habe gewaschen
du wäschst	du wuschst	du hast gewaschen
er/sie/es wäscht	er/sie/es wusch	er/sie/es hat gewaschen
wir waschen	wir wuschen	wir haben gewaschen
ihr wascht	ihr wuscht	ihr habt gewaschen
Sie/sie waschen	Sie/sie wuschen	Sie/sie haben gewaschen

Pluperfect	**Future**	**Future Perfect**
ich hatte gewaschen	ich werde waschen	ich werde gewaschen haben
du hattest gewaschen	du wirst waschen	du wirst gewaschen haben
er/sie/es hatte gewaschen	er/sie/es wird waschen	er/sie/es wird gewaschen haben
wir hatten gewaschen	wir werden waschen	wir werden gewaschen haben
ihr hattet gewaschen	ihr werdet waschen	ihr werdet gewaschen haben
Sie/sie hatten gewaschen	Sie/sie werden waschen	Sie/sie werden gewaschen haben

CONDITIONAL   SUBJUNCTIVE

Present	**Present**	**Imperfect**
ich würde waschen	ich wasche	ich wüsche
du würdest waschen	wir waschen	wir wüschen
er/sie/es würde waschen		
wir würden waschen	**Perfect**	**Pluperfect**
ihr würdet waschen	ich habe gewaschen	ich hätte gewaschen
Sie/sie würden waschen	wir haben gewaschen	wir hätten gewaschen

PARTICIPLES   IMPERATIVE

waschend   wasch! wascht!
gewaschen   waschen Sie! waschen wir!

Wasch dir gründlich die Hände. *Wash your hands thoroughly.*
Sie hat sich gerade die Haare gewaschen. *She has just washed her hair.*
Sie wusch ihre Wäsche in der Waschmaschine. *She did her washing in the machine.*
Das Hemd wurde gestern gewaschen. *The shirt was washed yesterday.*

Eine Hand wäscht die andere. *One good turn deserves another.*
Ich wasche meine Hände in Unschuld. *I wash my hands of it.*
Er war mit allen Wassern gewaschen. *He was very cunning.*
Sie würde mir gehörig den Kopf waschen. *She would scold me.*

die Waschmaschine *washing machine*
das Waschmittel *detergent*
das Waschbecken *basin*
die Wäsche *washing, linen, laundry*

abwaschen *to wash the dishes*
der Abwasch *dirty dishes*
waschbar *washable*
waschecht *fast (colours), genuine, real, true*

191 **werben** *to recruit, court* tr. (intr.)

INDICATIVE

Present	Imperfect	Perfect
ich werbe	ich warb	ich habe geworben
du wirbst	du warbst	du hast geworben
er/sie/es wirbt	er/sie/es warb	er/sie/es hat geworben
wir werben	wir warben	wir haben geworben
ihr werbt	ihr warbt	ihr habt geworben
Sie/sie werben	Sie/sie warben	Sie/sie haben geworben

Pluperfect	Future	Future Perfect
ich hatte geworben	ich werde werben	ich werde geworben haben
du hattest geworben	du wirst werben	du wirst geworben haben
er/sie/es hatte geworben	er/sie/es wird werben	er/sie/es wird geworben haben
wir hatten geworben	wir werden werben	wir werden geworben haben
ihr hattet geworben	ihr werdet werben	ihr werdet geworben haben
Sie/sie hatten geworben	Sie/sie werden werben	Sie/sie werden geworben haben

CONDITIONAL   SUBJUNCTIVE

Present	Present	Imperfect
ich würde werben	ich werbe	ich würbe
du würdest werben	wir werben	wir würben
er/sie/es würde werben		
wir würden werben	**Perfect**	**Pluperfect**
ihr würdet werben	ich habe geworben	ich hätte geworben
Sie/sie würden werben	wir haben geworben	wir hätten geworben

PARTICIPLES   IMPERATIVE

werbend
geworben

wirb! werbt!
werben Sie! werben wir!

Er wirbt für seine Partei. *He is canvassing for his party.*
Sie haben viele Kunden geworben. *They have won many customers.*
Er warb damals im Fernsehen. *He used to advertise on TV.*
Für dieses Produkt wurde viel geworben. *This product was being advertised widely.*
Sie warb vergeblich um unsere Zuneigung. *She tried in vain to get our sympathy.*
Er hat lange um sie geworben. *He has been courting her for a long time.*
Immer mehr Soldaten wurden geworben. *More and more recruits were enlisted.*

die Werbung *advertisement, courtship*
der Werbeleiter *advertising manager*
das Werbefernsehen *TV advertising*
umworben sein *to be courted*

anwerben *to enlist*
sich bewerben um *to apply for*
etwas erwerben *to acquire*
der Erwerb *acquisition*

*werden *to become, get* intr. **192**

INDICATIVE

Present	Imperfect	Perfect
ich werde	ich wurde	ich bin geworden
du wirst	du wurdest	du bist geworden
er/sie/es wird	er/sie/es wurde	er/sie/es ist geworden
wir werden	wir wurden	wir sind geworden
ihr werdet	ihr wurdet	ihr seid geworden
Sie/sie werden	Sie/sie wurden	Sie/sie sind geworden

Pluperfect	Future	Future Perfect
ich war geworden	ich werde werden	ich werde geworden sein
du warst geworden	du wirst werden	du wirst geworden sein
er/sie/es war geworden	er/sie/es wird werden	er/sie/es wird geworden sein
wir waren geworden	wir werden werden	wir werden geworden sein
ihr wart geworden	ihr werdet werden	ihr werdet geworden sein
Sie/sie waren geworden	Sie/sie werden werden	Sie/sie werden geworden sein

CONDITIONAL SUBJUNCTIVE

Present	Present	Imperfect
ich würde werden	ich werde	ich würde
du würdest werden	wir werden	wir würden
er/sie/es würde werden		
wir würden werden	**Perfect**	**Pluperfect**
ihr würdet werden	ich sei geworden	ich wäre geworden
Sie/sie würden werden	wir seien geworden	wir wären geworden

PARTICIPLES IMPERATIVE

werdend   werde! werdet!
geworden   werden Sie! werden wir!

Ich werde langsam müde. *I am getting tired.*
Die Milch ist sauer geworden. *The milk has gone off.*
Wie wird morgen das Wetter? *What is the weather going to be like tomorrow?*
Es wurde früh dunkel. *It was getting dark early.*
Er ist Kaufmann geworden. *He has become a businessman.*
Sie war schon jung Mutter geworden. *She became a mother at an early age.*

Es·wird höchste Zeit, daß er kommt. *It is about time he came.*
Aus unserem Plan wird nichts. *Our plan will come to nothing.*
Aus ihm wird bestimmt nichts. *He will come to no good.*
Wir wurden uns schnell einig. *We quickly came to an agreement.*
Ich konnte nichts gewahr werden. *I could not get any information.*
Keine Sorge, es wird schon werden! *Don't worry, things will be all right!*

193 **werfen** *to throw, fling* tr. (intr., refl.)

INDICATIVE

Present	**Imperfect**	**Perfect**
ich werfe	ich warf	ich habe geworfen
du wirfst	du warfst	du hast geworfen
er/sie/es wirft	er/sie/es warf	er/sie/es hat geworfen
wir werfen	wir warfen	wir haben geworfen
ihr werft	ihr warft	ihr habt geworfen
Sie/sie werfen	Sie/sie warfen	Sie/sie haben geworfen

Pluperfect	**Future**	**Future Perfect**
ich hatte geworfen	ich werde werfen	ich werde geworfen haben
du hattest geworfen	du wirst werfen	du wirst geworfen haben
er/sie/es hatte geworfen	er/sie/es wird werfen	er/sie/es wird geworfen haben
wir hatten geworfen	wir werden werfen	wir werden geworfen haben
ihr hattet geworfen	ihr werdet werfen	ihr werdet geworfen haben
Sie/sie hatten geworfen	Sie/sie werden werfen	Sie/sie werden geworfen haben

CONDITIONAL SUBJUNCTIVE

Present	**Present**	**Imperfect**
ich würde werfen	ich werfe	ich würfe
du würdest werfen	wir werfen	wir würfen
er/sie/es würde werfen		
wir würden werfen	**Perfect**	**Pluperfect**
ihr würdet werfen	ich habe geworfen	ich hätte geworfen
Sie/sie würden werfen	wir haben geworfen	wir hätten geworfen

PARTICIPLES IMPERATIVE

werfend	wirf! werft!
geworfen	werfen Sie! werfen wir!

Wirf den Ball ins Netz! *Throw the ball into the net!*
Sie haben faule Tomaten auf ihn geworfen. *They threw rotten tomatoes at him.*
Er warf sein Fahrrad auf die Erde. *He threw his bike to the ground.*
Würde man ihn ins Gefängnis werfen? *Would he be thrown into prison?*

Er wurde auf die Straße geworfen. *He was sacked.*
Sie warfen mir böse Worte an den Kopf. *They insulted me.*
Sie wirft leicht die Flinte ins Korn. *She tends to lose heart easily.*
Sie warfen alles in einen Topf. *They made no distinction.*
Heute hat sie sich in Schale geworfen. *Today she has got dressed up.*
Unsere Pläne wurden über den Haufen geworfen. *Our plans were thwarted.*

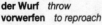

der Wurf *throw*	**entwerfen** *to design*
vorwerfen *to reproach*	**der Entwurf** *design*

wiegen *to weigh* tr. (intr., refl.) **194**

INDICATIVE

Present	**Imperfect**	**Perfect**
ich wiege	ich wog	ich habe gewogen
du wiegst	du wogst	du hast gewogen
er/sie/es wiegt	er/sie/es wog	er/sie/es hat gewogen
wir wiegen	wir wogen	wir haben gewogen
ihr wiegt	ihr wogt	ihr habt gewogen
Sie/sie wiegen	Sie/sie wogen	Sie/sie haben gewogen

Pluperfect	**Future**	**Future Perfect**
ich hatte gewogen	ich werde wiegen	ich werde gewogen haben
du hattest gewogen	du wirst wiegen	du wirst gewogen haben
er/sie/es hatte gewogen	er/sie/es wird wiegen	er/sie/es wird gewogen haben
wir hatten gewogen	wir werden wiegen	wir werden gewogen haben
ihr hattet gewogen	ihr werdet wiegen	ihr werdet gewogen haben
Sie/sie hatten gewogen	Sie/sie werden wiegen	Sie/sie werden gewogen haben

CONDITIONAL / SUBJUNCTIVE

Present	**Present**	**Imperfect**
ich würde wiegen	ich wiege	ich wöge
du würdest wiegen	wir wiegen	wir wögen
er/sie/es würde wiegen		
wir würden wiegen	**Perfect**	**Pluperfect**
ihr würdet wiegen	ich habe gewogen	ich hätte gewogen
Sie/sie würden wiegen	wir haben gewogen	wir hätten gewogen

PARTICIPLES / IMPERATIVE

wiegend	wieg! wiegt!
gewogen	wiegen Sie! wiegen wir!

Wieviel wiegst du? *How much do you weigh?*
Er hat das Fleisch nicht gewogen. *He has not weighed the meat.*
Alle Sportler wurden vor dem Wettkampf gewogen. *All the athletes were weighed before the event.*
Ich wiege mich regelmäßig. *I weigh myself regularly.*
Die Verkäuferin hat zu knapp gewogen. *The shop assistant gave me short measure.*

Sein Urteil wog am schwersten. *His judgement carried the most weight.*
Er war gewogen und zu leicht befunden. *He was considered but rejected.*
Mein Einwand wird nichts wiegen. *My objection won't make any difference.*
Die Spende der armen Leute wiegt doppelt. *Money given by the poor counts for twice as much.*

etwas aufwiegen *to counterbalance*   **wiegen** *to rock, sway*
überwiegen *to prevail, predominate*   **die Wiege** *cradle*

195 **wissen** *to know, understand* intr. (tr.)

INDICATIVE

Present	**Imperfect**	**Perfect**
ich weiß	ich wußte	ich habe gewußt
du weißt	du wußtest	du hast gewußt
er/sie/es weiß	er/sie/es wußte	er/sie/es hat gewußt
wir wissen	wir wußten	wir haben gewußt
ihr wißt	ihr wußtet	ihr habt gewußt
Sie/sie wissen	Sie/sie wußten	Sie/sie haben gewußt

Pluperfect	**Future**	**Future Perfect**
ich hatte gewußt	ich werde wissen	ich werde gewußt haben
du hattest gewußt	du wirst wissen	du wirst gewußt haben
er/sie/es hatte gewußt	er/sie/es wird wissen	er/sie/es wird gewußt haben
wir hatten gewußt	wir werden wissen	wir werden gewußt haben
ihr hattet gewußt	ihr werdet wissen	ihr werdet gewußt haben
Sie/sie hatten gewußt	Sie/sie werden wissen	Sie/sie werden gewußt haben

CONDITIONAL   SUBJUNCTIVE

Present	**Present**	**Imperfect**
ich würde wissen	ich wisse	ich wüßte
du würdest wissen	wir wissen	wir wüßten
er/sie/es würde wissen		
wir würden wissen	**Perfect**	**Pluperfect**
ihr würdet wissen	ich habe gewußt	ich hätte gewußt
Sie/sie würden wissen	wir haben gewußt	wir hätten gewußt

PARTICIPLES   IMPERATIVE

wissend   wisse! wißet!
gewußt   wissen Sie! wissen wir!

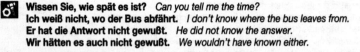

Wissen Sie, wie spät es ist? *Can you tell me the time?*
Ich weiß nicht, wo der Bus abfährt. *I don't know where the bus leaves from.*
Er hat die Antwort nicht gewußt. *He did not know the answer.*
Wir hätten es auch nicht gewußt. *We wouldn't have known either.*

Sie wußte weder ein noch aus. *She was at her wit's end.*
Ich weiß, wo Ihnen der Schuh drückt. *I know what your trouble is.*
Man wird bald wissen, woher der Wind weht. *It will soon be clear which way the wind blows.*
Sie will von ihm nichts wissen. *She'll have nothing to do with him.*

das Wissen *knowledge*	**der Wissenschaftler** *scientist*
wissenswert *worth knowing*	**der Wissenschaft** *science*
wissentlich *deliberate*	**wissenschaftlich** *scientific*

wohnen *to dwell, live* intr. **196**

INDICATIVE

Present	Imperfect	Perfect
ich wohne	ich wohnte	ich habe gewohnt
du wohnst	du wohntest	du hast gewohnt
er/sie/es wohnt	er/sie/es wohnte	er/sie/es hat gewohnt
wir wohnen	wir wohnten	wir haben gewohnt
ihr wohnt	ihr wohntet	ihr habt gewohnt
Sie/sie wohnen	Sie/sie wohnten	Sie/sie haben gewohnt

Pluperfect	Future	Future Perfect
ich hatte gewohnt	ich werde wohnen	ich werde gewohnt haben
du hattest gewohnt	du wirst wohnen	du wirst gewohnt haben
er/sie/es hatte gewohnt	er/sie/es wird wohnen	er/sie/es wird gewohnt haben
wir hatten gewohnt	wir werden wohnen	wir werden gewohnt haben
ihr hattet gewohnt	ihr werdet wohnen	ihr werdet gewohnt haben
Sie/sie hatten gewohnt	Sie/sie werden wohnen	Sie/sie werden gewohnt haben

CONDITIONAL · SUBJUNCTIVE

Present	Present	Imperfect
ich würde wohnen	ich wohne	ich wohnte
du würdest wohnen	wir wohnen	wir wohnten
er/sie/es würde wohnen		
wir würden wohnen	**Perfect**	**Pluperfect**
ihr würdet wohnen	ich habe gewohnt	ich hätte gewohnt
Sie/sie würden wohnen	wir haben gewohnt	wir hätten gewohnt

PARTICIPLES · IMPERATIVE

wohnend
gewohnt

wohn! wohnt!
wohnen Sie! wohnen wir!

Wo wohnen Sie? *Where do you live?*
Er wohnt schon drei Jahre hier. *He has been living here for three years.*
Wir wohnten früher auf dem Lande. *We used to live in the country.*
Ich würde lieber in der Stadt wohnen. *I would rather live in the city.*
Haben Sie jemals zur Miete gewohnt? *Have you ever lived in rented accommodation?*
Als er bei uns wohnte, war er Student. *He was (still) a student when he lived with us.*
Wir hatten nur ein Jahr dort gewohnt. *We had only lived there for a year.*
In diesem Hotel wohnt man gut. *This hotel offers good accommodation.*
Er hätte lieber zu Hause gewohnt. *He would rather have lived at home.*

die Wohnung *flat*	**wohnhaft** *resident*
das Wohnzimmer *living room*	**bewohnbar** *habitable*
wohnungslos *homeless*	**der Einwohner** *inhabitant*

197 wollen *to want, wish* intr. (tr.)

INDICATIVE

Present	**Imperfect**	**Perfect**
ich will	ich wollte	ich habe gewollt
du willst	du wolltest	du hast gewollt
er/sie/es will	er/sie/es wollte	er/sie/es hat gewollt
wir wollen	wir wollten	wir haben gewollt
ihr wollt	ihr wolltet	ihr habt gewollt
Sie/sie wollen	Sie/sie wollten	Sie/sie haben gewollt .

Pluperfect	**Future**	**Future Perfect**
ich hatte gewollt	ich werde wollen	ich werde gewollt haben
du hattest gewollt	du wirst wollen	du wirst gewollt haben
er/sie/es hatte gewollt	er/sie/es wird wollen	er/sie/es wird gewollt haben
wir hatten gewollt	wir werden wollen	wir werden gewollt haben
ihr hattet gewollt	ihr werdet wollen	ihr werdet gewollt haben
Sie/sie hatten gewollt	Sie/sie werden wollen	Sie/sie werden gewollt haben

CONDITIONAL   SUBJUNCTIVE

Present	**Present**	**Imperfect**
ich würde wollen	ich wolle	ich wollte
du würdest wollen	wir wollen	wir wollten
er/sie/es würde wollen		
wir würden wollen	**Perfect**	**Pluperfect**
ihr würdet wollen	ich habe gewollt	ich hätte gewollt
Sie/sie würden wollen	wir haben gewollt	wir hätten gewollt

PARTICIPLES   IMPERATIVE

wollend   will! wollt!
gewollt   wollen Sie! wollen wir!

Er will nicht essen. *He doesn't want anything to eat.*
Wir wollten nichts essen. *We didn't want to eat anything.*
Verzeihen Sie, bitte; das habe ich nicht gewollt! *I beg your pardon; I didn't mean to!*
Wann würden Sie kommen wollen? *When would you like to come?*
Ich hatte so etwas nie tun wollen. *I had never wanted to do such a thing.*

Er wollte hoch hinaus. *He had high ambitions.*
Macht, was ihr wollt! *Do as you like!*
Ohne es zu wollen, erfuhr ich davon. *I heard about it unintentionally.*
Das will nicht viel sagen. *That is of no consequence.*
Wir wollen nichts gesagt haben. *We take it back.*
Das war nicht gewollt. *That was not intended.*
Das will mir nicht in den Kopf. *I simply can't understand that.*

wünschen *to wish* tr. (refl.) **198**

INDICATIVE

Present	**Imperfect**	**Perfect**
ich wünsche	ich wünschte	ich habe gewünscht
du wünschst	du wünschtest	du hast gewünscht
er/sie/es wünscht	er/sie/es wünschte	er/sie/es hat gewünscht
wir wünschen	wir wünschten	wir haben gewünscht
ihr wünscht	ihr wünschtet	ihr habt gewünscht
Sie/sie wünschen	Sie/sie wünschten	Sie/sie haben gewünscht

Pluperfect	**Future**	**Future Perfect**
ich hatte gewünscht	ich werde wünschen	ich werde gewünscht haben
du hattest gewünscht	du wirst wünschen	du wirst gewünscht haben
er/sie/es hatte gewünscht	er/sie/es wird wünschen	er/sie/es wird gewünscht haben
wir hatten gewünscht	wir werden wünschen	wir werden gewünscht haben
ihr hattet gewünscht	ihr werdet wünschen	ihr werdet gewünscht haben
Sie/sie hatten gewünscht	Sie/sie werden wünschen	Sie/sie werden gewünscht haben

CONDITIONAL SUBJUNCTIVE

Present	**Present**	**Imperfect**
ich würde wünschen	ich wünsche	ich wünschte
du würdest wünschen	wir wünschen	wir wünschten
er/sie/es würde wünschen		
wir würden wünschen	**Perfect**	**Pluperfect**
ihr würdet wünschen	ich habe gewünscht	ich hätte gewünscht
Sie/sie würden wünschen	wir haben gewünscht	wir hätten gewünscht

PARTICIPLES IMPERATIVE

wünschend	wünsch! wünscht!
gewünscht	wünschen Sie! wünschen wir!

Was wünschen Sie? *What would you like?*
Er wünschte uns eine schöne Reise. *He wished us a good trip.*
Ich hätte Ihnen besseres Wetter gewünscht. *I would have wished you better weather.*
Das würde ich meinem ärgsten Feind nicht wünschen. *I would not wish that on my worst enemy.*

Diese Arbeit läßt zu wünschen übrig. *This piece of work leaves much to be desired.*
Es wünscht Sie jemand zu sprechen. *There is someone to see you.*
Ich wünschte, es wäre schon Sommer. *I wish it was summer already.*
Er wünschte uns zum Teufel. *He wished us in hell.*

der Wunsch *wish*
das Wunschbild *ideal*
wunschgemäß *according to one's wishes*

Herzliche Glückwünsche!
  Congratulations!
wünschenswert *desirable*
wunschlos *contented, satisfied*

199 ziehen *to pull, tow* tr. (*intr., refl.)

INDICATIVE

Present	Imperfect	Perfect
ich ziehe	ich zog	ich habe gezogen
du ziehst	du zogst	du hast gezogen
er/sie/es zieht	er/sie/es zog	er/sie/es hat gezogen
wir ziehen	wir zogen	wir haben gezogen
ihr zieht	ihr zogt	ihr habt gezogen
Sie/sie ziehen	Sie/sie zogen	Sie/sie haben gezogen

Pluperfect	Future	Future Perfect
ich hatte gezogen	ich werde ziehen	ich werde gezogen haben
du hattest gezogen	du wirst ziehen	du wirst gezogen haben
er/sie/es hatte gezogen	er/sie/es wird ziehen	er/sie/es wird gezogen haben
wir hatten gezogen	wir werden ziehen	wir werden gezogen haben
ihr hattet gezogen	ihr werdet ziehen	ihr werdet gezogen haben
Sie/sie hatten gezogen	Sie/sie werden ziehen	Sie/sie werden gezogen haben

CONDITIONAL   SUBJUNCTIVE

Present	Present	Imperfect
ich würde ziehen	ich ziehe	ich zöge
du würdest ziehen	wir ziehen	wir zögen
er/sie/es würde ziehen		
wir würden ziehen	**Perfect**	**Pluperfect**
ihr würdet ziehen	ich habe gezogen	ich hätte gezogen
Sie/sie würden ziehen	wir haben gezogen	wir hätten gezogen

PARTICIPLES   IMPERATIVE

ziehend	zieh! zieht!
gezogen	ziehen Sie! ziehen wir!

Die Pferde ziehen den Wagen. *The horses are pulling the carriage.*
Er hat mich an den Haaren gezogen. *He pulled my hair.*
Blitzschnell zog er das Messer. *In a flash he pulled out his knife.*
Heute wurde mein Zahn gezogen. *Today my tooth was pulled out.*

Er zog mich ins Vertrauen. *He took me into his confidence.*
Wir haben eine Lehre daraus gezogen. *We learnt a lesson from that.*
Zieh nicht so ein Gesicht! *Don't pull a face like that!*
Er hat das große Los gezogen. *He has been extremely lucky.*
Vor ihm ziehe ich den Hut. *I take my hat off to him.*
Sie zogen den Leuten das Geld aus der Tasche. *They made people spend their money.*
Wie würde er sich aus dieser Affäre ziehen? *How would he manage to get out of this mess?*
Er wird zur Verantwortung gezogen werden. *He will be made responsible.*

zumuten *to expect of someone* tr. **200**

INDICATIVE

Present	**Imperfect**	**Perfect**
ich mute zu	ich mutete zu	ich habe zugemutet
du mutest zu	du mutetest zu	du hast zugemutet
er/sie/es mutet zu	er/sie/es mutete zu	er/sie/es hat zugemutet
wir muten zu	wir muteten zu	wir haben zugemutet
ihr mutet zu	ihr mutetet zu	ihr habt zugemutet
Sie/sie muten zu	Sie/sie muteten zu	Sie/sie haben zugemutet

Pluperfect	**Future**	**Future Perfect**
ich hatte zugemutet	ich werde zumuten	ich werde zugemutet haben
du hattest zugemutet	du wirst zumuten	du wirst zugemutet haben
er/sie/es hatte zugemutet	er/sie/es wird zumuten	er/sie/es wird zugemutet haben
wir hatten zugemutet	wir werden zumuten	wir werden zugemutet haben
ihr hattet zugemutet	ihr werdet zumuten	ihr werdet zugemutet haben
Sie/sie hatten zugemutet	Sie/sie werden zumuten	Sie/sie werden zugemutet haben

CONDITIONAL SUBJUNCTIVE

Present	**Present**	**Imperfect**
ich würde zumuten	ich mute zu	ich mutete zu
du würdest zumuten	wir muten zu	wir muteten zu
er/sie/es würde zumuten		
wir würden zumuten	**Perfect**	**Pluperfect**
ihr würdet zumuten	ich habe zugemutet	ich hätte zugemutet
Sie/sie würden zumuten	wir haben zugemutet	wir hätten zugemutet

PARTICIPLES IMPERATIVE

zumutend mute zu! mutet zu!
zugemutet muten Sie zu! muten wir zu!

Muten Sie mir das zu? *Do you expect that of me?*
Ich habe Ihnen viel zugemutet. *I have asked a great deal of you.*
Darf ich ihm zumuten zu warten? *May I ask him to wait?*
Man würde ihr keine schwere Arbeit zumuten. *No heavy labour would be allocated to her.*
Mir kann nicht zugemutet werden, das zu glauben. *I can't be expected to believe that.*

Mute dir nicht zu viel zu! *Don't take on too much!*
Die Tat mutet man ihm zu. *He is suspected of the crime.*
Ich verbitte mir eine solche Zumutung. *I won't tolerate such an imposition.*
Das ist eine zu große Zumutung. *That is an unreasonable demand.*

die Zumutung *demand, imposition* **die Vermutung** *presumption*
vermuten *to suppose, presume* **mutmaßen** *to guess*
anmuten *to seem*

201 zwingen *to force* tr. (refl.)

INDICATIVE

Present	**Imperfect**	**Perfect**
ich zwinge	ich zwang	ich habe gezwungen
du zwingst	du zwangst	du hast gezwungen
er/sie/es zwingt	er/sie/es zwang	er/sie/es hat gezwungen
wir zwingen	wir zwangen	wir haben gezwungen
ihr zwingt	ihr zwangt	ihr habt gezwungen
Sie/sie zwingen	Sie/sie zwangen	Sie/sie haben gezwungen

Pluperfect	**Future**	**Future Perfect**
ich hatte gezwungen	ich werde zwingen	ich werde gezwungen haben
du hattest gezwungen	du wirst zwingen	du wirst gezwungen haben
er/sie/es hatte gezwungen	er/sie/es wird zwingen	er/sie/es wird gezwungen haben
wir hatten gezwungen	wir werden zwingen	wir werden gezwungen haben
ihr hattet gezwungen	ihr werdet zwingen	ihr werdet gezwungen haben
Sie/sie hatten gezwungen	Sie/sie werden zwingen	Sie/sie werden gezwungen haben

CONDITIONAL

SUBJUNCTIVE

Present	**Present**	**Imperfect**
ich würde zwingen	ich zwinge	ich zwänge
du würdest zwingen	wir zwingen	wir zwängen
er/sie/es würde zwingen		
wir würden zwingen	**Perfect**	**Pluperfect**
ihr würdet zwingen	ich habe gezwungen	ich hätte gezwungen
Sie/sie würden zwingen	wir haben gezwungen	wir hätten gezwungen

PARTICIPLES

IMPERATIVE

zwingend	zwing! zwingt!
gezwungen	zwingen Sie! zwingen wir!

Ich zwinge ihn zur Arbeit. *I am forcing him to work.*
Man hat mich gezwungen zu reden. *I was forced to talk.*
Diese Situation zwang uns zur Eile. *This situation demanded we hurry.*
Wir würden ihn nicht zur Umkehr zwingen. *We would not force him to turn back.*
Die Polizei war gezwungen zu handeln. *The police were forced to act.*

Ich lasse mich zu nichts zwingen. *I won't let myself be forced to do anything.*
Er zwang sich dazu, freundlich zu sein. *He forced himself to be polite.*
Das läßt sich nicht zwingen. *Force will not do any good.*
Du hattest dich zum Lachen gezwungen. *You had forced yourself to laugh.*

der Zwang	*force, compulsion*	**zwingend**	*compelling*
zwanglos	*unconstrained*	**der Zwingherr**	*tyrant*
die Zwangsarbeit	*forced labour*	**ungezwungen**	*informal*

VERB LIST

On the following pages you will find approximately 3000 German verbs, with their meanings and the number of the model verb they follow. If the number is in **bold print**, the verb is one of the 201 presented in full.

Some verbs have two numbers. If so, the first number refers to the main pattern verb, the second to a verb that shares a particular characteristic. For example, **anerkennen** is cross-referred to **kennen**, but also to **anbieten** because it is a separable verb.

If * appears next to a verb, this indicates that the verb goes with **sein** in compound tenses; if not, it goes with **haben**. If there is a † next to the verb, that verb can take **sein** or **haben**.

All of the verbs on the list are weak unless they have **str.** (strong) or **mx.** (mixed) next to them, in which case their vowel changes are given, e.g. **erfinden** (str. i, a, u).

If I appears in the middle of a verb, e.g. **mit I nehmen**, the verb is separable and the prefix will sometimes be placed at the end of the sentence.

ab I bauen tr. *demolish, reduce* 10, 200

ab I bestellen tr. *cancel* 18, 200

ab I bezahlen tr. *pay off* 22

*ab I fahren (str. ä, u, a) intr. *leave, depart; tr. cart away* 1

ab I finden (str. i, a, u) tr. *satisfy;* refl. *come to terms* 56

ab I gewöhnen tr. *make give up;* refl. *give up* 200

ab I halten (str. ä, ie, a) tr. *hold off, hinder* 79, 2

ab I hängen tr. *put down (receiver)* 81, 200

ab I holen tr. *fetch, meet* 86, 200

ab I lehnen tr. *decline, refuse* 200

ab I lenken tr. *divert, deflect* 200

ab I machen tr. *undo, detach* 107, 200

absorbieren tr. *absorb* 130

achten tr. *respect* 9

adoptieren tr. *adopt* 130

ähneln intr. *resemble* 28

ahnen tr. *foresee* 10

aktivieren tr. *activate* 130

alarmieren tr. *alarm* 130

*altern intr. *grow old, age* 28

amüsieren tr. *amuse;* refl. *enjoy oneself* 130

an I beten tr. *adore, worship* 200

an I bieten (str. ie, o, o) tr., refl. *offer, tender* 2

an I bringen (mx. i, a, a) tr. *apply* 26

ändern tr. *alter;* refl. *change* 28

an I deuten tr. *indicate, hint* 200

an I erkennen (mx. e, a, a) tr. *recognise* 90, 2

an I fangen (str. ä, i, a) tr./intr. *begin, start* 3

an I fassen tr. *grasp* 118, 2

an I fertigen tr. *manufacture, make* 200

an I geben (str. i, a, e) tr. *declare;* intr. *boast* 66, 2

an I greifen (str. ei, i, i) tr. *attack, dispute* 76, 2

an I halten (str. ä, ie, a) tr. *stop;* intr. *persist* 79, 2

an I klagen tr. *accuse* 200

*an I kommen (str. o, a, o) intr. *arrive* 4

an I kündigen tr. *announce, declare* 200

an I melden tr. (bei + dat.) *announce* 200

an I nähern tr. *bring near;* refl. *approach* 200

an I nehmen (str. i, a, o) tr. *accept;* refl. + gen. *take an interest in* 5

an I passen tr. *adapt;* refl. + dat. *adapt oneself to* 118, 200

an I probieren tr. *try on* 130, 200

an I reden tr. *speak to, address* 125, 200

an I regen tr. *propose, suggest* 125, 200

an I richten tr. *prepare, cause* 200

an I rufen (str. u, ie, u) tr./intr. *call, ring* 6

an I sagen tr. *announce* 135, 200

an I sehen (str. ie, a, e) tr. *consider* 150, 200

an I stecken wk., sep., tr. (an) *fasten, light;* refl. *to catch a disease* 200

an I stellen tr. *employ;* refl. *queue up* 200

an I stoßen (str. ö, ie, o) tr. *bump into;* intr. *clink glasses* 45, 2

an I strengen tr. *strain;* refl. *exert oneself* 206

antworten tr./intr. *answer, reply* 7

an I vertrauen tr. *confide;* refl. + dat. *confide in someone* 200

an I weisen (str. ei, ie, ie) tr. *direct, instruct* 24, 200

an I wenden (wk./str. e, a, a) tr. *employ, use* 161, 200

an I zeigen tr. *report, announce* 200

an I ziehen (str. ie, o, o) tr./refl. *put on, tighten;* intr. *take effect* 8

arbeiten tr./intr. (an) *work;* refl. *improve* 9

ärgern tr. *annoy;* refl. *be annoyed* 28

atmen tr./intr. *breathe, inhale* 10

ätzen tr. *corrode* 10

auf I bewahren tr. *store, keep* 200

auf I brechen (str. i, a, o) tr. *force open;* intr. *set out* 159, 200

auf I bringen (mx. i, a, a) tr. *raise, provoke* 26, 200

auf I fallen (str. ä, ie, a) intr. *attract attention* 54, 200

auf I fordern tr. *ask, request* 200

auf l führen tr. *perform;* refl. *behave* 64, 200

auf l geben (str. i, a, e) tr. *give up, resign* 66, 200

auf l halten (str. ä, ie, a) tr. *hold up, delay;* refl. *stay* 79, 200

auf l hören intr. *cease, stop* 200

auf l klären tr. *explain;* refl. *brighten* 200

auf l passen intr. *pay attention* 118, 200

auf l räumen tr. *tidy up* 200

auf l regen tr. *excite;* refl. *get excited* 200

*auf l stehen (str. e, a, a) intr. *get up, stand up* 161, 200

*auf l tauchen intr. *emerge, appear* 200

auf l weisen (str. ei, ie, ie) tr. *show* 24, 200

auf l ziehen (str. ie, o, o) tr. *raise;* intr. *gather* 51, 200

aus l beuten tr. *exploit* 200

aus l bilden tr. *develop, educate* 200

aus l breiten tr. *spread, expand* 200

aus l drücken tr. *squeeze;* refl. *express oneself* 200

äußern tr. *express;* refl. *give one's opinion* 28

aus l führen tr. *execute* 64, 200

aus l füllen tr. *fill out, complete* 200

aus l geben (str. i, a, e) tr. *distribute;* refl. *pass oneself off for* 66, 200

*aus l gehen (str. e, i, a) intr. *go out* 68, 200

aus l gleichen (str. ei, i, i) tr. *make even, balance* 76, 2

aus l halten (str. ä, ie, a) tr. *endure, stand;* intr. *persevere* 79, 2

aus l kennen (mx. e, a, a) refl. *know one's way* 90, 2, 32

*aus l kommen (str. o, a, o) intr. (mit) *get on with, make do* 4

aus l lassen (str. ä, ie, a) tr. *omit, give vent to* 97, 2

aus l nutzen tr. *utilise, exploit* 200

*aus l reisen intr. *depart, leave the country* 127, 200

aus l richten tr. *deliver message, accomplish* 200

aus l rüsten tr. *furnish, equip* 200

aus l sagen tr. *state, express* 135, 200

aus l schließen (str. ie, o, o) tr. *shut out, exclude* 146, 2

aus l sehen (str. ie, a, e) intr. *appear, seem* 150, 2

aus l sprechen (str. i, a, o) tr. *pronounce;* refl. *speak one's mind* 159, 2

*aus l steigen (str. ei, ie, ie) intr. *get out, disembark* 24, 1

aus l stellen tr. *exhibit* 200

aus l teilen tr. *distribute* 162, 200

aus l tragen (str. ä, u, a) tr. *deliver* 163, 2

*aus l treten (str. i, a, e) tr. *wear out;* intr. *come out, leave the room* 52, 1

aus l üben tr. *practise, exercise* 200

*aus l wandern intr. *emigrate* 200

aus l weisen (str. ei, ie, ie) tr. *deport, expel;* refl. *identify oneself* 24, 2

aus l zeichnen tr./refl. *distinguish, mark* 200

aus l ziehen (str. ie, o, o) tr. *draw out, undress;* *intr. *set out, move out, set off* 51, 2, 1

backen (str. a, u, a) tr. *bake, fry* 44

baden tr./refl. *bathe* 10

bahnen tr. *pave the way* 10

bändigen tr. *restrain, subdue* 10

bangen intr. (um, vor) *be afraid (for, of)* 10

bannen tr. *banish, expel* 10

basteln tr./intr. *make things with one's hands* 10

bauen tr. *build, construct;* intr. (auf) *rely on, count on* **10**

beabsichtigen tr. *intend, aim at* 11

beachten tr. *notice, take notice* 11

beanspruchen tr. *claim* 11

beanstanden tr. *object to, appeal against* 11

beantragen tr. *claim, propose* 11

beantworten tr. *answer, reply* 7, 11

bearbeiten tr. *till, cultivate* 9, 11

beben intr. *shake, tremble* 10

bedanken refl. (bei, für) *thank, decline with thanks* 27, 11

bedauern tr. *regret, deplore* 28, 11

bedecken tr./refl. *cover, shelter* 11

bedenken (mx. e, a, a) tr. *think about;*

refl. *hesitate* 29, 11

bedeuten tr. *mean, signify* 11

bedienen tr. *serve, wait on;* refl. *help oneself* 11

bedingen tr. *stipulate, imply* 11

bedrohen tr. *threaten, menace* 11

bedürfen (str. a, u, u) intr. + gen. *need, require* 31, 11

beeilen tr./refl. *hurry, hasten* 32, 11

beeindrucken tr. *impress* 11

beeinflussen tr. *influence* 11

beeinträchtigen tr. *impair, affect* 11

beendigen tr. *finish, end* 11

befassen refl. + mit *concern oneself with* 32, 11

befehlen (str. ie, a, o) tr. + dat. *order, command* 12

befestigen tr. *fasten, attach* 11

befinden (str. i, a, u) refl. *be, feel* tr. *consider* 13

befördern tr. *forward, transport* 28, 11

befreien tr. *free, liberate* 11

befriedigen tr. *satisfy, please* 11

befristen tr. *fix a time, limit* 11

befürchten tr. *fear, apprehend* 65, 11

begeben (str. i, a, e) refl. *go, set out for;* imp. *it happened* 66, 32

*begegnen intr. + dat. *meet, encounter* 14

begehren tr. *want, desire* 11

begeistern tr. *inspire;* refl. (für) *be enthusiastic about* 28, 11

beginnen (str. i, a, o) tr./intr. *begin, start* 73

beglaubigen tr. *certify, verify* 11

begleichen (str. ei, i, i) tr. *pay, settle* 76, 11

begleiten tr. *accompany, escort* 11

begnadigen tr. *pardon* 11

begraben (str. ä, u, a) tr. *bury, conceal* 44

begreifen (str. ei, i, i) tr. *understand* 76, 11

begrenzen tr. *limit* 11

begründen tr. *establish, justify* 11

begrüßen tr. *greet, welcome* 77, 11

behalten (str. ä, ie, a) tr. *keep, remember* 79, 11

behandeln tr. *treat, handle* 15

beharren intr. (auf, bei, in) *persist, insist* 11

behaupten tr. *maintain;* refl. *hold one's ground* 11

beherbergen tr. *lodge, put up* 11

beherrschen tr. *govern;* refl. *control oneself* 11

behindern tr. *hinder, prevent* 28

bei I bringen (mx. i, a, a) tr. *teach, instruct* 25, 2

bei I fügen tr. *add, enclose* 200

beißen (str. ei, i, i) tr. *bite, sting* 128

bei I stehen (str. e, a, a) intr. + dat. *help, aid* 161, 2

bei I tragen (str. a, u, a) tr. (zu) *contribute* 163, 2

*bei I treten (str. i, a, e) intr. + dat. *join* 52, 1

bekämpfen tr. *fight, oppose* 88

bekehren tr. *convert;* refl. *turn over a new leaf* 11

bekennen (mx. e, a, a) tr. *admit;* refl. (zu) *acknowledge something* 90, 11

beklagen tr. *lament;* refl. (über) *complain about* 91, 11

bekommen (str. o, a, o) tr. *get, receive;* intr. *agree with* 16

bekräftigen tr. *strengthen, confirm* 11

belasten tr. *load, burden* 11

belästigen tr. *annoy, bother* 11

beleben tr. *enliven, revive* 99, 11

belegen tr. (mit) *cover, fill* 100

beleidigen tr. *offend, insult* 11

beleuchten tr. *light up, throw light on* 11

belichten tr. *expose* 11

bellen intr. *bark* 11

belohnen tr. (für) *reward (for)* 11

belügen (str. ü, o, o) tr. *lie to* 106, 11

bemerken tr. *notice, remark* 110, 11

bemühen tr. *trouble;* refl. *take trouble* 11

benachrichtigen tr. *inform* 11

benachteiligen tr. *wrong, disadvantage* 11

benehmen (str. i, a, o) refl. *behave* 115, 32, 11

beneiden tr. (um + acc.) *envy* 11

benennen (mx. e, a, a) tr. *name, call* 116, 11

benötigen tr. *require* 11
benutzen tr. *use, take advantage of* 11
beobachten tr. *observe, watch* 11
beraten (str. ä, ie, a) tr. *advise* 123, 11
berechnen tr. *compute, calculate* 124, 11
berechtigen tr. *entitle, authorise* 11
bereiten tr. *prepare, get ready* 11
bereuen tr. *repent, regret* 11
bergen (str. i, a, o) tr. *rescue* 85
berichten tr. (über) *report, inform* 11
***bersten** (str. i, a, o) intr. *burst, explode* 85
berufen (str. u, ie, u) tr. *appoint;* refl. (auf) *refer to* 133
beruhigen tr. *calm;* refl. *compose oneself*
berühren tr. *touch, border on* 11
beschäftigen tr. *occupy;* refl. (mit) *be busy with* 11
bescheinigen tr. *vouch for, certify* 11
beschleunigen tr. *accelerate, hasten* 11
beschließen (str. ie, o, o) tr. *conclude* 143
beschränken tr. *limit;* refl. (auf) *restrict yourself* 11
beschreiben (str. ei, ie, ie) tr. *describe* 148
beschweren tr. *load;* refl. (bei, über) *complain about* 32, 11
beseitigen tr. *remove, eliminate* 11
besetzen tr. (mit) *trim, occupy* 152
besichtigen tr. *inspect, view* 11
besinnen (str. i, a, o) refl. (auf, or + gen.) *remember* 73, 32
besitzen (str. i, a, e) tr. *own, possess* 17
besorgen tr. *take care of;* *intr. *worry* 11
besprechen (str. i, a, o) tr. *discuss;* refl. (mit) *confer (with)* 159
bessern tr. *improve;* refl. *get better* 28
bestätigen tr. *confirm* 11
bestatten tr. *bury* 11
bestechen (str. i, a, o) tr. *bribe, corrupt* 85, 11
bestehen (str. e, a, a) tr. *endure, pass;* intr. *exist* 161

bestellen tr. *order* **18**
bestimmen tr. *decide, determine* 11
bestreiten (str. ei, i, i) tr. *deny, oppose* 76
besuchen tr. *visit, attend* **19**
betätigen tr. *set in motion* 11
betäuben tr. *stun, confuse, deaden, anaesthetise* 11
beteiligen tr. (bei, an) *give a share;* refl. *join in* 11
betrachten tr. *look at, view* 11
betragen (str. ä, u, a) tr. *come to;* refl. *behave* 163, 11
betreffen (str. i, a, o) tr. *concern* 164, 11
betreten (str. i, a, e) tr. *enter* 52, 11
betrügen (str. ü, o, o) tr. *cheat, deceive* **20**
betteln intr. (um) *beg, solicit* 28
beugen tr. *bend;* refl. *submit* 10
beurteilen tr. *judge, estimate* 162, 11
bevölkern tr. *people, populate* 28
bevorzugen tr. *favour, prefer* 11
bewachen tr. *watch over, guard* 11
bewaffnen tr. *arm, fortify* 11
bewahren tr. (vor) *keep, preserve* 11
bewältigen tr. *master, overcome* 11
bewegen tr. *move;* refl. *take exercise* **21**
beweisen (str. ei, ie, ie) tr. *show, demonstrate* 24, 11
bewerben (str. i, a, o) refl. (um, bei) *apply* 191, 32, 11
bewerten tr. *value, estimate* 11
bewilligen tr. *grant, permit* 11
bewirken tr. *effect, cause* 11
bewirtschaften tr. *manage, cultivate* 11
bewohnen tr. *dwell, live in* 196, 11
bewölken tr. *darken;* refl. *cloud over* 11
bewundern tr. (wegen + gen.) *admire* 28, 11
bezahlen tr. (für) *pay, repay* **22**
bezaubern tr. *enchant, fascinate* 28
bezeichnen tr. *mark, characterise, describe* 11
beziehen (str. ie, o, o) tr. *cover;* refl. (auf) *refer to* 51, 11
biegen (str. ie, o, o) tr./refl. *bend;* *intr. (um) *turn (a corner)* 51

bieten (str. ie, o, o) tr. *offer, bid* 51
bilden tr. *shape;* refl. *develop* 10
billigen tr. *approve of, grant* 10
binden (str. i, a, u) tr. *tie;* intr. *unite* 171
bitten (str. i, a, e) tr./intr. (um) *ask for, request* 23
blamieren refl. *disgrace oneself* 130
blasen (str. ä, ie, a) tr./intr. *blow, play* 45
blättern intr. *turn pages;* refl. *flake off* 28
*bleiben (str. ei, ie, ie) intr. *remain, stay* 24
bleichen tr. *bleach, whiten* 10
blenden tr. *blind, deceive* 10
blicken intr. *look, glance* 10
blinzeln intr. *blink, wink* 28
blockieren tr. *block up, obstruct* 130
blühen intr. *bloom, flourish* 10
bluten intr. *bleed* 9
bohren tr. *drill;* intr. *pester* 10
bomben tr. *bomb, shell* 10
borgen tr. *borrow, lend* 10
boxen intr. *box* 10
braten wk./str. (ä, ie, a) tr./intr. *roast, fry* 45
brauchen tr. *need, require* 25
brauen tr. *brew* 10
bräunen tr./refl. *tan, (go) brown* 10
brausen tr. *race, shower, rinse* 10
brechen (str. i, a, o) tr./intr. *break, fracture* 85
bremsen tr. *brake* 10
brennen (mx. e, a, a) tr./intr. *burn, fire* 129
bringen (mx. i, a, a) tr./intr. *bring, fetch* 26
bröckeln tr./intr. *crumble* 28
brodeln intr. *bubble, boil up* 28
brüllen tr./intr. *roar, howl* 10
brummen tr./intr. *grumble, mutter, buzz, be in prison* 10
brüten tr./intr. *hatch, incubate* 9
buchen tr. *book, enter* 10
buchstabieren tr. *spell* 130
bücken intr./refl. *stoop, bend* 10
bügeln tr. *iron, press* 28
bummeln intr. *waste time, stroll* 28
bündeln tr. *bundle up, bunch* 28
bürgen intr. (für) *vouch for, guarantee* 10
bürsten tr. *brush* 9
büßen intr. *make amends for, atone* 10

charakterisieren tr. *characterise, distinguish* 130
chloren tr. *chlorinate* 10
christianisieren tr. *convert to Christianity* 130

dämmen tr. *dam, restrain* 10
dämmern intr. *dawn, get light* 28
danken intr. + (dat.) *thank;* tr. *owe* 27
dar | legen tr. *explain, demonstrate* 100, 200
dar | stellen tr. *describe, represent* 200
dar | tun (str. u, a, a) tr. *prove, demonstrate* 166, 2
datieren tr. *date* 130
dauern intr. *last, continue* 28
debattieren tr./intr. *debate* 130
decken tr. *cover;* refl. *correspond* 10
definieren tr. *define* 130
degenerieren intr. *degenerate* 130
degradieren tr. *degrade* 130
dehnen tr. *extend;* refl. *stretch* 10
deklamieren tr./intr. *recite* 130
deklarieren tr. *declare* 130
dekorieren tr. *decorate* 130
dementieren tr. *contradict, deny* 130
demokratisieren tr. *democratise* 130
demolieren tr. *demolish* 130
demonstrieren tr./intr. *demonstrate, show* 130
demontieren tr. *dismantle, take apart* 130
demoralisieren tr. *demoralise* 130
demütigen tr. *humble, humiliate* 10
denken (mx. e, a, a) intr./tr. *think, reflect* 29
denunzieren tr. *denounce, inform against* 130
deponieren tr. *deposit* 130
deportieren tr. *deport* 130
deprimieren tr. *depress, deject* 130
*desertieren intr. *desert* 130
desinfizieren tr. *disinfect* 130

destillieren tr. *distil* 130
detaillieren tr. *detail* 130
detonieren tr. *detonate* 130
deuten tr. *interpret;* intr. (auf) *point to* 9
dezimieren tr. *decimate* 130
dichten tr. *seal;* intr./tr. *write (poetry)* 9
dicken tr. *thicken* 10
dienen intr. *serve, assist* 11
diktieren tr. *dictate* 130
dingen (str. i, a, u) tr. *hire, engage* 153
dirigieren tr. *direct, conduct* 130
diskriminieren tr. *discriminate against* 130
diskutieren tr./intr. *discuss, debate* 130
dispensieren tr. *excuse* 130
disqualifizieren tr. *disqualify* 130
distanzieren refl. (von) *distance oneself* 130
disziplinieren tr. *discipline, train* 130
dividieren tr. (durch) *divide* 130
dokumentieren tr. *prove, testify, reveal* 130
dolmetschen tr. *interpret, translate* 10
dominieren intr. *dominate* 130
donnern intr. *thunder* 28
dosieren tr. *measure out a dose* 130
dozieren tr./intr. *lecture, teach* 130
drängen tr./refl. *push, urge;* intr. *hurry* 10
drehen tr./intr. *turn, twist;* refl. (um) *revolve* 10
dreschen tr. *thresh, thrash* 10
dressieren tr. *train, break in* 130
drillen tr. *drill, exercise* 10
*dringen (str. i, a, u) intr. (in) *penetrate;* (str. i, ä, ä) intr. (zu, auf) *urge, press forward* 153
drohen tr./intr. *threaten, menace* 10
dröhnen intr. *rumble, roar* 10
drosseln tr. *throttle, slow down* 28
drucken tr. *print, stamp* 10
drücken tr./intr. *press, push;* refl. (vor) *sneak away from* 30
ducken tr./intr. *humiliate, bend;* refl. *submit* 9

duften intr. *smell sweet* 9
dulden tr. *endure, tolerate* 10
düngen tr. *fertilise, manure* 10
dünsten tr. *steam, stew* 9
durch I drehen tr. *wring;* intr. *lose one's nerve* 200
*durch I dringen (str. i, a, u) intr. *penetrate* 153, 1
durch I einanderbringen (mx. i, a, a) tr. *mix up, confuse* 26, 2
*durch I fallen (str. ä, ie, a) intr. *fail (exam), fall through* 54, 1
durch I führen tr. *convey, accomplish* 64, 2
*durch I kommen (str. o, a, o) intr. *succeed, pass* 94, 1
durch I sagen tr. *announce, broadcast* 135, 2
durch I setzen tr./refl. *accomplish;* tr. (mit) *intersperse* 152, 2
dürfen (str. a, u, u) intr. *be permitted, allowed* 31
dursten intr. (nach) *be thirsty, crave* 9
duschen tr. *shower* 10
duzen tr./refl. *use 'du'* 10

ebnen tr. *level, smooth* 10
ehren tr. *honour, esteem* 10
eifern intr. *be zealous, endeavour* 28
eignen refl. (zu, für) *be suited, qualified;* intr. + dat. *suit* 32
*eilen intr. *hurry, be urgent* 10
ein I bauen tr. *install, fit* 10, 200
ein I bilden refl. + dat. *imagine* 200
ein I brechen (str. i, a, o) tr. *break open;* *intr. (in) break in* 85, 2, 1
ein I bürgern tr. *naturalise;* refl. *become naturalised* 200
*ein I dringen (str. i, a, u) intr. *force entry* 153, 1
ein I führen tr. *introduce, import* 64, 2
ein I gliedern tr. *conquer;* refl. *fit in* 200
ein I greifen (str. ei, i, i) tr. *interfere* 76, 2
ein I holen tr. *bring in, obtain* 86, 2
einigen tr. *unite;* refl. *agree* 33
ein I kaufen tr. *buy, purchase* 89, 2
ein I laden (str. ä, u, a) tr. *invite,*

summon **34**

ein∣lassen (str. ä, ie, a) tr. *let in;*
refl. (auf) *deal with* 97, 2

ein∣leiten tr. *begin, start* 200

ein∣lösen tr. *redeem, honour* 200

ein∣machen tr. *store up,*
preserve 107, 200

ein∣nehmen (str. i, a, o) *capture,*
occupy 115, 2

ein∣packen tr. *pack;* intr. *give*
up 200

ein∣richten tr. *arrange, furnish* 200

ein∣schätzen tr./refl. *assess,*
evaluate 200

*****ein∣schlafen** (str. ä, ie, a) intr. *fall*
asleep 144, 1

ein∣schließen (str. ie, o, o) tr.
comprise, include 146, 2

ein∣schränken tr. *limit;* refl. (auf)
restrict oneself 200

ein∣sehen (str. ie, a, e) tr. *see into,*
realise 150, 2

ein∣setzen tr. *insert;* refl. (für) *pull*
one's weight 152, 2

ein∣sparen tr. *save up,*
economise 156, 2

*****ein∣springen** (str. i, a, u) intr. (für)
jump in 160, 1

ein∣stecken tr. *put in, post* 200

*****ein steigen** (str. ei, ie, ie) intr. *enter,*
board **35**

ein∣stellen tr. *put in;* refl. (auf) *adjust*
(to) 200

ein∣stufen tr. *classify* 200

ein∣stürzen intr. (auf) *collapse;*
tr. *demolish* 200

ein∣teilen tr. *divide, classify* 162, 2

ein∣tragen (str. ä, u, a) tr. *register;*
refl. *put one's name down* 163, 2

*****ein∣treten** (str. i, a, e) intr. *enter,*
join **36**

*****ein∣wandern** intr. *immigrate* 200

ein∣weihen tr. *consecrate,*
initiate 200

ein∣wenden (wk./mx. e, a, e) tr.
oppose 129, 2

ein∣werfen (str. i, a, o) tr. *throw in,*
object 193, 2

ein∣wickeln tr. (in) *wrap up,*
envelop 200

ein∣willigen intr. *consent, agree*

to 200

ein∣wirken tr. *work in;* intr. (auf)
influence 200

ein∣ziehen (str. ie, o, o) tr./refl. *take*
in, contract; *intr. *enter* 51, 1

eitern intr. *fester, discharge* 28

ekeln intr. *disgust;* refl. (vor)
loathe 28

elektrifizieren tr. *electrify* 130

*****emigrieren** intr. *emigrate* 130

empfangen (str. ä, i, a) tr. *receive;*
intr. *conceive* **37**

empfehlen (str. ie, a, o) tr.
recommend; refl. *take one's*
leave **38**

empfinden (str. i, a, u) tr.
perceive 56, 37

empören tr. *shock;* refl. (über) *be*
furious 11

enden tr. *finish;* intr. *stop, die* 10

*****entarten** tr./intr. *degenerate* 42

entbehren tr. *do without* 39

entdecken tr. *discover, detect* 39

enteignen tr. *dispossess* 39

entern tr. *board a ship* 28

entfalten tr. *unfold;* refl. *expand* 39

entfernen tr. *remove, eliminate;* refl.
withdraw **39**

entführen tr. *abduct, carry*
off 64, 39

entgegnen tr. + dat., acc. *answer,*
reply 39

*****entgehen** (str. e, i, a) intr. + dat. *get*
away from 68, 39

entgiften tr. *decontaminate* 39

*****entgleisen** intr. *derail, commit a faux*
pas 42

enthalten (str. ä, ie, a) tr. *comprise;*
refl. + gen. *refrain from* 79, 39

enthüllen tr. *expose, reveal* 39

*****entkommen** (str. o, a, o) intr. (aus,
von + dat.) *escape* 94, 42

entladen (str. ä, u, a) tr. *unload;* refl.
explode 44, 39

entlarven tr. *unmask* 39

entlassen (str. ä, ie, a) tr. *dismiss,*
release **40**

entlasten tr. *unburden, ease* 39

*****entlaufen** (str. ä, ie, a) tr. *run*
away 98, 42

entrüsten tr. *irritate;* refl. *get*

angry 39

entscheiden (str. ei, ie, ie) tr./intr.
decide; refl. (zu, für) *make up one's*
mind **41**

entschließen (str. ie, o, o) refl. (zu,
für) *determine, decide* 146, 39

entschlüsseln tr. *decode* 28, 39

entschuldigen tr. *defend;* refl. (für)
apologise 39

entsetzen tr. *relieve;* refl. (vor, über)
be amazed 47, 152, 39

entsorgen tr. *dispose of* 39

entspannen tr./refl. *relax* 39

***entstehen** (str. e, a, a) intr. (aus)
begin, originate **42**

enttäuschen tr. *disappoint* 39

entwerfen (str. i, a, o) tr. *design,*
plan 193, 39

entwickeln tr./refl. *develop,*
evolve **43**

entzücken tr. *charm, delight* 39

erbarmen tr./refl. *move; pity* 46

erben tr. (von) *inherit* 10

ereignen refl./imp. *occur, happen* 46

erfahren (str. ä, u, a) tr. *learn, hear,*
experience **44**

erfinden (str. i, a, u) tr. *invent,*
discover 56, 49

***erfolgen** intr. *ensue, result* 39

erfreuen tr. *comfort;* refl. *be glad* 62

erfüllen tr. *fulfil;* refl. *happen*

ergänzen tr. *complete, supplement*

ergeben (str. i, a, e) tr. *produce;*
refl. (in + acc., dat.) *give way to* 66,
46

erhalten (str. ä, ie, a) tr. *get, receive;*
refl. *maintain* **45**

erhöhen tr. *raise, elevate* 49

erholen refl. *get better, recover* **46**

erinnern tr. (an + acc.) *remind;*
refl. + gen (an + acc.) *remember* **47**

erkennen (mx. e, a, a) tr./intr.
recognise **48**

erklären tr. *explain, interpret* 49

***erkranken** intr. (an + dat.) *fall*
ill 49

erkundigen refl. (bei,
nachwegen + gen.) *enquire* 47

erlangen tr. *reach, obtain* 49

erlassen (str. ä, ie, a) tr. *issue,*
proclaim 97

erlauben tr./refl. *allow, permit* **49**

erläutern tr. *explain, illustrate* 47

erleben tr. *experience, witness* **50**

erlösen tr. (von) *free from* 49

ernähren tr. *feed;* refl. (von) *live*
on 49

ernennen (mx. e, a, a) tr. (zu + dat.)
appoint 116, 49

erneuern tr. *renew;* refl. *be*
revived 47

ernüchtern tr. *disillusion;*
refl. *sober* 47

erobern tr. *conquer, win* 47

eröffnen tr. *open, start* 49

erörtern tr. *discuss, argue* 47

erpressen tr. *extort, blackmail* 49

erraten (str. ä, ie, a) tr. *solve,*
guess 123, 49

erregen tr. *excite;* refl. *get excited* 49

erreichen tr. *reach, obtain* 49

errichten tr. *raise, put up, erect* 49

***erscheinen** (str. ei, ie, ie) intr.
appear 139, 49

erschießen (str. ie, o, o) tr. *kill, shoot,*
shoot dead 143, 49

erschöpfen tr. *drain, exhaust* 49

***erschrecken** intr. (über) *be*
frightened; refl./tr. *be startled* 49

erschüttern tr./*intr. *shake* 47

ersetzen tr. *replace, compensate* 152

erstatten tr. *refund, return* 49

***erstaunen** intr. (über) *be astonished;*
tr. *surprise* 49

ersticken tr. *stifle, suffocate* 49

erteilen tr. (dat., acc.) *give,*
grant 162, 49

ertragen (str. ä, u, a) tr. *bear* 163, 49

***ertrinken** (str. i, a, u) intr. *drown, be*
drowned 165, 49

***erwachen** intr. *awake, wake up* 49

erwägen (str. ä, o, o) tr. *consider* 49

erwähnen tr./intr. + acc. *mention* 49

erwärmen tr. *heat;* refl. (für) *be*
interested in 49

erwarten tr. *expect, anticipate* 49

erwecken tr. *arouse, animate* 49

erweisen (str. ei, ie, ie) tr. (dat. + acc.)
show, do; refl. *turn out* 84, 49

erweitern tr./refl. *widen, grow*
larger 47

erwerben (str. i, a, o) tr. *gain,*

earn   191, 49

erwidern tr. *reply, answer*   47

erwischen tr. *catch, capture*   49

erzählen tr. *tell, narrate*   49

erzeugen tr. *breed, raise*   49

erziehen (str. ie, o, o) tr. *bring up, educate*   51

erzielen tr. *obtain, achieve*   49

essen (str. i, a, e) tr./intr. *eat*   52

evakuieren tr. *evacuate*   130

existieren intr. *be, live, exist*   130

experimentieren intr. *experiment*   130

explodieren intr. *explode*   130

fabrizieren tr. *manufacture, make*   130

fächeln tr./intr. *fan*   28

fädeln tr. *thread;* refl. *untwist*   28

fahnden tr. (nach + dat.) *search for someone*   10

***fahren** (str. ä, u, a) intr./tr. *drive, go*   53

***fallen** (str. ä, ie, a) intr. *fall, decline*   54

falten tr. *fold, pleat*   10

fangen (str. ä, i, a) tr. *catch;* refl. *take hold of oneself*   3

färben tr. *colour, dye;* refl. *blush*   10

fassen tr. *seize;* refl. *compose oneself*   10

fasten intr. *fast*   10

faulenzen intr. *idle, be lazy*   10

faxen tr. *fax*   10

fechten (str. i, o, o) intr. *fight, fence*   85

fegen tr. *sweep;* intr. (über) *rush across*   10

fehlen intr. *miss, be absent*   55

feiern tr. *celebrate;* intr. *rest*   28

feilschen tr./intr. *bargain*   10

fern I sehen (str. ie, a, e) tr. *watch television*   150, 1

fertigen tr. *finish, make*   10

fesseln tr. *chain, fasten*   28

festigen tr. *strengthen, secure*   10

fest I legen tr. *fix;* refl. (auf) *commit oneself to*   100, 2

fest I stehen (str. e, a, a) intr. *be settled*   161, 2

fest I stellen tr. *establish,*

ascertain   200

fetten tr. *grease, oil*   10

feuern tr. *light;* intr. *burn*   28

filmen tr. *make, shoot a film*   10

filtern tr. *filter, strain*   28

finanzieren tr. *finance, support*   130

finden (str. i, a, u) tr. *find, discover;* refl. *occur*   56

fingern tr./intr. *manipulate*   28

fischen tr./intr. *fish*   10

flackern intr. *flare, flicker*   28

flammen intr. *flame;* tr. *singe*   10

flattern intr. *flutter, hang loose*   28

flechten (str. i, o, o) tr. *plait, twist*   85

flehen tr./intr. *implore, beseech*   10

flicken tr. *mend, repair*   10

***fliegen** (str. ie, o, o) intr./tr. *fly*   57

***fliehen** (str. ie, o, o) intr. *flee, escape*   57

***fließen** (str. ie, o, o) intr. *flow, run*   58

flimmern intr. *glitter, sparkle*   28

flitzen intr. *dash, scurry*   10

florieren intr. *flourish, prosper*   130

fluchen intr. *curse, swear*   10

***flüchten** intr. (nach, vor)/refl. *flee, escape*   59

flüstern tr./intr. *whisper*   28

fluten intr. *flood, flow*   10

***folgen** intr. + dat. *follow;* tr. *obey*   10

folgern tr. *deduce, conclude*   28

foltern tr. *torture, torment*   28

fordern tr. *demand, ask*   60

fördern tr. *promote, advance*   28

formen tr. *mould, shape*   10

formieren tr. *form, arrange*   130

forschen tr./intr. *search, investigate*   10

***fort I fahren** (str. ä, u, a) intr. *depart;* intr. (mit) *continue*   53

fort I pflanzen tr. *transmit, reproduce*   200

fort I setzen tr. *carry on, continue*   152, 2

fotografieren tr. *photograph*   130

fragen tr./intr. (nach, um) *ask, enquire*   61

fressen (str. i, a, e) tr./intr. *feed, consume*   52

freuen refl. (über, auf) *be glad;* tr./imp. *give pleasure*   62

*frieren (str. ie, o, o) intr./tr./imp. *to be cold, freeze* **63**

frottieren tr./intr. *rub down* 130

fugen tr./intr. *join, seal* 10

fügen tr. *unite;* refl. *submit* 10

fühlen refl./tr./intr. *feel* 32, 10

führen tr. *lead, guide;* refl. *behave* **64**

füllen tr. *fill* 10

funkeln intr. *sparkle, twinkle* 28

funken tr. *broadcast, transmit* 10

funktionieren intr. *function, work* 130

fürchten tr./intr. *fear;* refl. (vor) *be afraid of* **65**

füttern tr. *feed* 28

gähnen intr. *yawn, gape* 10

*galoppieren intr. *gallop* 130

gammeln intr. *waste time, loiter* 28

garantieren tr. (für) *guarantee, warrant* 130

garnieren tr. *trim, garnish* 130

gebären (str. ie, a, o) tr. *bear, give birth* 12

geben (str. i, a, e) tr. *give;* refl. *submit* **66**

gebieten (str. ie, o, o) tr. + dat. *order;* intr. *govern* 51

gebrauchen tr. *use, employ* 49

gebühren intr. *be due* 49

*gedeihen (str. ei, ie, ie) intr. *increase, thrive* 24, 69

gedenken (mx. e, a, a) tr. + gen. *bear in mind, commemorate* 29, 67

gedulden refl. *have patience* 32, 49

gefährden tr. *endanger, risk* 49

gefallen (str. ä, ie, a) intr. + dat. *like, please* **67**

*gehen (str. e, i, a) intr. *go, walk* **68**

gehorchen intr. + dat. *obey* 49

gehören intr. *belong to;* refl./imp. *be proper* 49

geißeln tr. *whip, condemn* 28

geizen intr. *be mean, stint* 10

*gelangen intr. (zu, nach) *reach, arrive* 10

geleiten tr. *accompany, escort* 49

*gelingen (str. i, a, u) intr./imp. + dat. *succeed, manage* **69**

gellen intr. *sound, shrill* 10

gelten (str. i, a, o) intr. *mean, matter,*

be worth **70**

genehmigen tr. *approve of, grant* 49

*genesen (str. e, a, e) intr. *get well, recover* 104, 69

genießen (str. ie, o, o) tr. *eat or drink, enjoy* **71**

genügen tr. + dat. *satisfy, be enough* 49

*geraten (str. ä, ie, a) intr. + dat. *come into, thrive* 123, 69

geringschätzen tr. *scorn, despise* 10

*gerinnen (str. i, a, o) intr. *clot* 73, 69

*geschehen (str. ie, a, e) intr. *happen* **72**

gestalten tr. *form, shape* 49

gestatten tr. *permit, allow* 49

gewähren tr. (dat., acc.) *grant, give* 49

gewinnen (str. i, a, o) tr./intr. *win, gain* **73**

gewöhnen tr./refl. (an) *accustom, get used to* 49

gießen (str. ie, o, o) tr. *pour, spill* **74**

glänzen intr. *shine, gleam* 10

glätten tr. *flatten;* refl. *smooth* 10

glauben tr./intr. + dat. *believe* **75**

gleichen (str. ei, i, i) intr. + dat. *match, resemble* 76

*gleiten (str. ei, i, i) intr. *glide, skid* 76

gliedern tr. *arrange;* refl. *be divided* 28

glitzern intr. *glitter, sparkle* 28

†glücken intr./imp. + dat. *prosper, succeed* 10

glühen tr. *make red-hot;* intr. *glow* 10

gönnen tr. *allow, grant*

graben (str. ä, u, a) tr. *dig* 44

gratulieren tr. + dat. *congratulate* 130

grauen intr./imp. *dread* 10

greifen (str. ei, i, i) intr./tr. *seize, grasp* **76**

grenzen intr. (an)/tr. *border, adjoin* 10

grillen tr. *grill* 10

grinsen intr. *grin, snear* 10

grübeln intr. *brood, meditate* 28

gründen tr. *establish;* refl. (auf) *rely*

on 10

grünen intr. *sprout, become green* 10

gruppieren tr. *group, classify* 130

grüßen tr./intr. *greet, salute* **77**

gucken intr. *look, peep* 10

gurgeln intr. *gurgle, gargle* 28

haben tr. *have;* refl. *behave* **78**

hacken tr. *chop, mince* 10

haften intr. *cling to;* (für) *be liable for* 10

hageln intr./imp. *hail* 28

haken tr. *hook;* refl. *get caught* 10

halbieren tr. *halve* 130

halten (str. ä, ie, a) tr. *hold, keep;* intr. *stop;* refl. *behave* **79**

hämmern tr./intr. *hammer, forge* 28

handeln intr. (mit, von) *act, trade;* refl. (um)/imp. *deal with* **80**

hängen (str. ä, i, a) tr./intr. *hang;* refl. (an) *pester* **81**

harmonisieren tr./intr. *harmonise, tune* 130

harren intr. (auf + acc./gen.) *wait for, look forward to* 10

härten tr. *harden, solidify* 10

hassen tr. *hate* 10

hasten intr. *hasten, hurry* 10

hauchen tr./intr. *breathe, exhale* 10

hauen tr. *hit, hammer* 10

häufen tr. *accumulate;* refl./imp. *increase* 10

hausieren intr. *hawk, peddle* 130

heben (str. e, o, o) tr./intr./refl. *lift, raise* **82**

heften tr. *fasten, stick* 10

hegen tr. *enclose, protect* 10

heilen tr. *heal, cure;* *intr. get well* **83**

heiraten tr./intr. *get married* 10

heißen tr. *name, call;* intr. *mean* **84**

heizen tr./intr. *heat* 10

helfen (str. i, a, o) intr. + dat. *help, assist* **85**

hemmen tr. *arrest, obstruct* 10

herab I setzen tr. *lower, reduce* 152, 2

heraus I fordern tr. *challenge, defy* 60, 2

herbei I führen tr. *bring about, cause* 64, 2

herrschen intr. *rule, reign, exist, prevail* 10

her I stellen tr. *establish, produce* 200

hetzen tr. *hunt, pursue;* intr. *rush* 10

heucheln tr. *feign, simulate* 28

heulen intr. *howl, scream* 10

hindern tr. (an) *impede, obstruct* 28

hin I deuten intr. (auf) *point to, hint at* 200

hobeln tr. *plane, smooth* 28

hocken intr. *crouch, squat* 10

hoffen tr./intr. (auf) *hope, expect* 10

höhnen tr. *sneer, laugh at* 10

holen tr. *fetch;* intr. (dat.) *seek* **86**

holpern intr. *jolt, stumble* 28

horchen intr. + dat. (auf + acc.) *listen* 10

hören tr./intr. *hear, obey* **87**

hüllen tr. (in) *wrap, cover* 10

humpeln intr. *limp* 28

hungern intr. *hunger, starve* 28

†**hüpfen** intr. *jump, skip* 10

husten intr. *cough;* tr. (auf) *turn up one's nose at* 10

hüten tr. *watch;* refl. (vor) *take care* 10

identifizieren tr. *identify* 130

ignorieren tr. *ignore, cut* 130

immobilisieren tr./intr. *immobilise* 130

impfen tr. (gegen) *innoculate, vaccinate* 10

improvisieren tr. *improvise* 130

informieren tr. (über) *inform, brief* 130

inhaftieren tr. (wegen + gen.; von) *arrest* 130

inhalieren tr. (mit) *inhale* 130

inne I haben tr. *occupy, possess* 78, 2

inne I halten (str. a, ie, a) tr. *maintain;* intr. + gen. *perceive* 79, 2

inserieren tr. *advertise* 130

inspirieren tr. *inspire* 130

installieren tr. *install, fit* 130

inszenieren tr. *stage, produce* 130

integrieren tr. (in) *integrate* 130

intensivieren tr. *intensify* 130

interessieren tr./intr. *interest;* refl. (für) *be interested in* 130

interpretieren tr. *interpret* 130

interviewen tr. *interview* 10
investieren tr. (in) *invest* 130
irre l leiten tr. *deceive* 200
irre l machen tr. (mit) *bewilder,
confuse* 107, 2
irren intr. *be mistaken;* refl. *be
wrong* 10
isolieren tr. (von) *isolate* 130

jagen tr. *chase;* *intr. *rush* 10
jammern intr. (über) *grieve;* tr. *feel
sorry for* 28
jäten tr. *weed* 10
jauchzen intr. (vor) *rejoice, exult* 10
jobben intr. *have a job / casual
work* 10
joggen intr. *jog* 10
jubeln intr. (über) *rejoice* 28
jucken refl. *scratch;* intr. *itch* 10

kacheln tr. *tile* 28
kalkulieren tr./intr. *calculate* 130
kämmen refl./tr. *comb (hair)* 10
kämpfen intr./tr. (um, für) *fight,
struggle* 88
kanalisieren tr. *drain* 130
kandidieren intr. (für) *apply for* 130
kapieren tr./intr. *understand* 130
kapitulieren intr. (vor) *capitulate,
surrender* 130
kauen tr. *chew* 10
kaputt l machen tr. *break;* refl. (mit)
wear oneself out 107, 2
kassieren tr. *receive money, cash* 130
kauern intr./refl. (in, auf) *squat,
crouch* 28
kaufen tr./intr. *buy, purchase* **89**
kegeln intr. *bowl* 28
kehren tr. *turn;* refl. (an) *heed* 10
keifen intr. *scold, nag* 10
keimen intr. *germinate, sprout* 10
kennen (mx. e, a, a) tr. *know* **90**
kentern intr. *capsise, overturn* 28
keuchen intr. *pant, gasp* 10
kippen tr. *tilt;* *intr. *topple over* 10
kitzeln tr. *tickle, flatter* 28
klagen tr. *mourn;* intr. (über, um, auf)
lament **91**
klappen tr. *fold up;* intr. *be all
right* 10
klappern intr. *clatter, rattle* 28

klären tr. *clear;* refl. *settle* 10
klatschen tr./intr. *applaud, clap* 10
klauen tr. *pinch* 10
kleben tr. *glue;* intr. *stick* 10
kleckern intr. *trickle, spill* 28
kleiden tr. *dress;* refl. *get dressed* 10
klemmen tr. *pinch;* refl. *get
jammed* 10
*****klettern** intr. (auf) *climb* 28
klingeln intr. *ring, tinkle* 28
klingen (str. i, a, u) intr. *ring,
sound* **92**
klirren intr. *clash, clatter* 10
klopfen tr./intr. *beat, knock* 10
knabbern tr./intr. *nibble, munch* 28
knacken tr./intr. *break, solve* 10
knallen intr. *burst, explode* 10
knarren tr./intr. *creak, squeak* 10
knautschen tr. *crumple, crease* 10
kneifen tr. *pinch, squeeze* 10
kneten tr. *knead* 10
knicken tr. *break, crack* 10
knieen intr. *kneel* 10
knipsen tr. *punch, take snapshot;*
intr. *click* 10
knirschen tr./intr. *crunch, creak* 10
knistern intr. *crackle, rustle* 28
knittern tr./intr. *crumple, crease* 28
knöpfen tr. *button* 10
knoten tr./intr. *knot, tie in a knot* 10
knüpfen tr. *join;* refl. (an) *be connected
with* 10
knurren intr. *growl, snarl* 10
knuspern intr. *nibble, crunch* 28
kochen tr./intr *cook, boil* **93**
kombinieren tr. *combine* 130
kommandieren tr./intr.
command 10
*****kommen** (str. o, a, o) intr. *come,
arrive* **94**
kommentieren tr. *comment* 130
kommunizieren intr.
communicate 130
kompensieren tr. (mit)
compensate 130
komplizieren tr. *complicate* 130
komponieren tr./intr. *compose* 130
konjugieren tr. *conjugate* 130
konkurrieren intr. (mit)
compete 130
können (str. a, o, o) intr. *be able to;*

tr. *know* **95**
konservieren tr. *preserve*   130
kontrollieren tr. *control*   130
konzentrieren tr./refl. *(auf)*
  concentrate   130
köpfen tr. *behead, top*   10
kopieren tr. *copy*   130
koppeln tr. *join, couple*   28
korrigieren tr. *correct*   130
kosten tr. *taste, experience*   10
krabbeln intr. *crawl, creep*   28
†krachen intr. *crack, burst*   10
kräftigen tr. *strengthen*   10
krallen intr. *claw, clutch*   10
kramen intr. *rummage*   10
krampfen tr./refl. *clench, contract*   10
kränken tr. *insult;* refl. *worry*   10
kratzen tr./intr. *scratch, scrape*   10
kreischen intr. *shriek, scream*   10
kreisen intr. *(uber, um) move in*
  circles   10
kreuzen tr. *cross*   10
kreuzigen tr. *crucify*   10
*kriechen (str. ie, o, o) intr. *creep,*
  crawl   57
kriegen intr. *receive, get*   10
kristallisieren tr. *crystallise*   130
kritisieren tr. *criticise*   130
kritzeln tr. *scribble, scrawl*   28
krönen tr. *crown, honour*   10
kühlen tr. *chill;* refl./intr. *grow*
  cool   10
kultivieren tr. *cultivate, till*   130
kümmern tr. *trouble;* refl. *(um) care*
  for   28
kündigen intr. *give notice;*
  tr. *recall*   10
kurbeln intr. *crank, turn*   28
kürzen tr. *shorten, cut*   10
küssen tr./intr./refl. *kiss*   10

laben tr. *refresh;* refl. *(an) enjoy*   10
lachen intr. *(über) laugh* **96**
lächeln intr. *(über) smile*   28
lackieren tr. *lacquer, varnish*   130
laden (str. a, u, a) tr. *(mit) load,*
  charge   44
lagern intr./refl. *lie down;* tr. *lay*
  down, store   28
lahmen intr. *limp*   10
lähmen tr. *cripple, hinder*   10

lahm l legen tr. *bring to a*
  standstill   200
lallen tr./intr. *stammer, babble*   10
†landen tr./intr. *land*   10
lärmen intr. *make a noise*   10
lassen (str. a, ie, a) tr./intr./refl. *stop,*
  leave **97**
lasten intr. *(auf) press, oppress*   10
lästern tr./intr. *(über) slander,*
  defame   28
lauern intr. *(auf) watch, observe*   28
*laufen (str. a, ie, a) intr./tr. *run,*
  go **98**
lauschen intr. *listen to, eavesdrop*   10
lauten intr. *sound, read*   10
läuten tr./intr. *ring, peal*   10
leben intr. *live, exist* **99**
lecken tr. *lick*   10
leeren tr./refl. *empty, clear out*   10
legen tr. *lay, put;* refl. *lie down* **100**
legieren tr. *thicken*   130
lehnen tr./intr. *(an) lean against,*
  recline   10
lehren tr. *teach, instruct*   10
leiden (str. ei, i, i) tr./intr. *(an, unter)*
  suffer, endure **101**
leiern intr./tr. *wind, drone (on)*   28
leihen (str. ei, ie, ie) tr./refl. *lend,*
  borrow **102**
leimen tr. *glue, deceive*   10
leisten tr. *do, fulfil*   10
leiten tr. *lead, guide*   10
lenken tr. *turn, guide*   10
lernen tr./intr. *learn, study* **103**
lesen (str. ie, a, e) tr./intr. *read* **104**
leuchten intr. *shine, light*   10
leugnen tr. *deny*   10
lichten tr. *clear;* refl. *get brighter* 9
lieben tr. *love;* intr. *be in love*   10
liefern tr. *deliver, supply*   28
liegen (str. ie, a, e) intr. *lie, be*
  situated **105**
lindern tr. *ease, moderate*   28
loben tr. *(für) praise, commend*   10
lochen tr. *pierce, punch*   10
locken tr./intr. *attract, tempt*   10
lockern tr. *loosen;* refl. *relax*   28
lodern intr. *blaze, flare up*   28
löffeln tr./intr. *spoon up, ladle*   28
logieren intr. *lodge, dwell*   130
lohnen tr./refl. *pay, be worth*   10

löhnen tr. *pay* 10
lokalisieren tr. *locate* 130
los I binden (str. i, a, u) tr. *loosen, untie* 171, 2
los I brechen (str. i, a, o) tr. *break off* 85, 2
löschen tr. *extinguish, cancel* 10
losen intr. (um) *draw lots* 10
lösen tr. *loosen, solve;* refl. (von) *free oneself* 10
los I kaufen tr. *redeem, ransom* 89, 2
los I lassen (str. ä, ie, a) tr. *let go, release* 97, 2
los I legen intr./tr. *begin, set about* 100, 2
los I machen tr. *undo;* refl. *get away* 107, 2
los I schicken tr. *send off* 141, 1
los I sprechen (str. i, a, o) tr. (von) *acquit, absolve* 159, 2
los I werden (str. i, u, o) intr. *get rid of* 192, 2
loten tr./intr. *take soundings, plumb* 10
löten tr. *solder* 10
lüften tr. *air, ventilate* 10
lügen (str. ü, o, o) intr. *lie, fib* **106**
lutschen intr. (an) *suck* 10

machen tr./intr. *do, make;* refl. *happen* **107**
mähen tr. *mow, cut* 10
mahlen tr. *grind, mill* 10
mahnen tr. *remind, warn* 10
malen tr. *paint, portray* 10
mal I nehmen tr. (mit) *multiply* 115, 2
mangeln intr. (an) *want, lack* 28
marinieren tr. (in) *marinate* 130
markieren tr. (mit) *mark, play* 130
*****marschieren** intr. *march* 130
martern tr. *torture, torment* 28
maskieren tr. *mask, disguise* 130
massieren tr. *massage* 130
mäßigen tr. *moderate, ease* 10
maßregeln tr. (wegen + gen.) *reprimand* 28
mauern intr. *build* 28
meckern intr. (über) *bleat, grumble* 28
meditieren intr. *meditate* 130

mehren tr./refl. *increase, multiply* 10
meinen tr./intr. *believe, think* **108**
meißeln tr. *chisel, carve* 28
meistern tr. *rule, control* 28
melden tr./refl. *inform, report* **109**
mengen tr./refl. *mix, blend* 10
merken intr. *notice, remember* **110**
messen (str. i, a, e) tr./intr. *measure;* refl. (mit) *compete with* **111**
metallisieren tr. *metallise* 130
mieten tr. *hire, lease* **112**
mildern tr. *soften, moderate* 28
militarisieren tr. *militarise* 130
mindern tr. *diminish;* refl. *grow less* 28
mischen tr. *mix;* refl. (in) *interfere* 10
mißbehagen intr. *displease* 49
mißbilligen tr. *disapprove* 49
mißbrauchen tr. *misuse, abuse* 49
mißdeuten tr. *misinterpret* 49
missen tr. *do without, miss* 10
mißfallen (str. ä, ie, a) intr. + dat. *displease, dislike* 54, 49
mißgönnen intr. *grudge, envy* 49
mißhandeln tr. *mistreat, abuse* 47
*****mißlingen** (str. i, a, u) intr./imp. *fail* 153, 42
*****mißraten** (str. ä, ie, a) intr. + dat. *go wrong* 123, 42
mißtrauen intr. + dat. *mistrust, suspect* 49
mißverstehen (str. e, a, a) tr. *misunderstand* 181, 49
mit I arbeiten intr. (bei, an + dat.) *assist, cooperate* 9, 2
mit I bekommen (str. o, a, o) tr. *be given something, (over)hear* 16, 2
mit I bestimmen intr. (bei + dat.) *have a voice in* 200
mit I bringen (mx. i, a, a) tr. *bring along* 26, 2
mit I denken (mx. e, a, a) intr. *follow a thought* 29, 2
mit I empfinden (str. i, a, u) intr. (mit) *feel for* 56, 2
mit I erleben tr. *witness, experience* 50, 2
mit I essen (str. i, a, e) intr. *share a meal* 52, 2
*****mit I fahren** (str. ä, u, a) intr. *take a lift* 53, 1

mit I fühlen intr. (mit) *sympathise, feel
for* 200

mit I geben (str. i, a, e) tr. *give to
someone* 66, 2

***mit I gehen** (str. e, i, a) intr.
accompany, agree 68, 1

mit I halten (str. ä, ie, a) tr./intr. *keep
up with* 79, 2

mit I helfen (str. i, a, o) intr. *assist,
help* 85, 2

mit I hören intr. *overhear,
intercept* 87, 2

***mit I laufen** (str. a, ie, a) intr. (mit)
run with others 98, 1

mit I machen tr./intr. *join,
participate* 107, 2

mit I mischen intr. *take part, have
one's finger in the pie* 200

mit I nehmen (str. i, a, o) tr. *take
along; intr. exhaust* 115, 2

mit I reden intr. (bei) *have one's
say* 125, 2

mit I reißen (str. ei, i, i) tr. *create
enthusiasm* 128, 2

mit I schreiben (str. ei, ie, ie) tr. *take
notes* 148, 2

mit I sprechen (str. i, a, o) intr.
contribute (to a discussion) 159, 2

mit I spielen intr. *join in a game* 158,
2

mit I teilen tr. *inform, notify* 162, 2

mit I verdienen tr. *earn with
someone* 173, 2

mit I wirken intr. (bei) *assist, take
part* 200

mit I zählen intr. *to be counted* 200

mixen tr. *mix* 10

mobilisieren tr. *mobilise* 130

möblieren tr. *furnish* 130

modellieren tr. *model, form* 130

modernisieren tr. *modernise* 130

mogeln intr. *cheat* 28

mögen (str. a, o, o) tr./intr. *want,
like* **113**

montieren tr. *assemble, install* 130

moralisieren intr. *moralise* 130

morden tr. *murder, kill* 10

motorisieren tr. *motorise* 130

mühen refl. (mit) *take trouble* 62

multiplizieren tr. *multiply* 130

munden intr. *taste good* 10

münden intr. (in + acc.) *flow,
discharge* 10

murmeln tr. *murmur, mutter* 28

murren intr. *grumble, complain* 10

musizieren intr. *play music* 130

müssen intr. *to have to* **114**

mustern tr. *examine* 28

mutmaßen tr. *have an idea,
presume* 10

nach I ahmen tr. *imitate, copy* 200

nach I behandeln tr. *follow up
treatment* 15, 2

nach I bereiten tr. *amend,
correct* 200

nach I bestellen tr. *reorder* 18, 2

nach I beten tr. *repeat by rote* 200

nach I bezahlen tr. *pay additional
fee* 22, 2

nach I bilden tr. *copy, reproduce* 200

nach I blicken intr. *follow with one's
eyes* 200

nach I bringen (mx. i, a, a) tr. *bring
later* 26, 2

nach I denken (mx. e, a, a) intr. (über)
ponder, reflect 29, 2

nach I drängen tr./refl. *press,
follow* 200

nach I eifern intr. + dat. *emulate* 200

***nach I eilen** intr. *hasten after,
pursue* 200

nach I empfinden (str. i, a, u) tr. *feel
for, sympathise* 56, 2

nach I erzählen tr. *retell, repeat* 200

***nach I fahren** (str. a, u, a) intr.
follow 53, 1

nach I fassen tr. *examine, check* 200

nach I feiern intr. *celebrate later* 200

nach I folgen intr. *follow,
succeed* 200

nach I fordern tr. *demand more* 60, 2

nach I forschen intr. (über)
investigate 200

nach I fragen intr. *enquire* 61, 2

nach I fühlen intr. *feel for,
sympathise* 200

nach I füllen tr. *refill* 200

nach I geben intr. *give way,
submit* 66, 2

***nach I gehen** (str. e, i, a) intr.
follow 68, 1

nach | gießen (str. ie, o, o) tr.
refill 74, 2

nach | helfen (str. i, a, o) intr. *help,
assist* 85, 2

nach | holen tr. *make up for* 86, 2

*nach | jagen intr. *pursue, hunt* 200

nach | klingen (str. i, a, u) intr.
resound 92, 2

*nach | kommen (str. o, a, o) intr.
come later 94, 1

nach | lassen (str. ä, ie, a) tr. *relax,
reduce* 97, 2

nach | lesen (str. ie, a, e) tr. *re-read,
look up* 104, 2

nach | liefern tr. *resupply* 200

nach | lösen tr. *pay on the train* 200

nach | machen tr. *copy, imitate* 107,
2

nach | messen (str. i, a, e) tr. *measure
again* 111, 2

nach | prüfen tr. *check again,
test* 121, 2

nach | rechnen tr. *check, audit* 124,
2

nach | reden tr. *repeat, slander* 125,
2

nach | reifen intr. *ripen* (after being
plucked) 200

*nach | reisen intr. *follow
someone* 127, 1

*nach | rennen (mx. e, a, a) intr.
pursue 129, 1

*nach | rücken intr. *follow up* 200

nach | rufen (str. u, ie, u) tr. *call for
someone* 133, 2

nach | sagen tr. *repeat, speak of* 135,
2

nach | schauen tr. *check* 137, 2

nach | schicken tr. *forward* 141, 2

nach | schlagen (str. ä, u, a) tr. *look
up* 145, 2

nach | schmeißen (str. ei, i, i) tr. *sell
off* 76, 2

nach | schütten tr. *fill up again* 200

nach | sinnen (str. i, a, o) intr. (über)
meditate, consider 73, 2

nach | sitzen (str. i, a, e) intr. *be kept
in* 154, 2

nach | spionieren intr. *spy on,
investigate* 130

nach | sprechen (str. i, a, o) tr.

repeat 159, 2

nach | spüren intr. *track, trace* 200

*nach | steigen (str. ei, ie, ie) intr.
pursue 24, 1

nach | stellen intr. + dat. *lie in
wait* 200

nach | stoßen (str. ö, ie, o) intr. *thrust
after* 45

nach | tanken tr. *refill with
petrol* 200

nächtigen intr. *spend the night* 10

nach | tragen (str. ä, u, a) tr. *carry
after* 163, 2

nach | trauern intr. *grieve after* 200

nach | untersuchen tr. *do a follow-up
examination* 200

nach | vollziehen (str. ie, o, o) tr.
imagine, relive 51, 2

nach | wachsen (str. ä, u, a) intr. *grow
again* 186, 2

nach | weisen (str. ei, ie, ie) tr.
prove 24, 2

nach | werfen (str. i, a, o) tr. *sell
off* 193, 2

nach | wirken intr. *take effect
later* 200

nach | zahlen tr. *pay later* 200

nach | zählen tr. *check an
amount* 200

nageln tr. *nail* 28

nagen tr. *gnaw, corrode* 10

nahen intr./refl. *come closer,
approach* 10

nahe | bringen (mx. i, a, a) tr.
introduce 26, 2

*nahe | gehen (str. e, i, a) intr.
upset 68, 1

*nahe | kommen (str. o, a, o) intr.
resemble, approach someone 94, 1

nahe | liegen (str. ie, a, e) intr. *be
obvious* 105, 1

nähen tr./intr. *sew, stitch* 10

nähern tr./refl. *bring near,
approach* 28

näher | bringen (mx. i, a, a) tr. *bring
closer* 26, 1

*näher | kommen (str. o, a, o)
intr./refl. *come closer* 94, 1

näher | liegen (str. ie, a, e) intr. *be
closer* 105, 2

nahe | stehen (str. e, a, a) intr. *be close*

to 161, 2
nähren tr. *feed, supply* 28
narren tr. *fool* 10
naschen tr./intr. *nibble* 10
nässen tr./intr. *wet, discharge* 10
nationalisieren tr. *nationalise* 130
naturalisieren tr. *naturalise* 130
necken tr. *tease, provoke* 10
nehmen (str. i, a, o) tr. *take, receive* **115**
neiden tr. *envy, begrudge* 10
neigen tr./intr./refl. *tilt, bend* 10
nennen (mx. e, a, a) tr. *call, name;* refl. *call oneself* **116**
netzen tr. *wet, moisten* 10
neutralisieren tr. *neutralise* 130
nieder I beugen intr. *bend down, bow* 200
nieder I brennen (mx. e, a, a) tr. *burn to the ground* 129, 2
nieder I drücken tr. *press down* 30, 2
nieder I knieen intr. *kneel down* 200
nieder I schreiben (str. ei, ie, ie) *write down* 148, 2
*nieder I sinken (str. i, a, u) intr. *sink, drop* 153, 1
nieder I treten (str. i, a, e) tr. *tread down* 184, 2
niesen intr. *sneeze* 10
nieten tr. *rivet* 9
nisten intr. *nest* 9
nörgeln intr. (über) *nag, grumble* 28
normalisieren tr. *regulate* 130
nötigen tr. (zu) *compel, urge* 10
numerieren tr. *number* 130
nutzen tr. *use;* intr. *be of use* 10
nützen tr./intr. *use, exploit* 10

offenbaren tr. *disclose* 49
offen I halten (str. ä, ie, a) tr. *keep open* 79, 2
offen I lassen (str. ä, ie, a) tr. *leave open* 97, 2
offen I legen tr. *lay open* 100, 2
offen I stehen (str. e, a, a) intr. + dat. *be at liberty* 161, 2
offerieren tr. *tender, bid* 130
öffnen tr. *open, unlock* **117**
oktroyieren tr. (auf) *dictate, impose* 130

ölen tr. *oil, lubricate* 10
operieren tr. *operate* 130
opfern tr./refl. *sacrifice, give up* 28
opponieren tr. *oppose* 130
optimieren tr. *change for the best* 130
orakeln intr. *speak in riddles* 28
ordern tr. *order* 28
ordnen tr. *put in order* 10
organisieren tr. *organise* 130
orientieren tr./refl. *orientate, locate* 130
oxydieren intr. *oxidise* 130

paaren tr./refl. *pair, mate* 10
pachten tr. *lease, rent* 10
packen tr. *pack;* refl. *clear out* 10
paddeln intr. *paddle* 28
paktieren intr. *agree, agree terms* 130
panieren tr. *batter* 130
panschen tr. *adulterate;* intr. *splash* 10
panzern tr./refl. *armour, arm (oneself)* 28
paralysieren tr. *paralyse* 130
parieren intr. *obey, follow* 130
parken tr./intr. *park* 10
parodieren tr. *parody* 130
partizipieren intr. (an + dat.) *participate* 130
passen intr. *fit, suit* **118**
passieren tr. *pass, travel;* *intr. *happen* 130
pasteurisieren tr. *pasteurise* 130
patentieren tr. *patent* 130
peilen tr. *take bearings* 10
peinigen tr. *torture, torment* 10
peitschen tr. *whip, flog* 10
pellen tr. *peel* 10
*pendeln intr. *swing, commute* 28
pennen intr. *sleep* 10
pensionieren tr. *pension off* 130
perforieren tr. *perforate* 130
perlen intr. *sparkle;* *intr. *bubble* 10
personalisieren tr. *personalise* 130
personifizieren tr. *impersonate* 130
petzen intr. *inform against* 10
pfählen tr. *stake, impale* 10
pfänden tr. *repossess, seize* 10
pfeffern tr. *fling, season with*

pepper 28
pfeifen (str. ei, i, i) tr. *whistle, hiss* 10
pflanzen tr. *plant* 10
pflastern tr. *pave* 28
pflegen tr./refl. *tend, care for* **119**
pflücken tr. *pick, gather* 10
pflügen tr. *plough, till* 10
pfuschen tr. *bungle, botch* 10
phantasieren intr. *imagine, be delirious* 130
picken tr./intr. *peck, pick* 10
piepsen intr. *chirp, squeak* 10
*****pilgern** intr. *go on a pilgrimage* 28
pinseln tr./intr. *paint, brush* 28
pirschen tr. *hunt, stalk* 10
placieren tr./refl. *place* 130
plädieren intr. (für) *plead* 130
plagen tr. (mit) *plague, torment* 10
planen tr. *plan, design* 10
planieren tr. *level, smooth* 130
planschen intr. *splash* 10
plappern intr. *chatter, blab* 28
plärren intr. *bawl, cry* 10
plätschern intr. *trickle, splash* 28
plätten tr. *iron* 10
*****platzen** intr. *burst, explode* 10
plaudern intr. *chat, gossip* **120**
plombieren tr. *fill a tooth* 130
plündern tr. *plunder, rob* 28
pochen tr./intr. *knock, rap* 10
pokern tr. *play poker, take a risk* 28
polarisieren tr. *polarise* 130
polieren tr. *polish* 130
politisieren intr. *talk politics;* tr. *politicise* 130
polstern tr. *stuff, upholster* 28
poltern intr. *make a noise, rumble* 28
porträtieren tr. *paint a portrait of* 130
postieren tr. *place* 130
potenzieren tr. *multiply, increase* 130
prägen tr. *coin, stamp* 10
prahlen intr. (mit) *boast, show off* 10
praktizieren tr./intr. *practise* 130
*****prallen** intr. (gegen, auf + acc.) *bounce, rebound* 10
prämieren tr. *award (prize)* 130
prangen intr. *make a show, be resplendent* 10

präparieren tr. *prepare* 130
präsentieren tr. *present* 130
präsidieren intr. (über) *preside* 130
prasseln intr./imp. *crackle, rattle* 28
prassen intr. *revel, waste money* 10
präzisieren tr. *define, limit* 130
predigen tr./intr. *preach* 10
preisen (str. ei, ie, ie) tr. *praise, laud* 10
prellen tr. (um) *bang, bruise* 10
pressen tr. *press, strain* 10
prickeln intr. *prickle* 28
privatisieren tr. *privatise* 130
privilegieren tr. *privilege* 130
proben tr./intr. *rehearse* 10
probieren tr./intr. *test, attempt* 130
produzieren tr. *produce;* refl. *show off* 130
profilieren tr. *define;* refl. *distinguish oneself* 130
profitieren intr. (von) *profit, gain* 130
programmieren tr. *program* 130
proklamieren tr. *proclaim* 130
prolongieren tr. *prolong* 130
promovieren intr. *acquire a PhD* 130
propagieren tr. *propagate* 130
protestieren intr. (gegen) *protest* 130
protokollieren tr. *take minutes* 130
provozieren tr. *provoke, challenge* 130
prozessieren intr. (gegen) *go to court* 130
prüfen tr. *try, examine* **121**
prügeln tr./refl. *thrash, fight* 28
prunken intr. (mit) *show off, sparkle* 10
publizieren tr. *publish* 130
pulsieren intr. *pulsate* 130
pulverisieren tr. *pulverise* 130
pumpen tr. *pump* 10
punktieren tr. *puncture, dot* 130
pürieren tr. *mash* 130
putschen intr. (gegen) *attempt a coup* 10
pusten intr. *puff, blow* 10
putzen intr. *clean;* refl. *dress up* 10

quadrieren tr. *square* 130

quaken intr. *croak, quack* 10
quälen tr. *torture, distress* 10
qualifizieren tr. *qualify* 130
qualmen tr./intr. *steam, smoke* 10
quasseln intr. *prattle, chatter* 28
quatschen intr. *natter* 10
*quellen (str. i, o, o) intr.
   gush; tr. *soak* 51, 10
quengeln intr. *nag, whine* 28
querlegen tr. *lay across;* refl.
   disagree 100, 10
querschiessen (str. ie, o, o) tr. *shoot*
   off target; intr. *do the*
   unexpected 143, 2
quetschen tr. *crush, bruise* 10
quietschen intr. *scream, squeak* 10
quittieren tr. *resign, give a receipt*
   for 130

rächen tr. *avenge;* refl. *take*
   revenge 10
*radeln intr. *cycle* 28
*rad|fahren (str. ä, u, a) intr. *ride a*
   bike 53, 1
radieren tr. *erase* 130
raffen tr. *snatch up, gather up* 10
ragen intr. *tower, project* 10
rahmen tr. *skim, frame* 10
rammen tr. *ram, drive into* 10
randalieren intr. *riot, kick up a*
   row 130
rangieren tr. *shunt, rank* 130
*ranken intr. *creep, climb* 10
rappeln intr. *rattle;* refl. *make*
   progress 28
rascheln intr. *rustle* 28
rasen *intr. *speed, race;* (with haben
   rage, rave) **122**
rasieren tr./refl. *shave* 130
raspeln tr. *rasp, grate* 28
rasseln intr. *rattle, clatter* 28
rasten intr. *rest, halt* 10
raten (str. ä, ie, a) intr. (zu) *advise;*
   tr. *guess* **123**
ratifizieren tr. *ratify* 130
rationalisieren tr. *rationalise* 130
rationieren tr. *ration* 130
rätseln intr. (über) *be puzzled* 28
*rattern intr. *rattle, jerk* 28
rauben tr. *steal, rob* 10
räubern intr. *thieve* 28

rauchen tr./intr. *smoke* 10
räuchern tr. *fumigate, cure* 28
räumen tr. *clear away, quit* 10
rauschen intr. *rush, rustle* 10
räuspern refl. *clear one's throat* 28
reagieren intr. (auf) *react* 130
realisieren tr. *realise* 130
rebellieren intr. (gegen) *rebel,*
   revolt 130
rechnen tr. *calculate;* intr. (auf, mit)
   count on **124**
rechtfertigen tr./refl. *justify,*
   vindicate 130
reden tr./intr. (über, mit) *talk,*
   speak **125**
reduzieren tr. (auf. + acc.)
   reduce 130
referieren tr. *lecture* 130
reflektieren tr. *reflect;* intr. (über)
   ponder 130
reformieren tr. *reform* 130
regeln tr./refl. *regulate, arrange* 28
regen intr./refl. *move, stir* 10
regieren tr./intr. *rule, reign* 130
registieren tr. *register* 130
regnen intr. *rain* 10
regulieren tr. *regulate* 130
reiben (str. ei, ie, ie) tr./refl. *rub,*
   grate **126**
reichen tr./intr. *hand, reach* 10
reifen intr. *ripen* 10
reihen tr./intr./refl. *rank, arrange in a*
   row 10
reimen tr./intr. *rhyme, make*
   sense 10
reinigen tr. *clean* 10
*reisen intr. *travel* **127**
reißen (str. ei, i, i) tr./intr. *tear, rip,*
   snatch **128**
*reiten (str. ei, i, i) intr. *ride* 76
reizen tr. *excite, charm, irritate* 10
reklamieren tr./intr. *complain* 130
rekrutieren tr. *recruit* 130
relativieren tr. *relate* 130
*rennen (mx. e, a, a) intr. *run,*
   race **129**
renovieren tr. *renovate* 130
rentieren intr./refl. *be profitable* 130
reparieren tr. *repair, mend* 130
repatriieren tr. *repatriate* 130
repetieren tr./intr. *repeat* 130

repräsentieren tr./intr.
represent 130
reservieren tr. *reserve, book* **130**
residieren intr. *reside* 130
resignieren intr. *resign* 130
respektieren tr. *respect* 130
restaurieren tr. *restore* 130
resultieren intr. (in) *result* 130
resümieren tr. *resume* 130
retten tr./refl. (aus, vor) *rescue,*
save **131**
retuschieren tr. *retouch* 130
reuen intr./imp. *regret, be sorry* 10
revanchieren refl. (für) *take*
revenge 130
revidieren tr. *revise* 130
revoltieren intr. (gegen) *revolt,*
object 130
revolutionieren tr.
revolutionise 130
rezitieren tr. *recite* 130
richten tr. *set right;* refl. (nach) *follow*
example; judge 10
riechen (str. ie, o, o) tr./intr. *smell,*
scent **132**
rieseln intr. *trickle, drizzle* 28
ringen (str. i, a, u) intr. (mit) *struggle;*
(nach, um) *strive for* 153
***rinnen** (str. i, a, o) intr. *flow,*
drip 73
riskieren tr. *risk* 130
ritzen tr. *scratch, graze* 10
rivalisieren intr. (mit) *rival,*
compete 130
röcheln intr. *groan* 28
rodeln intr. *toboggan* 28
roden tr./intr. *clear (land), make*
arable 10
***rollen** intr. *roll, rotate;* refl. *roll*
up 10
romantisieren tr. *romanticise* 130
röntgen tr. *X-ray* 10
†**rosten** intr. *rust* 10
rösten tr. *roast* 10
röten tr. *colour red* 9
rotieren intr. *rotate* 130
rotten refl. (zusammen) *assemble* 32
rucken intr. *jerk* 10
rücken tr. *move along;*
intr. proceed 10
rückerstatten tr. *refund* 49

†**rudern** intr. *row* 28
rufen (str. u, ie, u) tr./intr. *call,*
shout **133**
rügen tr. *reprimand* 10
ruhen intr. *rest, pause* **134**
ruhig I **stellen** tr. *quieten, stop*
motion 200
rühmen tr. *praise;* refl. + gen. *boast*
of 10
rühren tr. *stir, move;* intr. (an)
touch 10
ruinieren tr. *ruin* 130
rümpfen tr. (die Nase) *turn up one's*
nose 10
runzeln tr./intr. *wrinkle, shrivel* 28
rupfen tr. *pluck, pull up* 10
rüsten tr. *equip, prepare;* refl. (für) *get*
ready 10
†**rutschen** intr. *slide, skid* 10
rütteln tr./intr. (an) *shake, jolt* 28

sabotieren tr. *sabotage* 130
säen tr./intr. *sow* 10
sagen tr./intr. *say, tell, speak* **135**
sägen tr./intr. *saw* 10
säkularisieren tr. *secularise* 130
salutieren tr./intr. *salute* 130
salzen tr. *salt* 10
sammeln tr. *collect, gather;*
refl. *concentrate* 28
sanieren tr. *cure, restore* 130
sanktionieren tr. *sanction* 130
satteln tr. *saddle* 28
sättigen tr. (mit) *fill;* refl. *satisfy one's*
hunger 10
säubern tr. *cleanse, purge* 28
säuern intr. *sour, curdle* 28
saufen (str. ä, o. o) tr./intr. *drink,*
booze 20
saugen (str. a, o, o) tr. *suck,*
absorb 82
säumen intr. *delay, linger* 10
sausen intr. *bluster;* *intr. dash* 10
schaben tr. *scrape, grate* 10
schaden intr. + dat. (mit) *harm,*
hurt 10
schädigen tr. + acc. *harm,*
damage 10
schaffen (str. a, u, a) tr. *create;*
wk. tr. *do, manage* **136**
schälen tr./refl. *peel* 10

schallen intr. *sound, peal* 10
schalten tr./intr. *switch, connect* 10
schämen refl. (über, wegen + gen.) *be ashamed of* 32
schänden tr. *violate, rape* 10
schärfen tr. *sharpen, intensify* 10
schauen tr./intr. *see, view* 137
schaufeln tr. *shovel, dig* 28
schaukeln intr. *swing, rock* 28
schäumen intr. *foam, froth* 10
schauspielern intr. *act, pretend* 130
*scheiden (str. ei, ie, ie) intr. *depart;* tr. *separate* 138
scheinen (str. ei, ie, ie) intr. *shine, appear* 139
*scheitern intr. (an, wegen) *fail, founder* 28
schellen tr./intr. *ring, tinkle* 10
schelten (str. i, a, o) tr. *reproach, scold* 85
schenken tr. + dat., acc. *give, present* 140
scheren (str. e, o, o) tr. *shear;* wk. imp. *concern* 82
scherzen intr. *jest, joke* 10
scheuchen tr. *scare, frighten away* 10
scheuen tr./refl. (vor) *fear, dread* 10
scheuern tr. *scour, scrub* 28
schichten tr. (auf) *stack, pile up* 10
schicken tr. *send;* refl./imp. *happen* 141
schieben (str. ie, o, o) tr./refl. *push* 142
schielen intr. (nach, auf) *squint, desire* 10
schießen (str. ie, o, o) intr./tr. *shoot* 143
schikanieren tr. *vex, annoy, bully* 130
schildern tr. *describe, depict* 28
schillern intr. *scintillate* 28
†schimmeln intr. *grow mouldy* 28
schimmern intr. *shine, gleam* 28
schimpfen tr./intr. *insult, affront* 10
schinden (str. i, u, u) tr. *mistreat, exploit* 195
schlachten intr. *slaughter, massacre* 10
schlafen (str. ä, ie, a) intr. *sleep* 144
schlagen (str. ä, u, a) tr./intr. *hit, strike* 145

schlängeln tr./intr./refl. *twist, wind* 28
schlecken intr. *lick* 10
*schleichen (str. ei, i, i) intr. *crawl, sneak* 76
schleifen (str. ei, i, i) tr. *sharpen;* wk./tr./intr. *slide* 76
schlemmen intr. *feast* 10
schlenkern intr./tr. *dangle* 28
schleppen tr. *haul;* refl. *move slowly* 10
schleudern tr. *fling;* *intr. *skid* 28
schleusen tr. (durch) *pass through locks* 10
schlichten tr. *smooth, arbitrate* 10
schließen (str. ie, o, o) tr. *shut, lock;* intr. *stop* 146
schlingen (str. i, a, u) tr./refl. *wind, twine* 153
schlingern intr. *sway, rock* 28
*schlittern intr. *slide, skid* 28
schlottern intr. *tremble, wobble* 28
schluchzen intr. *sob* 10
schlucken tr. *swallow, gulp* 10
schlummern intr. *slumber* 28
*schlüpfen intr. (in, aus) *slip, slide* 10
schlürfen tr./intr. *sip;* *intr. *drag one's feet* 10
schmachten intr. *pine, long for* 10
schmähen tr./intr. *abuse, slander* 10
schmälern tr. *lessen, diminish* 28
schmarotzen intr. *sponge* 10
schmausen tr./intr. *feast* 10
schmecken tr. *taste, try;* intr. *taste good* 10
schmeicheln intr. + dat. *flatter, compliment* 28
schmeißen (str. ei, i, i) tr. *fling, hurl* 128
*schmelzen (str. i, o, o) intr. *melt;* tr. *smelt* 82
schmerzen tr./intr. *hurt, be painful* 10
schmettern tr. *smash;* intr. *crash* 28
schmieden tr. *forge* 10
schmiegen refl. (an + acc.) *nestle against* 32
schmieren tr. *grease;* intr. *scribble* 10

schmirgeln tr. *rub, polish* 28
schmollen intr. *sulk* 10
schmoren tr. *braise, stew* 10
schmücken tr. (mit) *adorn, decorate* 10
schmuggeln tr./intr. (mit) *smuggle* 28
schmunzeln intr. (über) *grin, look pleased* 28
schmutzen intr. *get dirty* 10
schnallen tr. *buckle, strap* 10
schnappen intr. *snap;* tr. *catch* 10
schnarchen intr. *snore* 10
schnarren intr. *rattle, rasp* 10
schnattern intr. *chatter, cackle* 28
schnauben intr. (vor) *pant, puff* 10
schnaufen intr. *breathe heavily* 10
schneiden (str. ei, i, i) tr./intr. *cut, trim* **147**
schneidern intr. *dressmake, sew* 28
schneien imp. *snow* 10
schnitzen tr./intr. *carve* 10
schnüffeln intr. *snoop* 28
schnupfen tr./intr. *sniff, take snuff* 10
schnuppern intr. *sniff, smell out* 28
schnüren tr. *tie up, constrict* 10
schnurren intr. *hum, buzz, purr* 10
schonen tr./intr. *treat gently;* refl. *take care of oneself* 10
schöpfen tr. *scoop out, obtain* 10
schrammen tr. *scratch, scar* 10
schrauben tr. *screw* 10
schrecken tr. (mit) *frighten, startle* 10
schreiben (str. ei, ie, ie) intr./tr. *write* **148**
schreien (str. ei, ie, ie) intr. *cry, shout* 10
schreinern intr. *do woodwork* 28
schreiten (str. ei, i, i) intr. *stride, stalk* 76
schrubben tr. *scrub* 10
*schrumpfen intr. *shrivel, shrink* 10
schubsen tr. *push* 10
schuften intr. *toil, slave* 10
schulden tr. *owe, be indebted to* 10
schulen tr. *teach, train* 10
schultern tr. *shoulder* 28
schummeln intr. *cheat* 28
schunkeln intr. *sway to music* 28

schuppen tr./refl. *de-scale* 10
schüren tr. *stir, rake* 10
schürfen tr. *burrow, dig* 10
schustern intr. *cobble, make a botch of* 28
schütteln tr. *shake;* refl. *tremble* 28
schütten tr. *pour* 10
schützen tr. (vor) *protect, shelter* 10
schwächen tr. *weaken, lessen* 10
schwafeln intr. *talk drivel* 28
*schwallen intr. *swell, surge* 10
schwanken intr. *sway, waver* 10
schwänzen intr. *play truant* 28
schwappen tr./intr. *spill, splash* 10
*schwärmen intr. *swarm;* (für) *be enthusiastic (about)* 10
schwärzen tr. *make black, defame* 10
schwatzen intr. *gossip, chatter* 10
schweben intr. *hover* 10
*schweifen intr. *wander, roam, stray* 10
schweigen (str. ei, ie, ie) intr. *keep silent* 24
schwelgen intr. *feast, indulge* 10
*schwellen (str. i, o, o) intr. *swell, increase* 51
schwenken tr. *swing;* intr. *change your mind* 10
†schwimmen (str. i, a, o) intr. *swim* **149**
schwindeln intr. *swindle;* imp. + dat. *be dizzy* 28
*schwinden (str. i, a, u) intr. *fade, decline* 56
schwingen (str. i, a, u) tr./intr./refl. *swing, leap* 201
*schwirren intr. *buzz, hum* 10
schwitzen intr. *sweat, perspire* 10
schwören (str. ö, o, o) tr./intr. *swear, take an oath* 20
†segeln intr. *sail* 28
segnen tr. *bless* 10
sehen (str. ie, a, e) tr./intr. *see, realise* **150**
sehnen refl. (nach) *long for, desire* 32
*sein intr. *be, exist* **151**
sein l lassen (str. ä, ie, a) intr. *stop doing* 97, 1
senden (str. e, a, a) tr. *dispatch, transmit* 161

sengen tr. *singe, scorch* 10
senken tr./refl. *lower, reduce* 10
servieren tr. *serve* 130
setzen tr. *put, place;* refl. *sit down* **152**
seufzen intr. *sigh* 10
sichern tr. *secure, protect* 28
sieben tr. *sieve, sift* 10
sieden intr. *boil, simmer* 10
siegeln tr. *seal* 28
siegen intr. (über) *win, be victorious* 10
siezen tr. *use 'Sie'* 10
signalisieren tr. *signal* 130
simulieren tr./intr. *simulate* 130
singen (str. i, a, u) tr./intr. *sing* **153**
***sinken** (str. i, a, u) intr. *sink, drop* 153
sinnen (str. i, a, o) intr. (über, auf) *think, scheme* 73
sitzen (str. i, a, e) intr. *sit, stay* **154**
skizzieren tr. *sketch* 130
solidarisieren intr. *show solidarity* 130
sollen intr. *be supposed to* **155**
sondern tr./refl. *separate, distinguish* 28
sorgen refl. (um) *worry;* intr. (für) *provide for* 32
sortieren tr. *sort* 130
sozialisieren tr. *socialise (politically)* 130
spähen intr. *be on the look out, peep* 10
spalten tr./refl. *split, divide* 10
spannen tr. *stretch;* refl. (über) *stretch across* 10
sparen tr./intr. *save* **156**
***spazieren | gehen** (str. e, i, a) intr. *go for a walk* 68, 1
speichern tr. *store, accumulate* 28
speien (str. ei, ie, ie) intr. *spit* 24
speisen intr. *eat;* tr. *feed* **157**

spekulieren intr. (auf, mit) *speculate* 130
spenden tr. *contribute, donate* 10
spendieren tr. *treat, pay for* 130
sperren tr./intr. *bar, stop;* refl. *resist* 10
spezifizieren tr. *specify* 130

spicken tr. *garnish* 10
spiegeln intr. *glitter;* refl. *reflect* 28
spielen intr./tr. *play, act* **158**
spießen tr. *pierce, spear* 10
spinnen (str. i, a, o) tr./intr. *spin, twist* 73
spionieren intr. *spy* 130
spitzeln intr. *spy on* 28
spitzen tr. *sharpen;* refl. (auf) *count on* 10
†**splittern** tr./intr. *shatter, splinter* 28
spötteln intr. (über) *laugh at, sneer* 28
spotten tr./intr. *mock, ridicule* 10
sprechen (str. i, a, o) tr./intr. *speak, talk* **159**
spreizen tr. *spread;* refl. (gegen) *resist* 10
sprengen tr. *sprinkle;* *intr. gallop* 10
sprießen (str. ie, o, o) intr. *sprout, bud* 58
***springen** (str. i, a, u) intr. *jump, leap* **160**
spritzen tr. *inject;* intr. *splash* 10
sprossen intr. *sprout, bud* 10
†**sprudeln** intr. *bubble, fizz* 28
sprühen tr. *spray;* intr. *sparkle* 10
spucken intr. *spit* 10
spuken intr./imp. *be haunted* 10
spulen tr. *wind, coil* 10
spülen tr. *rinse, wash* 10
spuren intr. *track* 10
spüren intr. *trace;* tr. *feel, notice* 10
spurten intr. *obey* 10
sputen intr./refl. *hurry, make haste* 10
stacheln tr. *prick, sting* 28
staffeln tr. *differentiate, stagger* 28
stagnieren intr. *stagnate* 130
stählen tr. *harden, steel* 10
stammeln tr./intr. *stammer, stutter* 28
***stampfen** intr. *stamp;* tr. *crush* 10
stärken tr. *strengthen;* refl. *take refreshment* 10
starren intr. (auf) *stare, stiffen* 10
†**starten** intr. *start* 9
stationieren tr. *deploy* 130
stauben intr. *be dusty* 10

stäuben tr. *powder* 10

stauchen tr. *compress, wrench* 10

stauen tr. *stow away;* refl. *be congested* 10

staunen intr. (über) *be astonished* 10

stecken tr. *put, set;* intr. *remain, be stuck* 10

stehen (str. e, a, a) intr. *stand, stop* **161**

stehlen (str. ie, a, o) tr./intr. *steal, rob* 12

*steigen (str. ei, ie, ie) intr. *climb, rise* 24

steigern tr. *raise;* refl. *improve* 28

steinigen tr. *stone* 10

stellen tr. *put, set;* refl. *pretend* 10

stemmen tr. *stem;* refl. (gegen) *resist* 10

stempeln tr. *stamp;* intr. *be on the dole* 28

stenographieren tr. *write shorthand* 130

*sterben (str. i, a, o) intr. (an + dat.) *die* 85

steuern tr. *steer, put a check on* 28

sticken intr. *choke;* tr. *embroider* 10

stieben (str. ie, o, o) intr. *fly about, scatter* 142

*stiefeln intr. *march, stride* 28

stieren intr. (auf) *stare* 10

stiften tr. *found, donate* 10

*stiften I gehen (str. e, i, a) intr. *run away, escape* 68, 1

stilisieren tr. *stylise* 130

still I legen tr. *shut down* 100, 2

stillen tr. *calm, staunch, quench* 10

still I halten (str. ä, ie, a) tr./intr. *stop, pause* 79, 2

still I schweigen (str. ei, ie, ie) intr. (zu) *be silent* 24, 2

stimmen tr. *tune;* intr. *be right* 10

stinken (str. i, a, u) intr. (nach) *stink (of)* 165

stöbern intr. (in + dat.) *hunt about* 28

stochern intr. (in + dat.) *poke about* 28

stocken intr. *stop, hesitate* 10

stöhnen intr. *groan, moan* 10

*stolpern intr. (über + acc.) *stumble, trip* 28

*stolzieren intr. *strut* 130

stopfen tr. *fill;* refl. (mit) *overeat* 10

stoppen tr./intr. *stop* 10

stören tr./intr. *interrupt, intrude* 10

stoßen (str. ö, ie, o) tr./intr. *push;* refl. *hurt oneself* 45

stottern intr. *stammer* 28

strafen tr. *punish* 10

straffen tr./intr. *tighten, tauten* 10

straf I versetzen tr. (nach, wegen) *transfer* (disciplinary reason) 200

strahlen tr./intr. *beam, shine* 10

strampeln intr. *kick about* 28

*stranden intr. *be stranded, fail* 10

strangulieren tr. *strangle* 130

strapazieren tr. *tire, wear out* 130

sträuben tr. *ruffle up;* refl. (gegen) *resist* 10

*straucheln intr. *stumble, fail* 28

streben intr. (nach) *strive, aim* 10

strecken tr./refl. *stretch (oneself)* 10

streicheln intr. *stroke, caress* 28

streichen (str. ei, i, i) tr./intr. *stroke, cross out* 76

streifen tr. *brush;* *intr. *stroll* 10

streiken intr. *strike* 10

streiten (str. ei, i, i) intr./refl. *quarrel, fight* 76

streuen tr. *spread* 10

stricken tr. *knit* 10

striegeln tr. *comb* 28

*strolchen intr. (in + dat.) *stroll, loiter* 10

*strömen intr. *stream, flow* 10

strotzen intr. (vor) *be full (of)* 10

strudeln intr. *whirl, swirl* 28

strukturieren tr. *structure* 130

stückeln tr. *cut in pieces, patch* 28

studieren tr. *study* 130

stülpen tr. (über) *turn upside down, invert* 10

stümpern tr./intr. *bungle, botch* 28

stunden tr. *give time to pay* 10

stürmen tr. *storm;* intr. *be stormy* 10

stürzen tr. *throw;* *intr./refl. *rush* 10

stutzen intr. *stop short;* tr. *shorten* 10

stützen tr. *support;* refl. (auf) *rely on* 10

subtrahieren tr. *subtract* 130

subventionieren tr. *subsidise* 130

suchen tr. (nach) *seek, look for* 10
suggerieren tr. *suggest, get someone to believe that . . .* 130
sühnen tr. *atone for* 10
summen tr./intr. *buzz, hum* 10
summieren tr. *sum up;* refl. *amount to* 130
sündigen intr. *sin* 10
surren intr. *hum, buzz* 10
suspendieren tr. *suspend* 130
süßen tr. (mit) *sweeten* 10
sympathisieren intr. (mit) *sympathise* 130

tabellieren tr. *tabulate* 130
tadeln tr. (für, wegen) *blame* 28
tafeln intr. *dine, feast* 28
tagen intr. *dawn, get light* 10
tanken tr./intr. *refuel* 10
tanzen intr. *dance* 10
tapezieren tr. *wallpaper* 130
*****tappen** intr. *fumble, grope* 10
tarnen tr./refl. (mit) *disguise, camouflage* 10
tasten tr. *touch;* intr./refl. (nach) *feel one's way* 10
tätigen tr. *effect, carry out* 10
tätowieren tr./refl. *tattoo* 130
tätscheln tr. *caress, fondle* 28
†**tauchen** intr. (in + dat./acc.) *dive;* tr. (in + acc.) *immerse* 10
†**tauen** tr. *thaw, melt* 10
taufen tr. (auf) *baptise, name* 10
taugen intr. (zu) *be of value, serve* 10
†**taumeln** intr. *stagger, reel* 28
tauschen tr./intr. *exchange, swap* 10
täuschen tr. *cheat;* refl. (in + dat.) *be mistaken* 10
taxieren tr. (auf) *estimate* 130
technisieren tr. *mechanise* 130
teilen tr./refl. *divide, share* **162**
teil I haben intr. (an) *have a share* 78, 2
teil I nehmen (str. i, a, o) intr. (an) *participate* 115, 2
telefonieren intr. *telephone* 130
telegrafieren tr./intr. *cable* 130
temperieren tr. *moderate* 130
tendieren intr. (zu) *tend, be inclined* 130
terminieren tr. *terminate* 130

terrorisieren tr. *terrorise* 130
thematisieren tr. *structure* 130
theoretisieren intr. *theorise* 130
ticken intr. *tick* 10
tilgen tr. *cancel, pay off* 10
tippen tr. *touch gently, type* 10
tischlern intr. *do carpentry* 28
titulieren tr. *address by title* 130
toben intr. *storm, rage* 10
tolerieren tr. *tolerate* 130
tollen intr. *romp, fool about* 10
tönen intr. *sound;* tr. *shade* 10
töpfern tr./intr. *make pottery* 28
*****torkeln** intr. *stagger, reel* 28
tosen intr. *rage, roar* 10
töten tr. *kill;* refl. *commit suicide* 9
*****traben** intr. *trot* 10
trachten intr. (nach) *aim, strive for* 9
tragen (str. ä, u, a) tr./intr. *carry, bear* **163**
trainieren tr./intr. *train* 130
trampeln intr. *trample, stamp* 28
tranchieren tr./intr. *carve, cut up* 130
tränen intr. *water* 10
tränken tr. *soak, saturate* 10
transportieren tr. *transport* 130
tratschen tr./intr. *gossip, chatter* 10
trauen intr. *trust;* tr. *marry* 10
trauern intr. (um, über) *mourn* 28
träufeln tr. *drip, drop* 28
träumen intr. (von) *dream* 10
treffen (str. i, a, o) tr. *hit, meet* **164**
treiben (str. ei, ie, ie) tr. *drive;* *****intr. *drift* 24
trennen tr. *separate, divide* 10
*****treten** (str. i, a, e) intr. (auf, in + acc.) *tread* 184
triefen intr. *drip, trickle* 10
triezen tr. *bully, torment* 10
trillern intr. *trill, twitter* 28
trimmen tr. *trim* 10
trinken (str. i, a, u) tr./intr. *drink, absorb* **165**
trippeln intr. *trip, patter* 28
triumphieren intr. (über) *triumph* 130
*****trocknen** intr. *dry up;* tr. *dry* 10
trödeln intr. *be slow* 28
trommeln tr./intr. *drum* 28
tropfen tr./intr. *drip, drop* 28

trösten tr. (über, wegen) *comfort* 10
trotzen intr. + dat. *defy, oppose* 10
trüben tr. *upset;* refl. *become overcast* 10
trügen (str. ü, o, o) intr. *deceive* 20
tummeln refl. (in + dat.) *move, hurry* 32
tun (str. u, a, a) tr. *do, make;* intr. *act* **166**
tunken tr. (in + acc.) *dip, soak* 10
tupfen tr. *dab* 10
türmen tr. *pile up;* intr. *escape* 10
turnen intr. *do gym* 10
tuscheln intr. (mit) *mutter, whisper* 28
tuten tr. *toot, honk* 10
tyrannisieren tr. *oppress, enslave* 130

üben tr./intr./refl. (in + dat.) *practise* **167**
überantworten tr. *consign* 7
überbacken tr. *grill* 10
über I behalten (str. ä, ie, a) tr. *have left over* 79, 2
über I bekommen (str. o, a, o) intr. *lose appetite, get fed up* 16, 2
überbieten (str. ie, o, o) tr. *outbid, surpass* 51
*über I bleiben (str. ei, ie, ie) intr. *remain, be left over* 24, 1
über I blenden intr. *switch, change subject* 200
überblicken tr. *look over* 49
überbringen (mx. i, a, a) tr. *deliver* 26, 49
überbrücken tr. *span, bridge* 49
überdachen tr. *roof over* 49
überdauern tr. *survive, outlive* 47
überdecken tr. *cover up, overlap* 49
überdenken (mx. e, a, a) tr. *reflect* 29, 49
übereignen tr. *transfer ownership* 49
übereilen tr./refl. *hurry too much* 49
*überein I kommen (str. o, a, o) intr. (mit) *reach agreement* 94, 1
überein I stimmen intr. *agree, coincide* 200
überfahren (str. ä, u, a) tr. *go over* 53, 49

überfallen (str. ä, ie, a) tr. *attack, invade* 54, 49
*überfliegen (str. ie, o, o) intr. *fly across;* tr. *flick through* 57
*über I fließen (str. ie, o, o) intr. *overflow* 58, 1
*überfluten intr. *overflow;* tr. *flood* 49
überfordern tr./intr. *overcharge* 47
überfragen tr./intr. *ask too much of* 61, 49
überfrieren tr./intr. *quick freeze* 63, 49
überführen tr. + gen. *convict of* 64, 49
übergeben (str. i, a, e) tr. *deliver;* refl. *vomit* 66, 49
*über I gehen (str. e, i, a) intr. (in + acc.) *change to* 68
übergießen (str. ie, o, o) tr. *pour over;* tr. (mit) *cover* 74
über I greifen (str. ei, i, i) intr. (auf) *overlap, spread to* 76, 2
über I haben tr. *have left over, be fed up with* 78, 2
überhand I nehmen (str. i, a, o) intr. *increase alarmingly* 115, 2
über I hängen (str. a, i, a) intr./(wk.) tr. *hang over* 81, 2
überhäufen tr. (mit) *overwhelm* 49
überhöhen tr. *surmount, increase* 49
überholen tr. *overhaul, overtake* 86, 49
überhören tr. *miss, ignore* 87, 49
*überkommen (str. o, a, o) tr. *overcome* 94, 1, 4
überkreuzen tr. *cross;* refl. *intersect* 49
überkrusten tr./intr. *crust over* 49
überladen (str. ä, u, a) tr./intr. *overload* 44, 49
überlagern tr./intr. *overlap* 47
überlassen (str. a, ie, a) tr. + dat. *leave to* 97, 2
überlasten tr. *overload* 49
*über I laufen (str. ä, ie, a) intr. *spill over, defect* 98, 1
überleben tr. *survive;* refl. *be out of fashion* 99, 49
überlegen tr./intr. *consider, cover* **168**

überliefern tr. *pass on, hand down* 47

über l leiten itr. (zu) *lead to* 200

überlisten tr. (mit) *outwit* 49

übermitteln tr. *transmit* 47

übernachten intr. (bei) *overnight* 49

übernehmen (str. i, a, o) tr. *take over* 115, 49

über l ordnen tr. *place above* 199

überprüfen tr. *examine, check* 168

*über l quellen (str. i, o, o) intr. *overflow* 51, 1

überqueren tr. *cross, traverse* 168

überragen tr. *extend, surpass* 168

überraschen tr. (mit, bei) *surprise* 168

überreden tr. (zu) *persuade* 125, 168

überreichen tr. *hand over, present* 168

überreizen tr. *overexcite* 168

überrennen (mx. e, a, a) tr. *overrun* 129, 168

überrollen tr. *overwhelm, defeat* 168

überrumpeln tr. *take by surprise* 168

überrunden tr. *overtake* 168

überschatten tr. *overshadow* 168

überschätzen tr./refl. *overestimate* 168

überschauen tr. *overlook, comprehend* 168

über l schlagen (str. ä, u, a) tr. *fold over* 145, 1

*über l schnappen intr. *go crazy* 200

überschneiden (str. ei, i, i) tr./refl. (mit) *cross, intersect* 147, 168

überschreiben (str. ei, ie, ie) tr. *label, entitle* 148, 168

überschreien (str. ei, ie, ie) tr. *shout louder* 24, 168

überschreiten (str. ei, i, i) intr. *step across, exceed* 76, 168

überschütten tr. (mit) *overwhelm* 168

*über l schwappen intr. *splash over* 200

überschwemmen tr. *flood, submerge* 168

übersehen (str. ie, a, e) tr. *omit, miss* 150, 168

übersenden (mx. e, a, a) tr. *send, ship* 116, 168

*über l setzen intr. *ferry* 152, 200

übersetzen tr. *translate* 152

*über l siedeln intr. (nach) *emigrate* 200

über l spannen tr. *stretch over* 200

überspielen tr. (mit) *record over* 168, 158

überspitzen tr. *exaggerate* 168

überspringen (str. i, a, u) tr. *skip over, omit* 160, 168

*über l sprudeln intr. *bubble over* 200

überspülen tr. (mit) *flood, submerge* 168

überstehen (str. e, a, a) tr. *survive, get over* 161, 168

übersteigen (str. ei, ie, ie) tr. *exceed, surpass* 24, 168

übersteigern tr. *exaggerate* 168

überstimmen tr. *overrule, outvote* 168

über l streifen tr. *slip on* 200

*über l strömen intr. *overflow, abound* 200

überstürzen tr./refl. *hurry* 168

übertönen tr. (mit) *be louder than* 168

übertragen (str. ä, u, a) tr. *transfer, transmit* 163, 168

übertreffen (str. i, a, o) tr. *surpass, excel* 164, 168

übertreiben (str. ei, ie, ie) tr. *overdo* 24, 168

übertreten (str. i, a, e) tr. *contravene, violate* 184, 168

übertrumpfen tr. *outdo* 168

übertünchen tr. *paint over, whitewash* 168

übervölkern tr. *overpopulate* 168

übervorteilen tr. *take advantage of* 162, 168

überwachen tr. *control, inspect* 168

überwachsen (str. ä, u, a) tr. *overgrow* 186, 168

überwältigen tr. *overcome, overpower* 168

über l wechseln intr. *change sides* 200

überweisen (str. ei, ie, ie) tr. *transfer, remit* 24, 168

über|werfen (str. i, a, o) tr. *throw over* 193, 200

überwiegen (str. ie, o, o) tr. *predominate* 194, 168

überwinden (str. i, a, u) tr. *overcome* 56, 168

überwintern tr./intr. *keep over winter* 168

überwuchern tr. *overgrow* 168

überzeugen tr./refl. *convince, persuade* 168

über|ziehen (str. ie, o, o) tr. *slip on* 199, 2

übrig|behalten (str. ä, ie, a) tr. *have left over* 79, 2

*****übrig|bleiben** (str. ei, ie, ie) intr. *be left over* 24, 1

übrig|lassen (str. ä, ie, a) tr. *leave over* 97, 2

umarmen tr. *embrace* 10

um|bauen tr. *rebuild* 10, 2

umbauen tr. *surround* 10

um|benennen (mx. e, a, a) tr. *rename* 116, 2

um|besetzen tr. *reposition* 152, 2

um|bestellen tr. *change booking* 18, 2

um|betten tr. *change beds* 200

um|biegen (str. ie, o, o) tr. *bend;* *intr. turn back* 57, 2

um|binden (str. i, a, u) tr. *tie round* 171, 2

um|blasen (str. ä, ie, a) tr. *blow over* 45, 2

um|blättern tr. *turn the page* 200

um|blicken intr./refl. *look back* 200

umbranden tr. *engulf* 168

umbrausen tr. *storm around* 168

um|bringen (mx. i, a, a) tr. *kill;* refl. *commit suicide* 26, 2

um|drehen tr./refl. *turn around* 200

*****um|fallen** (str. ä, ie, a) intr. *fall over* 54, 1

umfangen (str. ä, i, a) tr. *embrace, encircle* 37

umfassen tr. *embrace, contain* 118

umfrieden tr. *enclose, fence in* 168

umgeben (str. i, a, e) tr. *surround* 66, 168

umgehen (str. e, i, a) intr. *avoid* 68, 168

um|gießen (str. ie, o, o) tr. *spill* 74, 2

um|graben (str. ä, u, a) tr. *dig over* 44, 2

umgrenzen tr. *encircle, limit* 168

umhegen tr. *look after carefully* 168

umhin|können (str. a, o, o) intr. (nicht) *have no choice* 95, 2

um|hören refl. *make enquiries* 87, 2

umhüllen tr. (mit) *envelop, cover* 168

umjubeln tr. *cheer* 168

umkämpfen tr. *fight over* 168

*****um|kehren** intr. *turn back;* tr. *reverse* 200

um|kippen tr. *tip over* 200

umklammern tr. *clasp, clutch* 168

um|kleiden tr./refl. *change clothes* 200

*****um|kommen** (str. o, a, o) intr. *perish, die* 94, 1

umkreisen tr. *revolve* 168

um|krempeln tr./refl. *change totally* 200

um|legen tr. *divert* 100, 2

um|leiten tr. *divert* 200

um|lernen tr./intr. *change one's ideas* 200

um|melden tr. *re-register* 200

um|modeln tr. *re-model* 200

um|münzen tr. *revalue* 200

umnebeln intr. *cloud, fog* 168

um|pflanzen tr. *transplant* 200

um|pflügen tr. *plough over* 200

umrahmen tr. (mit) *frame, surround* 168

umranden tr. (mit) *border, edge* 168

um|rechnen tr. *convert* 200

umringen tr. *encircle* 168

um|rühren tr. *stir* 200

umrunden tr. *surround* 168

um|satteln intr. *change profession* 200

um|schauen refl. *look round* 200

umschließen (str. ie, o, o) tr. *enclose, comprise* 146, 168

umschmeicheln tr. *flatter* 168

um|schnallen tr. *buckle* 200

um|schreiben (str. ei, ie, ie) tr. *rewrite* 148, 200

um|schulen tr. *retrain* 200

um|schütten tr. *decant, spill* 200

umschwärmen tr. *swarm*

around 168

*um | schwenken intr. *turn
around* 200

umsegeln tr. *sail around* 168

um | sehen (str. ie, a, e) refl. *look
around* 150

um | setzen tr. *transfer, sell* 152, 2

umsorgen tr. *care for* 168

umspannen tr. *surround,
comprise* 168

umspülen tr. *engulf* 168

*um | steigen (str. ie, ie, ie) intr.
change trains 24, 1

um | stellen tr. *rearrange* 200

um | stimmen tr. *change one's
mind* 200

um | stülpen tr. *invert* 200

um | stürzen tr. *overthrow,
destroy* 200

um | taufen tr. (auf) *rename* 200

um | tauschen tr. (gegen)
exchange 200

um | topfen tr. *transplant* 200

umtosen tr. *storm around* 168

um | tun refl. *change attitude* 166, 2

um | wandeln tr. *transform* 200

um | wechseln tr. *exchange* 200

um | wenden (mx. e, a, a) tr./refl.
reverse 116

umwerben (str. i, a, o) tr. *woo* 191

um | werfen (str. i, a, o) tr.
overturn 193, 2

umwickeln tr. (mit) *wrap
around* 168

*um | ziehen (str. ie, o, o) intr./refl.
move house / change clothes 51, 1

umzingeln tr. *encircle, surround* 168

uniformieren tr. *uniform* 130

unken intr. *prophesy, doom* 10

unterbieten (str. ie, o, o) tr.
undercut 51, 168

unterbinden (str. i, a, u) tr. *stop,
prevent* 13, 168

*unterbleiben (str. ei, ie, ie) intr. *be
left undone* 24, 168

unterbrechen (str. i, a, o) tr.
interrupt 159, 168

unterbreiten tr. *present, submit* 168

unter | bringen tr. (bei) *put up,
accommodate* 26, 2

unterdrücken tr. *suppress,*

oppress 168

unter | ordnen tr./refl.
subordinate 200

untergliedern tr. *structure* 168

unter | haken tr. *take someone's
arm* 200

unterhalten (str. ä, ie, a) tr./refl. (mit)
entertain / talk to 79, 168

unterhandeln tr./intr. *negotiate* 168

unterhöhlen tr. *undermine* 168

unterjochen tr. *enslave* 168

*unter | kommen (str. o, a, o) intr.
(bei, in) *find shelter* 94, 1

*unter | kriechen (str. ie, o, o) intr.
(bei) *take refuge* 132, 1

unter | kriegen tr. *overpower* 200

unterkühlen tr. *freeze* 168

unterlassen (str. ä, ie, a) tr.
neglect 97, 168

*unterlaufen (str. ä, ie, a) intr.
occur 98, 168

unter | legen tr. *put underneath* 100,
2

*unterliegen (str. ie, a, e) intr.
succumb 105, 168

untermauern tr. *build
foundations* 168

unter | mengen tr. *mix* 200

unterminieren tr. *undermine* 130

unter | mischen tr. *mix* 200

unternehmen (str. i, a, o) tr.
undertake 115, 168

unter | ordnen tr./refl.
subordinate 200

unterqueren tr. *underpass* 168

unterreden refl. (mit) *converse,
confer* 125, 32, 168

unterrichten tr. *teach, educate* 168

unter | rühren tr. *stir in* 200

untersagen tr. *forbid* 135, 168

unterschätzen tr.
underestimate 168

unterscheiden (str. ei, ie, ie) tr./refl.
differentiate 138, 168

unterschieben (str. ie, o, o) tr. + dat.
attribute falsely to 142, 168

unterschlagen (str. ä, u, a) tr.
embezzle 145, 168

*unter | schlupfen intr. *hide out* 200

unterschreiben (str. ei, ie, ie) tr.
sign 148, 168

unterspülen tr. *erode* 168
unterstehen (str. e, a, a) refl. *dare,*
  venture 161, 168
unter l stellen tr. *place under* 200
unterstreichen tr. *emphasise* 168
unterstützen tr. (mit) *prop up,*
  support 168
untersuchen tr. *examine,*
  investigate 168
*unter l tauchen intr. *dive,*
  submerge 200
unterteilen tr. (in) *subdivide* 168
untertreiben (str. ei, ie, ie) tr.
  understate 24, 168
unterwandern tr. *infiltrate* 168
unterweisen (str. ei, ie, ie) tr.
  (in + dat.) *teach* 24, 168
unterwerfen (str. i, a, o) refl. (+ dat.)
  submit 193, 168
unterzeichnen tr. *sign, ratify* 168
unterziehen (str. ie, o, o) tr. +dat.
  submit to 51, 168
urinieren intr. *urinate* 130
urteilen intr. (über) *judge* 162

variieren tr./intr. *vary* 130
vegetieren intr. *vegetate* 130
ventilieren tr. *ventilate* 130
verabreden tr. *agree upon;* refl. *make*
  an appointment 173
verabreichen tr. *dispense, give* 173
verabscheuen tr. *detest* 173
verabschieden tr. *dismiss;* refl. (von)
  retire 173
verachten tr. *despise* 173
veralbern tr. *mock, ridicule* 169
verallgemeinern tr./intr.
  generalise 169
*veralten intr. *grow old* 173
verändern tr./refl. *change, alter* 169
verängstigen tr. *intimidate* 173
verankern tr. *anchor* 169
veranlagen tr. *assess* 173
veranlassen tr. *cause, effect* 173
veranschaulichen tr. *illustrate* 173
veranschlagen tr. (mit) *value at,*
  rate 173
veranstalten tr. *arrange* 173
verantworten tr. *account for;*
  refl. (für) *justify oneself* 173
verarbeiten tr. *process* 173, 9

verargen tr. *blame* 173
verärgern tr. *annoy* 169
*verarmen intr. *become*
  impoverished 173
verarzten tr. *treat an injury* 173
verätzen tr. *cauterise* 173
verausgaben refl. *overspend* 32, 173
veräußern tr. *sell* 169
verbarrikadieren tr./refl.
  barricade 130, 173
verbauen tr. *obstruct* 173, 10
verbeißen (str. ei, i, i) tr./refl. + dat.
  suppress 128
verbergen (str. i, a, o) tr./refl.
  hide 85, 173
verbessern tr./refl. *improve* **169**
verbeugen refl. *bow* 32, 173
verbeulen tr. *dent* 173
verbiegen (str. ie, o, o) tr. *bend,*
  warp 57, 173
verbieten (str. ie, o, o) tr. *prohibit,*
  forbid **170**
verbilden tr. *spoil* 173
verbilligen tr. *cheapen* 173
verbinden (str. i, a, u) tr. (mit) *join;*
  refl. (mit) *go into partnership* **171**
verbitten (str. i, a, e) tr. *forbid* 23,
  173
verbittern tr. (über) *embitter* 169
verblassen intr. *fade* 173
*verbleiben (str. ei, ie, ie) intr.
  persist 24, 173
*verbleichen (str. ei, i, i) intr. *expire,*
  fade 76, 173
verblenden tr. *blind, dazzle* 173
verblüffen tr. (mit) *bewilder* 173
*verblühen intr. *fade, wither* 173
verbrauchen tr. *consume, use*
  up 173
verbrechen (str. i, a, o) tr. *do*
  wrong 159, 173
verbreiten refl./tr. *spread,*
  disperse 173
verbreitern tr. *broaden, widen* 169
verbrennen (mx. e, a, a) tr./refl. *burn;*
  *intr. be burnt 129, 173
verbriefen tr. *acknowledge;* refl. *bind*
  oneself 173
verbringen (mx. i, a, a) intr. *spend*
  time 26, 173
verbrüdern refl. (mit) *fraternise* 32,

169

verbrühen tr./refl. *scald* 173
verbuchen tr. *book* 173
verbummeln tr. *squander, idle away* 169
verbünden refl. (mit) *join up* 32, 173
verbürgen tr./refl. (für) *guarantee, vouch for* 173
verbüßen tr. *pay the penalty* 173
verdächtigen tr. *throw suspicion on* 173
verdammen tr. *condemn, curse* 173
*verdampfen** tr./intr. *evaporate* 173
verdanken tr. *be indebted* 27, 173
verdauen tr. *digest, understand* 173
verdecken tr. (mit) *cover, hide* 173
verdenken tr. *blame* 29, 173
verderben (str. i, a, o) tr. *spoil;* *intr. go bad* **172**
verdeutlichen tr. *make clear* 173
verdeutschen tr. *translate into German* 173
verdichten tr. *make tight;* refl. *concentrate* 173
verdicken tr. *thicken* 173
verdienen tr. *win, earn* **173**
verdolmetschen tr. *translate* 173
verdonnern tr. (wegen) *scold* 169
verdoppeln tr./refl. *double, duplicate* 169
*verdorren** intr. *dry up, wither* 173
verdrängen tr. (aus, von) *expel* 173
verdrehen tr. *twist* 173
verdreifachen tr. *treble* 173
verdrießen (str. ie, o, o) tr. *vex, annoy* 58, 173
verdrücken tr. *devour;* refl. *slink away* 173
verdummen tr./intr. *make / become stupid* 173
verdunkeln tr./refl. *darken* 169
verdünnen tr. *thin, dilute* 173
*verdunsten** tr. *evaporate* 173
verdüstern tr./refl. *darken* 169
verebben intr. *die away* 173
veredeln tr. *refine, improve* 169
verehelichen refl. *get married* 32, 173
verehren tr. *worship, adore* 173
vereidigen tr. *swear in* 173
vereinbaren tr. (mit) *agree* 173

vereinen tr. *join, blend* 173
vereinfachen tr. *simplify* 173
vereinigen tr./refl. *unite* 33, 173
vereinsamen intr. *grow lonely* 173
vereisen intr. *freeze* 173
vereiteln tr. *thwart* 169
*vereitern** intr. *fester* 169
*verenden** intr. *die, perish* 173
verengen tr./refl. *narrow, constrict* 173
vererben tr. *hand down* 173
verewigen refl./tr. *immortalise* 32, 173
verfahren (str. ä, u, a) intr. (mit) *deal;* refl. *lose one's way* 53, 173
*verfallen** (str. ä, ie, a) intr. *deteriorate* 54, 173
verfälschen tr. *adulterate* 173
verfangen (str. ä, i, a) refl. *be caught* 45, 173
verfärben intr./refl. *discolour* 32, 173
verfassen tr. *compose, write* 173
*verfaulen** intr. *decay, rot* 173
verfechten (str. i, o, o) tr. *advocate* 51, 173
verfehlen tr. *fail;* refl. (gegen) *offend* 173
verfeinden refl. (mit) *make an enemy of* 32
verfeinern tr./refl. *refine, improve* 169
verfertigen tr. *make, manufacture* 173
verfetten intr. *grow fat* 173
verfeuern tr. *use up, waste* 169
verfilmen tr. *film* 173
verfilzen tr. *clog up* 173
verfinstern refl. *grow dark* 169
verflachen tr. *flatten* 173
verflechten (str. i, o, o) tr./refl. *entwine* 51
*verfliegen** (tr. ie, o, o) intr./refl. *evaporate* 57
*verfließen** (str. ie, o, o) intr. *blend* 58
verfluchen tr. *curse, damn* 173
verflüchtigen tr./refl. *evaporate* 173
verflüssigen tr. *liquify* 173
verfolgen tr. *pursue* 173
verformen tr./intr. *deform* 173

verfrachten tr. *load* 173
verfrühen refl. *be too early* 32, 173
verfügen tr. *order, decree* 173
verführen tr. *tempt* 64, 173
verfüttern tr. *feed* 169
vergammeln tr. *waste, spoil* 169
vergären tr. *ferment* 173
vergasen tr. *vaporise* 173
vergeben (str. i, a, e) tr. *dispose of,*
  forgive 66, 173
*****vergehen** (str. e, i, a) intr. *pass,*
  cease 68
vergelten (str. i, a, o) tr. *repay,*
  reward 70
vergessen (str. i, a, e) tr. *forget;*
  refl. *lose one's control* **174**
vergeuden tr. *waste, fritter*
  away 173
vergewaltigen tr. *rape, violate* 173
vergewissern tr./refl. (+gen.)
  confirm 169
vergießen (str. ie, o, o) tr. *spill* 58,
  173
vergiften tr. (mit) *poison* 173
vergittern tr. *wire in* 169
verglasen tr. *glaze* 173
vergleichen tr./refl. (mit)
  compare 173
*****verglimmen** (str. i, o, o) intr. *burn*
  out 51, 173
vergnügen tr./refl. *amuse,*
  delight 173
vergolden tr. *gild* 173
vergönnen tr. *permit, allow* 173
vergöttern tr. *deify, adore* 169
vergraben (str. ä, u, a) tr./refl. *bury,*
  hide 44, 173
vergreifen (str. ei, i, i) refl. *make the*
  wrong choice 76
*****vergreisen** intr. *become old* 173
vergrößern tr. *enlarge;* refl. *extend*
  one's business 169
vergüten tr. *refund, compensate* 173
verhaften tr. *arrest* 173
verhaken tr. *hook* 173
verhalten (str. ä, ie, a) refl. *act,*
  behave 79, 32
verhandeln intr. *negotiate,*
  debate 169
verhängen tr. *cover, conceal, impose a*
  ban 173

verharren intr. *continue, persist* 173
verhärten tr./refl./intr. *harden* 173
verhätscheln tr./refl. *pamper,*
  spoil 169
verhauen tr. *thrash;* refl. *make a*
  blunder 173
verheben (str. e, o, o) refl. (an, bei)
  strain oneself 82, 32
verheeren tr. *devastate* 173
verhehlen tr. *hide, conceal* 173
verheimlichen tr. *keep secret* 173
verheiraten tr./refl. *marry* 173
verheißen (str. ei, ie, ei) *promise* 84,
  173
verheizen tr. *burn in the oven* 173
verhelfen (str. i, a, o) intr. (zu)
  help 85, 173
verherrlichen tr. *glorify* 173
verhetzen tr. *instigate* 173
verhexen tr. *bewitch* 173
verhindern tr. *prevent* 169
verhöhnen tr. *scoff, laugh at* 173
verhören tr. *try, interrogate* 84, 173
verhüllen tr. *cover up* 173
*****verhungern** intr. *starve* 169
verhüten tr. *prevent* 173
verhütten tr. *smelt* 173
verinnerlichen tr./refl. *deepen* 173
verirren refl. *lose one's way* 32, 173
verjagen tr. *dispel, chase away* 173
*****verjähren** intr./refl. *lapse* 173
verjubeln tr. *squander* 169
verjüngen tr. *rejuvenate* 173
verkalkulieren refl. *calculate*
  wrongly 130, 173
verkaufen tr. *sell;* refl. *be bribed* **175**
verkehren intr. *visit, frequent* 173
verkennen (mx. e, a, a) tr.
  misunderstand 90, 173
verketten tr. *chain* 173
verklagen tr. (wegen) *sue* 91, 173
verklären tr. *make bright* 173
verkleben tr. *glue, paste over* 173
verkleiden tr. (mit) *cover;* refl. *dress*
  up 173
verkleinern tr. *make smaller* 169
verklemmen refl. *jam* 173
verknacken tr. *sentence* 173
verkneifen (str. ei, i, i) refl. + dat.
  forgo 76, 173
verknittern tr. *crumple, crease* 169

verknoten tr. *tie up in knots* 173
verknüpfen tr. (mit) *link, join* 173
***verkochen** intr./tr. *overcook, boil away* 173
***verkommen** (str. o, a, o) intr. *decay* 94, 173
verkoppeln tr. *couple, join* 169
verkorken tr. *cork* 173
verkrachen refl. (mit) *fall out with* 32, 173
verkraften tr. *cope with* 173
verkrallen refl. *hold tight* 32, 173
verkriechen (str. ie, o, o) refl. *sneak off, hide* 132, 173
verkrümmen tr. *bend* 173
verkrüppeln tr. *mutilate* 169
verkrusten tr. *crust over* 173
verkühlen refl. *catch a cold* 32, 173
***verkümmern** intr. *pine away, perish* 169
verkünden tr. *announce, proclaim* 173
verkündigen tr. *foretell, preach* 173
verkuppeln tr. *couple* 169
verkürzen tr. *shorten* 173
verlachen tr. *laugh at* 96, 173
verladen (str. ä, u, a) tr. (auf) *load* 34, 173
verlagern tr./refl. *shift* 169
***verlanden** intr. *silt up* 173
verlangen tr. *demand;* intr. (nach) *desire* **176**
verlängern tr. *prolong;* refl. *stretch* 169
verlangsamen tr./refl. *slow down* 173
verlassen (str. ä, ie, a) tr. *leave;* refl. (auf) *rely on* **177**
verlaufen (str. ä, ie, a) refl. *lose one's way* 98, 173
verlauten intr./imp. *rumoured* 173
verleben intr. *spend time* 99, 173
verlegen tr. *transfer, postpone* 100, 173
verleiden tr. *spoil, disgust* 173
verleihen (str. ei, ie, ie) tr. *award* 173
verleimen tr. *glue* 173
verleiten tr. (zu) *lead astray, mislead* 173
verlernen tr. *forget* 103, 173

verlesen (str. ie, a, e) tr. *read out* 104, 173
verletzen tr. *hurt, offend* 173
verleugnen tr./refl. *deny* 173
verleumden tr. *slander* 173
verlieben refl. (in ⌐ acc.) *fall in love* 32, 173
verlieren (str. ie, o, o) tr./refl./intr. *lose, disappear* **178**
verloben refl. (mit) *get engaged to* 32, 173
verlocken tr. *tempt* 173
***verlöschen** intr. *go out, expire* 173
vermachen tr. *bequeath* 107, 173
vermählen tr./refl. *marry* 173
vermarkten tr. *sell, promote* 173
vermauern tr. *wall up* 169
vermehren tr./refl. *increase* 173
vermeiden (str. ei, ie, ie) tr. *avoid* 138, 173
vermelden tr. *notify, inform* 173
vermengen tr. *mix* 173
vermieten tr. (an) *let, rent out* 173
vermindern tr. *lessen, reduce* 169
vermischen tr./refl. *mix, blend* 173
vermissen tr. *miss* 173
vermitteln intr. *mediate;* tr. *negotiate* 169
***vermodern** intr. *mould, rot* 169
vermögen (str. a, o, o) tr. *be capable of* 113, 173
vermummen tr. *muffle up, mask* 173
vermuten tr. *suppose, suspect* 173
vernachlässigen tr. *neglect* 173
***vernarben** intr. *heal* 173
vernehmen (str. i, a, o) tr. *perceive, learn* 115, 173
verneigen refl. *bow* 173
verneinen tr./intr. *deny, contradict* 173
vernichten tr. *destroy* 173
veröffentlichen tr. *publish* 173
verordnen tr. *order, decree* 173
verpachten tr. *let, lease* 173
verpacken tr. *pack, wrap* 173
verpassen tr. *miss* 173
verpennen intr. *oversleep* 173
verpesten tr. *pollute* 173
verpetzen tr. *tell tales* 173
verpfänden tr. *pledge* 173
verpfeifen tr. *inform against* 173

verpflanzen tr. *transplant* 173
verpflegen tr. *provide for, feed* 173
verpflichten tr./refl. *oblige* 173
verpfuschen tr. *bungle, botch* 173
verplappern refl. *blab* 169
verplempern tr. *fritter away* 169
verprassen tr. *waste money* 173
verpulvern tr. *squander* 169
verquatschen refl. *blab* 173
verquicken tr. (mit)
  amalgamate 173
verquirlen tr. *mix, blend* 173
verraten (str. ä, ie, a) tr./refl.
  betray 123, 173
verräuchern tr. *fumigate* 169
*****verrauschen** intr. *die away,*
  subside 173
*****verrecken** intr. *die (animals)* 173
verreiben (str. ei, ie, ie) tr. *rub*
  in 126, 173
*****verreisen** intr. (nach) *go on a*
  journey 127, 173
verrenken tr./refl. + dat. *dislocate,*
  sprain 173
verrennen (mx. e, a, a) refl. (in + acc.)
  be prejudiced 129, 173
verrichten tr. *do, perform* 173
verriegeln tr. *bolt, latch* 173
verringern tr./refl. *diminish* 169
*****verrinnen** (str. i, a, o) intr. *run,*
  elapse 73, 173
*****verrotten** intr. *decay, corrode* 173
verrühren tr. *mix well* 173
versagen tr. *deny, refuse;*
  intr. *fail* 135, 173
versammeln tr./refl. *assemble* 173
*****versauern** intr. *turn sour* 169
versäumen tr. *miss, omit* 173
verschachern tr. *sell off* 169
verschaffen tr./refl. (dat.) *get,*
  obtain 173, 136
verschandeln tr. *ruin* 169
verschanzen tr. *entrench;*
  refl. (hinter) *shelter* 173
verschärfen tr. *intensify* 173
verschätzen refl. *estimate*
  wrongly 173, 32
*****verscheiden** (str. ei, ie, ie) intr. *pass*
  away, die 138, 173
verschenken tr. *give away* 140, 173
verscheuchen tr. *chase, scare*

away 173
verscheuern tr. *sell off* 169
verschicken tr. *send out* 173
verschieben (str. ie, o, o) tr. *defer,*
  postpone 142, 173
verschießen (str. ie, o, o) tr. *fire*
  off 143, 173
verschiffen tr. *ship* 173
*****verschimmeln** intr. *go mouldy* 169
verschlafen (str. ä, ie, a) refl.
  oversleep 144, 173
verschlechtern tr./refl. *deteriorate,*
  worsen 169
verschleiern tr. *veil, conceal* 169
verschleißen (str. ei, i, i) tr./refl. *wear*
  out 128, 173
verschleppen tr. *deport, put off* 173
verschleudern tr. *waste* 169
verschlimmern tr./refl. *deteriorate,*
  get worse 169
verschlingen (str. i, a, u) tr.
  devour 153, 173
verschlüsseln tr. *encode* 169
*****verschmachten** intr. (vor) *languish,*
  die of 173
verschmähen tr. *despise, reject* 173
verschmelzen (str. i, o, o) tr./refl.
  (mit) *fuse* 51, 173
verschmerzen tr. *get over a loss* 173
verschmieren tr. *smear, daub* 173
verschmutzen tr./intr. *dirty,*
  soil 173
verschnüren tr. *tie up* 173
verschonen tr. (mit, von) *spare,*
  exempt 173
verschönen tr. *beautify* 173
verschränken tr. *cross, fold* 173
verschrauben tr. *screw tight* 173
verschreiben (str. ei, ie, ie) tr.
  prescribe 148, 173
*****verschrumpeln** intr. *shrivel up* 169
verschulden tr. *incur* 173
verschweigen (str. ei, ie, ie) tr.
  conceal, keep secret 24, 173
verschweißen tr. *weld together* 173
verschwenden tr. (an + acc.) *waste,*
  squander 173
*****verschwinden** (str. i, a, u) intr.
  vanish, disappear 171
verschwören (str. ö, o, o) refl. (gegen)
  conspire, plot 20, 173

versehen (str. ie, a, e) tr. (mit)
  provide; refl. *make a mistake* 150,
  173

versenden (mx. e, a, a) tr.
  dispatch 116, 173

versengen tr. *singe, scorch* 173

versenken tr. (in) *sink;* refl. (in)
  concentrate on 173

verseuchen tr./intr. (mit) *infect,*
  contaminate 173

versetzen tr. *post, blend* 173

versichern tr. *convince;* refl. (gegen)
  insure against **179**

*****versickern** intr. *seep away* 169

*****versiegen** intr. *dry up* 173

*****versinken** (str. i, a, u) intr. (in)
  sink 165, 173

versklaven tr. *enslave* 173

versöhnen tr./refl. *reconcile, make*
  peace 173

versorgen tr. *supply, provide* 173

verspäten tr. *delay;* refl. *be late* 173

verspielen tr. *lose, gamble*
  away 158, 173

verspotten tr. *mock, deride* 173

versprechen (str. i, a, o) tr. *promise;*
  refl. *make a slip of the tongue* **180**

versprengen tr. *scatter, disperse* 173

verspüren tr. *feel, perceive* 173

verstaatlichen tr. *nationalise* 173

verstädtern tr. *urbanise* 173

verständigen tr. *inform;* refl. *come to*
  an understanding 173

verstärken tr. *strengthen* 173

verstauchen refl. + dat. *sprain* 173

verstauen tr. *stow away* 173

verstecken tr./refl. *hide, conceal* 173

verstehen (str. e, a, a) tr./intr./refl.
  understand **181**

versteifen tr. *stiffen* 173

versteigen (str. ei, ie, ie) refl. *go too*
  far 24, 173

versteigern tr. *auction* 169

verstellen tr. *obstruct;* refl.
  pretend 173

versteuern tr. *pay tax on* 169

verstimmen tr. *upset, annoy* 173

verstopfen tr. *clog* 173

verstören tr. *upset, disturb* 173

verstoßen (str. ö, ie, o) intr. (gegen)
  offend; tr. *disown* 45, 173

*****verstreichen** (str. ei, i, i) intr. *slip by;*
  tr. *spread* 76, 173

verstricken tr./refl. (in + dat.)
  involve 173

verströmen intr. *run out,*
  disperse 173

verstümmeln tr. *mutilate* 169

*****verstummen** intr. *become silent* 173

versuchen tr./refl. *attempt, try* **182**

versündigen refl. (an + dat.) *do*
  wrong, sin 173

versüßen tr. *sweeten* 173

vertagen tr. *adjourn* 173

verteidigen tr./refl. *defend* 173

verteilen tr. *distribute* 162, 173

verteuern tr. *raise prices* 169

verteufeln tr. *blame, defame* 169

vertiefen tr. *deepen;* refl. (in + acc.)
  concentrate 173

vertilgen tr. *exterminate* 173

vertonen tr. *set to music* 173

vertragen (str. ä, u, a) tr. *endure;*
  refl. *get on well* 163, 173

vertrauen intr. *trust, have confidence*
  in **183**

vertreten (str. i, a, e) tr. *represent,*
  replace **184**

*****vertrotteln** intr. *grow forgetful* 169

vertun (str. u, a, a) tr. *waste,*
  squander 166, 173

vertuschen tr. *hide, conceal* 173

verübeln tr. *blame for* 169

verüben tr. *commit* 173

*****verunglücken** intr. *be killed* 173

verunreinigen tr. *soil, pollute* 173

verunsichern tr. *confuse* 169

verunstalten tr. *disfigure* 173

veruntreuen tr. *embezzle* 173

verunzieren tr. *spoil* 173

verursachen tr. *cause, bring*
  about 173

verurteilen tr. (zu + dat.)
  condemn 173

vervielfachen tr. *multiply* 173

vervielfältigen tr. *copy,*
  reproduce 173

vervollkommnen tr. *perfect* 173

vervollständigen tr. *complete* 173

verwählen refl. *misdial* 173, 32

verwahren tr. *secure;* refl. (gegen)
  protest (against) 173

verwalten tr. *administer* 173
verwandeln tr./refl. *change,*
transform 169
verwässern tr. *dilute* 169
verwechseln tr. (mit) *confuse,*
mix 169
verwehren tr. *prevent, prohibit* 173
verweigern tr. *refuse, deny* 169
verweilen intr. *stay, remain* 173
verweisen (str. ei, ie, ie) tr. *refer to,*
expel 24, 173
*****verwelken** intr. *wilt, wither* 173
verwenden (mx. e, a, a) tr. (auf + acc.)
utilise, apply to 116, 173
verwerfen (str. i, a, o) tr. *discard,*
reject 193, 173
verwerten wk., tr. *utilise, make use*
of 173
*****verwesen** intr. *decompose* 173
verwestlichen tr./intr.
westernise 173
verwetten tr. *gamble away* 173
verwickeln tr. *entangle;* refl.
(in + acc.) *be involved with* 169
*****verwildern** intr. *grow wild* 169
verwinden (str. i, a, u) tr.
overcome 13, 173
verwirklichen tr. *realise* 173
verwirren tr. *confuse* 173
verwischen tr. *wipe away* 173
*****verwittern** intr. *crumble away* 169
verwöhnen tr. *spoil, pamper* 173
verwunden tr. *wound, injure* 173
verwundern tr. *surprise;* refl.
(über + acc.) *be surprised at* 169
verwünschen tr. *curse* 173
verzagen intr. *despair, lose*
heart 173
verzärteln tr. *pamper, spoil* 169
verzaubern tr. *charm* 169
verzehren tr. *consume, eat up* 173
verzeichnen tr. *note down*
verzeihen (str. ei, ie, ie) tr./intr.
forgive **185**
verzerren tr. *distort* 173
verzichten intr. (auf + acc.) *give up,*
forgo, renounce 173
verziehen (str. ie, o, o) tr./refl. *distort;*
*****intr. *move away* 51, 173
verzieren tr. *adorn, decorate* 173
verzinsen tr. *pay interest on* 173

verzögern tr. *delay;* refl. *be*
delayed 169
verzollen tr. *pay duty* 173
verzücken tr. *charm* 173
verzuckern tr. *sweeten, ice* 169
verzweifeln intr. (an + dat.)
despair 169
verzweigen refl. *branch out* 173
vibrieren intr. *vibrate* 130
vollenden tr. *finish, complete* 10
vollstrecken tr. *carry out* 10
vollziehen (str. ie, o, o) tr. *carry*
out 51
voran I bringen (mx. i, a, a) tr.
progress 26, 2
*****voran I kommen** (str. o, a, o) intr. *get*
on 94, 1
*****voran I schreiten** (str. ei, i, i) intr.
advance 76, 1
voran I treiben (str. ei, ie, ie) tr. *spur*
on 24, 2
vor I arbeiten tr. *prepare* 200, 9
voraus I schauen intr. *look*
ahead 200
vor I behalten refl. + dat. *reserve* 200
vorbei I bringen (mx. i, a, a) tr.
deliver 26, 2
vorbei I reden intr. (an) *miss the*
point 200, 125
vor I bereiten tr. *prepare* 200
vor I bestellen tr. *book in*
advance 200, 18
vor I beugen intr. *guard against* 200
vor I bringen (mx. i, a, a) tr.
express 26, 2
vor I drängen refl. *push forward* 200
*****vor I dringen** (str. i, a, u) intr.
advance 153, 1
vor I enthalten (str. ä, ie, a) tr.
withhold 79, 2
*****vor I fallen** (str. ä, ie, a) intr.
occur 54, 1
vor I finden (str. i, a, u) tr. *find,*
meet 56, 2
vor I führen tr. *demonstrate* 200
vor I geben (str. i, a, e) tr. *pretend* 66,
2
*****vor I gehen** (str. e, i, a) intr.
proceed 68, 1
vor I greifen (str. ei, i, i) intr. + dat.
anticipate 76, 2

vor l haben tr. *plan, intend* 78, 2

vor l halten (str. ä, ie, a) tr. *reproach;*
intr. *last* 79, 2

vor l herrschen intr. *prevail* 200

vor l knöpfen refl. + dat. *call to*
account 200

***vor l kommen** (str. o, a, o) intr. *take*
place 4

vor l laden (str. ä, u, a) tr.
summon 34, 2

vor l lassen (str. ä, ie, a) tr. *give*
precedence 97, 2

vor l legen tr. *lay before, submit* 200

vor l lesen (str. ie, a, e) tr. *read*
aloud 104, 2

vorlieb l nehmen (str. i, a, o) intr.
(mit) *make do with* 115

vor l liegen (str. ie, a, e) intr. *be in*
front 105, 2

vor l lügen tr. *lie* 200

vor l machen tr. *demonstrate,*
pretend 107, 2

vor l merken tr. *make a note of* 200

vor l nehmen (str. i, a, o) refl.
plan 115

vor l rechnen tr. *account for* 200

***vor l rücken** intr. *advance,*
progress 200

vor l sagen tr. *prompt* 135, 2

vor l schieben (str. ie, o, o) tr. *push*
forward 142, 2

vor l schlagen (str. ä, u, a) tr.
suggest 145, 2

vor l schreiben (str. ei, ie, ie) tr.
dictate 148, 2

vor l schwärmen intr. *revel* 200

vor l schweben intr. + dat. *have an*
idea 200

vor l schwindeln tr. *tell lies* 200

vor l sehen (str. ie, a, e) tr. *provide for;*
refl. *be cautious* 150, 2

vor l singen (str. i, a, u) tr. *sing*
to 153

vor l sitzen (str. i, a, e) intr. (dat.)
preside over 154, 2

vor l sorgen intr. *take*
precautions 200

vor l spiegeln tr. *deceive, delude* 200

vor l spielen tr. *play to* 200

vor l sprechen (str. i, a, o) tr.
pronounce to; intr. (bei + dat.) *call*

on someone 159, 2

vor l stehen (str. e, a, a) intr. *be in*
charge of 161, 1

vor l stellen tr. *put forward;* refl. + acc.
introduce oneself 200

vor l strecken tr. *lend money* 200

vor l täuschen tr. *simulate* 200

vor l tragen (str. ä, u, a) tr. *report*
on 163, 2

***vor l treten** (str. i, a, e) intr. *step*
forward 36, 1

***vorüber l gehen** (str. e, i, a) intr. *pass*
by 68, 1

vorweg l nehmen (str. i, a, o) tr.
forestall 115, 2

vor l weisen (str. ei, ie, ie) tr.
produce 24, 2

vor l werfen (str. i, a, o) tr.
reproach 193, 2

vor l wiegen (str. ie, o, o) intr.
prevail 194, 2

vor l zeigen tr. *show, display* 200

vor l ziehen (str. ie, o, o) tr. *prefer;*
intr. advance 8, 2

vulkanisieren tr. *retread* 130

wachen intr. (über + acc.) *be awake,*
keep watch 10

***wachsen** (str. ä, u, a) intr. *grow,*
increase **186**

wackeln tr./intr. *shake, wobble* 28

wagen tr./intr. *dare, risk* 10

wägen (str. ä, o, o/wk.) tr. *poise,*
consider **187**

wählen tr./intr. *choose, select* **188**

wähnen tr./intr. *think, believe* 10

wahren tr. *keep, preserve* 10

währen intr. *last, hold out* 10

wahr l haben tr. *admit, accept* 78, 2

wahr l nehmen (str. i, a, o) tr.
notice 115

wahr l sagen tr. + dat. *prophesy* 135,
2

walten intr. (über + dat./acc.) *govern,*
control 9

walzen tr. *roll out;* intr. *waltz* 10

wälzen tr. *rotate* 10

***wandeln** intr. *go, walk;* tr./refl.
change 28

***wandern** intr. *hike, ramble* 28

***wanken** intr. *stagger, hesitate* 10

wappnen tr./refl. (mit. gegen)
arm 10
wärmen tr./refl. *warm, heat* 10
warnen tr. (vor + dat.) *warn* 10
warten intr. (auf + acc.) *wait for;*
tr. *look after* **189**
waschen (str. ä, u, a) tr./intr./refl.
wash **190**
wässern tr./intr. *water* 28
***waten** intr. *wade* 9
weben (wk./str. e, o, o) tr./intr.
weave 82
wechseln tr. *change;* intr. *vary* 28
wecken tr. *wake up, rouse* 10
wedeln intr. (mit) *wag, slalom* 28
wegblasen (str. ä, ie, a) tr. *blow*
away 79, 2
wehen intr./tr. *blow* 10
wehren intr.refl. *defend (oneself)* 10
***weichen** (str. ei, i, i) intr. *yield;*
tr. *soak* 76
weigern refl. + inf./tr. *refuse* 28
weihen tr. *ordain* 10
weilen intr. *stay, linger* 10
weinen intr. *weep, cry* 10
weisen (str. ei, ie, ie) tr. *show;*
intr. *point at* 24
weiten tr./refl. *widen, become*
broader 10
weiter I sagen tr. *tell others* 135, 2
wenden (wk./mx. e, a, a) tr./intr. *turn*
round 129
werben (str. i, a, o) tr./intr. *recruit;*
court **191**
***werden** (str. i, u, o) intr. *become,*
get **192**
werfen (str. i, a, o) tr./intr./refl. *throw,*
fling **193**
werten tr. *value, estimate* 10
wetten tr./intr. *bet, stake* 10
wickeln tr. *roll, wrap* 28
widerrufen (str. u, ie, u) tr.
retract 133
widersetzen refl. + dat. *oppose,*
resist 152
wider I spiegeln tr./intr. *reflect* 200
widersprechen (str. i, a, o)
tr./intr. + dat. *contradict* 159
widerstehen (str. e, a, a) intr. + dat.
withstand 161
widerstreben intr. + dat. *struggle*

against 10
widmen tr. + dat./refl. *dedicate*
(oneself) 10
wiederholen tr./refl. *repeat*
(oneself) 86
wieder I käuen intr. *ruminate* 200
***wieder I kehren** intr. *come back,*
recur 200
wiegen (str. ie, o, o) tr./intr. *weigh;*
tr./refl. *rock, cradle* **194**
wiehern intr. *neigh* 28
wienern tr. *polish, shine* 28
wildern intr. *poach* 28
wimmeln intr. *swarm* 28
wimmern intr. *whimper, moan* 28
winden tr./refl. *wind, twist* 56
winken tr./intr. *wave, beckon* 10
winseln intr. *whine* 28
wippen tr./intr. *tilt* 10
†**wirbeln** tr./intr. *whirl, swirl* 28
wirken tr./intr. *work, operate* 10
wirtschaften intr. *manage* 9
wischen tr. *wipe* 10
wispern intr. *whisper* 28
wissen (str. ei, u, u) tr./intr. *know,*
understand **195**
witzeln intr. *mock* 28
wohnen intr. *dwell, live* **196**
wölben tr./intr. *arch, vault* 10
wollen (str. i, o, o) tr./intr. *want,*
wish **197**
wühlen tr./intr. *dig up, burrow* 10
wundern tr./imp. *surprise;* refl.
(über + acc.) *be surprised at* 28
wunder I nehmen (str. i, a, o) tr.
surprise 115
wünschen tr. *wish;* refl. + dat. *long*
for **198**
würdigen tr. *appreciate* 10
würfeln intr./tr. *throw dice, dice* 28
würgen intr. *choke;* tr. *strangle* 10
würzen tr. *season, spice* 10
wüsten intr. *waste, ruin* 9
wüten intr. *rage, rave* 9

zahlen tr. *pay* 22
zählen tr./intr. *count, reckon* 10
zähmen tr. *tame* 10
zanken refl. (um + acc.) *quarrel*
(about) 10
zapfen tr. *tap* 10

zappeln intr. *wriggle, fidget* 28
zaudern intr. *hesitate, delay* 28
zäumen tr. *restrain* 10
zechen tr./intr. *drink* 10
zehren intr. (von + dat.) *live on* 10
zeichnen tr./intr. *draw, sketch* 10
zeigen tr. *show;* refl. *appear* 10
zeitigen intr. *mature, effect* 10
zelebrieren tr. *celebrate* 130
zelten intr. *camp, tent* 10
zementieren tr. *cement* 130
zensieren tr. *censure, give
    marks* 130
zentralisieren tr. *centralise* 130
zerbeißen (str. ei, i, i) tr. *bite
    through* 128, 173
*****zerbersten** (str. i, a, o) intr.
    burst 85, 173
zerbrechen (str. i, a, o) intr. *shatter;*
    *****be broken by* 159, 173
zerbröckeln tr./intr. *crumble
    away* 169
zerdrücken tr. *crush, squash* 173
*****zerfallen** (str. ä, ie, a) intr. *fall
    apart* 54, 173
zerfetzen tr./intr. *tear up, shred* 173
zerfleischen tr. *tear to pieces* 173
*****zerfließen** (str. ie, o, o) intr. *melt,
    dissolve* 58, 173
zerfressen (str. i, a, e) intr.
    corrode 52, 173
*****zergehen** (str. e. i, a) intr,
    vanish 68, 173
zergliedern tr. *dissect, cut up* 169
zerhacken tr. *chop up* 173
zerkleinern tr. *break up, grind* 169
zerknittern intr./tr. *crease* 169
zerknüllen tr. *crumple up* 173
zerkrümeln tr./intr. *crumble up* 169
zerlassen (str. ä, ie, a) tr. *melt,
    dissolve* 40
zerlegen tr. *dismantle* 173
zermürben tr. *wear down* 173
zerren intr. (an) *tug, drag* 10
*****zerrinnen** (str. i, a, o) intr. *melt,
    disappear* 73, 173
*****zerschellen** (wk./str. e, o, o) tr./intr.
    shatter 82, 173
zerschmettern tr./intr. *smash,
    crush* 169
zersetzen tr./refl. *disintegrate* 173

*****zerspringen** (str. i, a, u) intr. *crack,
    break* 160, 173
zerstören tr. *destroy, ruin* 173
zerstoßen (str. ö, ie, o) tr. *crush* 45,
    173
zeugen intr. *testify;* tr. *father a
    child* 10
ziehen (str. ie, o, o) tr. *pull, tow;*
    *****intr. *move,* refl. *stretch* **199**, 51
zielen intr. *aim at, drive at* 10
zimmern intr. *build, make* 28
zitieren tr. *quote, cite* 130
zittern intr. *tremble, shiver* 28
zivilisieren tr. *civilise* 130
zögern intr. *hesitate* 28
zu I bauen tr. *build up* 10, 2
zu I beißen (str. ei, i, i) intr. *snap
    at* 128, 2
zu I bekommen (str. o, a, o) *manage to
    shut* 16, 2
zu I bereiten tr. *prepare* 200
zu I billigen tr. *grant, allow* 200
zu I bringen (mx. i, a, a) tr. *manage to
    spend; close* 26, 2
züchten tr. *breed, rear* 10
züchtigen tr. *punish* 10
*****zuckeln** intr. *dawdle* 28
zucken intr. *jerk, twitch* 10
zuckern tr. *sugar, sweeten* 28
zu I decken tr. *cover up, conceal* 200
zu I eignen tr. *dedicate* 200
zu I erkennen (mx. e, a, a) tr. *grant,
    award* 48, 2
*****zu I fallen** (str. ä, ie, a) intr. + dat. *fall
    to* 54, 1
zu I fassen intr. *seize, lend a
    hand* 200
zufrieden I geben (str. i, a, e) refl.
    (mit) *be content with* 66, 2
zufrieden I lassen (str. ä, ie, a) intr.
    leave in peace 97, 2
zufrieden I stellen tr. *satisfy* 200
*****zu I frieren** (str. ie, o, o) intr. *freeze
    up* 63, 1
zu I fügen tr. *do, cause* 200
zu I führen tr. *supply with* 200
zu I geben (str. i, a, e) tr. *admit* 66, 2
zu I gehören intr. + dat. *belong
    to* 200
zügeln tr. *check, curb* 28
zu I gesellen refl. + dat. *join*

others 200, 2

zu I gestehen (str. e, a, a) tr. *grant,
admit* 161, 2

zu I greifen (str. ei, i, i) intr. *help
oneself; lend a hand* 76, 2

zu I gucken intr. *watch* 200

zu I halten (str. ä, ie, a) tr. *keep shut;*
intr. *proceed* 79, 2

zu I hängen tr. *cover, drape* 200

zu I hören intr. + dat. *listen to* 200

zu I lachen intr. + dat. *smile at* 200

zu I langen intr. *reach out* 200

zu I lassen (str. ä, ie, a) tr. *allow,
permit* 97, 2

zu I legen tr. *add to;* refl. *obtain* 200

zu I leiten tr. *lead to, direct to* 200

zu I machen tr. *close* 200

zu I mauern tr. *wall up, enclose* 28, 2

zu I muten tr. *expect of someone* **200**

zünden intr. *catch fire, ignite* 10

zu I nehmen (str. i, a, o) intr.
increase 115, 2

zu I neigen intr. + dat. *incline* 200

züngeln intr. *flame up* 28

zu I ordnen tr. *assign, attribute* 200

zu I packen tr. *grasp at* 200

zupfen tr. *pluck, pull* 10

zu I prosten intr. *drink to someone's
health* 200

zu I raten (str. ä, ie, a) intr. + dat.
advise 123, 2

zu I raunen intr. *whisper to* 200

zu I rechnen tr. *attribute* 124, 2

zurecht I biegen (str. ie, o, o) tr.
rectify 63, 2

zurecht I finden (str. i, a, u) refl. *find
one's way* 56, 2

zu I rechtweisen (str. ei, ie, ie) tr. *tell
off, reprimand* 2, 102

zu I reden intr. *advise, urge* 125, 2

zu I richten tr. *prepare* 200

zürnen intr. *(wegen) be angry
about* 10

zu I rufen (str. u, ie, u) intr. + dat.
shout to 6

zu I sagen tr. *promise;* intr.
accept 135, 2

zusammen I arbeiten intr. *work
together* 9, 2

zusammen I ballen refl. *mass,
gather* 200

zu I schanzen tr. *procure, wangle* 200

zu I schauen intr. *watch* 137, 2

zu I schaufeln tr. *shovel in* 200

zu I schlagen (str. ä, u, a) tr./intr.
slam, hit hard 145, 2

zu I schneiden (str. ei, i, i) tr. *cut
out* 147, 2

zu I schneien intr. *snow up* 200

zu I schnüren tr. *tie up (with
string)* 200

zu I schrauben tr. *screw down* 200

zu I schütten tr. *fill in, pour on* 200

zu I sehen (str. ie, a, e) intr. *watch,
observe* 150, 2

zu I setzen tr. *add to;* intr. + dat.
pester 152, 2

zu I sichern tr. *assure, promise* 200,
179

zu I spitzen tr. *point, sharpen* 200

zu I sprechen (str. i, a, o) tr. *award;*
intr. *address* 159, 2

zu I stecken tr. *bribe* 200

zu I stehen (str. e, a, a) intr. + dat.
belong to 161, 2

*zu I steigen (str. ei, ie, ie) intr.
board 35, 1

zu I stellen tr. *barricade, deliver
to* 200

*zu I steuern intr. (auf + acc.) *head for;*
tr. + dat. *contribute* 200

zu I stimmen intr. + dat. *agree to* 200

*zu I stoßen (str. ö, ie, o) intr. + dat.
happen to 45, 1

zu I teilen tr. *allocate* 200

zu I tragen (str. ä, u, a) tr. *bring;*
refl. *happen* 163, 2

zu I trauen tr. *give credit for* 200

*zu I treffen (str. i, a, o) intr. *come
true* 164, 1

zu I trinken (str. i, a, u) intr. + dat.
drink to 165, 2

zu I tun (str. u, a, a) tr. *add to* 166, 2

*zuvor I kommen (str. o, a, o)
intr. + dat. *anticipate* 4

*zu I wachsen (str. ä, u, a) intr.
heal 186, 1

*zu I wandern intr. *immigrate* 200

zu I weisen (str. ei, ie, ie) tr.
assign 102, 2

zu I wenden (wk./mx. e, a, a) tr. *turn
to;* refl. + dat. *devote oneself* 116, 2

zwängen refl. *force, press* 32
zweckentfremden tr.
   disappropriate 10
zweifeln intr. (an) *doubt, question* 28
zwicken tr./intr. *pinch, nip* 10
zwingen (str. i, a, u) tr./refl. (zu) *force
   (oneself)* **201**

zwinkern intr. *wink, blink* 28
***zwischen I landen** intr. *touch
   down* 200
zwischen I schalten refl.
   intercept 200
zwitschern tr./intr. *twitter, chirp* 28